邓小平
在江西的日子

凌步机 著

江西人民出版社
Jiangxi People's Publishing House
全国百佳出版社

图书在版编目（CIP）数据

邓小平在江西的日子 / 凌步机著. — 南昌：江西人民
出版社，2019.7
ISBN 978-7-210-11327-0

Ⅰ.①邓… Ⅱ.①凌… Ⅲ.①邓小平（1904-1997）
—生平事迹 Ⅳ.①A762

中国版本图书馆CIP数据核字（2019）第095405号

邓小平在江西的日子

DENGXIAOPING ZAI JIANGXI DE RIZI

凌步机　著

策划编辑：游道勤
责任编辑：王一木　陈才艳
封面设计：上尚装帧设计
出　　版：江西人民出版社
发　　行：各地新华书店
地　　址：江西省南昌市三经路47号附1号
编辑部电话：0791-86898115
发行部电话：0791-86898815
邮　　编：330006
网　　址：www.jxpph.com
E-mail：jxpph@tom.com　web@jxpph.com
2019年7月第1版　2019年7月第1次印刷
开　　本：787毫米×1092毫米　1/16
印　　张：18.25
字　　数：220千字
ISBN 978-7-210-11327-0
赣版权登字—01—2019—269
定　　价：60.00元
承 印 厂：南昌市红星印刷有限公司

前言

　　2018年，是中国改革开放40周年。全国人民都在为改革开放40年取得令世界瞩目辉煌成就、中国特色社会主义迈入伟大新时代而自豪之时，更加热爱和深切缅怀中国改革开放的总设计师邓小平。

　　江西有幸，赣南有幸，在这片红土地上，留下过邓小平光辉的历史足迹。

　　邓小平自1931年2月至1934年10月，曾经在赣南中央苏区战斗生活了4个春秋，担任过中共红七军前委书记、中共瑞金县委书记、中共会寻安中心县委书记、中共江西省委宣传部长、《红星》报主编等职务。当年，由于他坚决拥护毛泽东的正确主张和领导，在工作中坚持实事求是，一切从实际出发，因而被"左"倾错误领导者诬为"江西罗明路线的创造者"和"反党小组织的领袖"，与毛泽覃、谢唯俊、古柏等一起，受到错误批判斗争，被撤职下放农村劳动"改造"。1933年夏，他由好友王稼祥、贺昌相助，调到红军总政治部主编《红星》报，直至1934年10月长征时离开赣南。"文化大革命"中，邓小平蒙难，被遣送到江西新建县拖拉机修配厂劳动，时间长达3年。1972年冬，毛泽东决意重新启用邓小平。离开江西之前，邓小平偕夫人卓琳于1972年11月12日至19日、12月5日至13日及1973年2月8日至11日，先后深入清江、永新、宁冈、茨坪、泰和、吉安市郊、兴国、于都、会昌、瑞金、宁都、广昌、抚州、景德镇等县、市参观考察，深入群众，了解情况。

　　岁月沧桑。邓小平80多年前那面对惊涛骇浪指挥若定的政治家和军事家风采，甘冒风险纠正"左"倾肃反错误的革命胆略，实事求是、密切联系群众、艰苦朴素的作风，为坚持真理而"不怕杀头，不怕坐牢，不怕罢官，不怕开除党籍，不怕老婆离婚"的不屈精神，在"文化大革命"的动乱岁月中笑对苦难、情系人民、初心不改的崇高品德，一直深深地印在江西人民心中，印在赣南人民心中。即使是在"文化大革命"的动乱岁月，老区人民仍在内心深处珍藏着对邓小平的怀念与爱戴。

　　邓小平在江西的光辉史迹，他在工作、思想、作风等方面为我们树立的光辉榜样，不仅是江西人民珍贵的财富，也是全党全国人民的珍贵财富。《邓小平在江西的日子》一书，真实地将邓小平在赣南的烽火岁月和"文化大革命"中下放江西、复出前深入实际、情系老区人民的动人情景，向读者展现出来。相信这对于人们更加深刻地了解这位伟人传奇般革命生涯和他那博大精深、色彩斑斓的思想风貌，对于深入学习邓小平理论、"三个代表"重要思想、科学发展观、习近平新时代中国特色社会主义思想，进一步坚定中国特色社会主义道路自信、理论自信、制度自信、文化自信，在以习近平为核心的党中央正确领导下，坚定不移地高举中国特色社会主义伟大旗帜奋勇前进，早日实现中华民族伟大复兴的中国梦，有所裨益。

　　邓小平1972年12月考察赣南时，对赣南寄予厚望。赣南人民没有忘记邓小平的嘱托，自党的十一届三中全会以来，赣南不断加大改革开放力度，经济建设和各项事业都在迅速发展。特别是2012年6月国务院专门出台《关于支持赣南等原中央苏区振兴发展的若干意见》，为赣南等原中央苏区人民与全国人民同步建成全面小康社会，早日过上幸福美好生活，描绘出美好蓝图，为赣南老苏区经济社会快速发展创造了千载难逢的历史机遇。赣南老区广大干部群众在党的十九大精神和习近平新时代中国特色社会主义思想指引下，正在大力弘扬苏区精神和苏区干部好作风，不忘初心，牢记使命，同心协力，扎实苦干，决心将赣南建设成新时代中国特色社会主义的红色样板，以老区腾飞、人民幸福的优异答卷，来告慰邓小平他老人家。

2018年4月

目录

中篇：在望城岗的日子

下篇：老区行

引子

1972年12月3日下午。

江西南部重镇赣州。

林彪反革命集团覆灭虽已一年多了，"批林整风"正在紧张地进行，可同全国各地一样，"文化大革命"的痕迹在这里仍处处存在。陈旧而冷清的街道两旁，到处可见"打倒党内最大的走资派"等标语和大字报。

大约下午4点钟，坐落在赣州市文清路南端的赣州地区革委会办公室，机要电话铃声骤然响起。电话是中共赣州地委副书记、赣州军分区司令员王振庭从南昌打来的。他要找军分区副司令员兼赣州地区革委会副主任李鑑琛紧急通话。

李鑑琛急忙来到电话机旁，拿起听筒。电话中传出王振庭严肃的声音："邓小平同志和夫人卓琳，要来赣南参观，你们要立即做好接待准备！"

李鑑琛一听，不禁一愣。在这之前，他隐约知道，邓小平被"打倒"之后，下放在江西劳动。林彪反革命集团覆灭一年多了，却没有听到有关他的什么信息。现在忽然说邓小平要来赣南参观，他感到有些突然，以为自己听错了，可电话中却说得明明白白。

王振庭在电话中传达的是中共江西省委的通知。当时，他和赣州地委副书记田启松以及各县市的第一把手，在南昌江西宾馆参加江西省委召开的全省"批陈整风"汇报会。这天下午，主持工作的江西省委书记黄知真把他们俩找去，对他们说："邓小平同志要回北京工作了。走之前，他自己提出要到赣南去看看，苏区时他在赣南工作过。"

王振庭和田启松听黄知真一说，知道这是件非同小可的大事，不约而同地交换了一下眼色，请求道："我们两人要不要回去一个陪陪小平同志？"

黄知真回答："不用了，让在家的领导同志接待就行。"黄知真还详细交代了邓小平到赣南参观的时间以及接待过程中应注意的事项。

王振庭和田启松不敢怠慢。从黄知真处出来后，王振庭立即通过省革命委员会机要通讯台，要通了赣州地区革委会的机要电话。他向李鑑琛传达了省委领导的如下指示：

1．邓小平和卓琳到赣南参观的时间是12月5日到13日。5日早饭后从南昌出发，当天到赣州。要按省委主要领导待遇接待。见面时可称他为"小平同志"或"老首长"。

2．小平同志到了各地，都要由领导出面接待、陪同。

3．各地在向小平同志汇报工作的时候，只讲党内十次路线斗争后工农业出现的大好形势。

4．接待时不能向对方提出任何要求，不能照相。

5．要绝对保证安全，特别是交通安全。

6．接待一定要热情，要做好准备工作。

王振庭在电话中还交代了接待中应注意的一些细节问题，比如盖的棉被最好不超过5斤；小平同志下榻的卧室内要准备两张床、两条毛巾毯，等等。他特别强调：要组织力量将小平同志所经之处的标语进行清理。他在电话中还提醒说："老崔是山西人，抗日时又在八路军一二九师工作过，是小平同志的老部下，可请他全程陪同小平同志。"

老崔就是赣州军分区副政委、地委常委崔永明。1942年至

1943年，他曾在八路军一二九师政治部保卫部当侦察员。那时，邓小平是一二九师政委。

王振庭在电话中还特别交代：这件事必须绝对保密，接待保卫工作应内紧外松。对沿途各县市布置接待任务时，不能用电话，要由地区派人下去，当面向各县领导口头布置。

李鑑琛接完电话，已是下午快下班时间了。任务紧急，事不宜迟。他马上召集崔永明等在家的地委常委、地革委领导和地革委保卫部负责人开会，传达电话精神，商量接待事宜。确定：小平同志到时，在家的地委、地革委领导都到场迎接，崔永明负责全程陪同；参观路线是从赣州—兴国—于都—会昌—瑞金—宁都—广昌；地区保卫部第三科具体负责安全保卫和生活接待安排。为做好接待准备，做到万无一失，地区保卫部第三科安排两人分成两个组，4日一早分头赴有关各县口头通知。

1972年12月5日，邓小平按照惯例，早早地起了床。今天，他和夫人卓琳要去赣南参观考察。他对自己能有此行，从内心感到高兴。

这是一个阴天。天空灰蒙蒙的。初冬时节，天气还不算太冷。

一大早，一辆灰色的老式"伏尔加"轿车和一辆草绿色方屁股的北京吉普车，驰出南昌步校，直奔赣南而去。

邓小平和卓琳坐在轿车的后座上。坐在前座副驾驶位置上的李树林是江西省委特意指示省公安厅派出的一名经验丰富的警卫，专门负责旅途安全。由江西省军区选派到邓小平身边的管理秘书兼警卫黄文华，乘坐原先专供程世清下乡用的吉普车随行。

中午，邓小平一行到达吉安，由井冈山地委和军分区领导陪同，在吉安宾馆用午餐。饭后小憩。下午2时许，他们离开吉安继续赶路，途中在遂川县革委会招待所休息了一会儿。遂川名茶

"狗牯脑"的甘醇芬芳，驱赶了他们旅途的疲劳。半小时后，他们又出发赶路了。

那个年代的昌赣公路，名为江西省南北交通主干线，实则路面狭窄，坑坑洼洼。邓小平坐在车上，身子随车颠簸摇晃着，很少说话。他不时抽出香烟点燃吸着，两眼专注地看着车窗外急速移动着的山峦、田野、村庄和公路上衣着破旧、匆匆赶路的行人。公路两旁赫然醒目的"斗私批修"、"打倒"、"批臭"之类的标语，也时时映入他的眼帘。

从遂川县城出来，车子行驶不到15公里，突然停了下来。前头公路塌方，养路工正在清理障碍。汽车被堵住了。

邓小平和卓琳坐在车上干等。过了约一小时，公路仍未疏通。坐在车内的邓小平等得有些烦闷，于是打开车门想要下去透透气儿。黄文华连忙制止："老邓，别下去了。这里还是遂川县境，过了这里就快进入赣南了。"

邓小平只得将打开的车门又"砰"的一声关上。他没有哼声。他喜欢活动，这么默默地坐着，感到难受。黄文华提醒说快到赣南了，这倒引起他的兴致。他仰靠在座位上，一边吸烟，一边闭目沉思。

此刻，他在想什么？他或许是想起了自己41年前第一次到江西的情景，想起了在赣南3年多的风云岁月，想起了自己与家人在新建望城岗的艰难日子……

上篇 →→→→ 在赣南的战斗岁月 →→→→

第一章

炮火硝烟中第一次到赣南

1. 铁流千里入赣南

1931年2月14日，正逢农历庚午腊月二十七。

赣南西部与湖南、广东交界的崇义县。

这是一个群山耸峙、林木森森的偏僻闭塞之地。崇山峻岭间夹着一个小小的横水镇。它就是崇义县城。

再过3天就要过年了。这日清晨，盘踞在崇义县城的土匪民团周文山部忽然仓皇逃遁。紧张恐惧的居民们舒了一口气。每家不论是穷是富，都忙着置备年货。

不料中午时分，街上又传来人们惊慌的呼喊："又有一支军队进城来啦！"

在兵荒马乱中过日子的居民们，搞不清进城的是什么军队，纷纷关门闭户，生怕惹来横祸。人们隔着门缝偷偷往外瞧，只见入城的军队，个个蓬头垢面，衣衫褴褛，一杆军旗破烂得只剩下些红布条条。队伍人数不多，却队列整齐，就连那些被抬着扶着的伤病员们，也向人们投来友善的目光。细心的人们看到他们头上戴着的军帽缀有红色的五角星，禁不住惊喜地喊了起来：

"红军！他们是红军！"

是的，进占县城的，正是来自广西左右江革命根据地的中国工农红军第七军五十五团及五十八团大部！

他们是经过 3 个多月艰难转战，才来到崇义县这个小山城的。

这支红军部队的统帅，就是邓小平！

他为什么要率领部队千里跋涉来崇义？

邓小平，原名邓希贤，四川省广安县人。据说，他的祖籍在江西吉安府庐陵县（今吉水县），先祖于明洪武十三年（1380 年）由赣入蜀。1904 年 8 月 22 日，他出生在广安县协兴乡牌坊村。1920 年，刚满 16 岁的他，沿着"难于上青天"的川东蜀道，艰难跋涉到重庆，与 80 多名四川热血青年一起，乘船闯出三峡，顺长江东流直下上海，赴法国勤工俭学。1922 年，他在法国加入中国社会主义青年团，1924 年参加中国共产党。1926 年 1 月，他由法国转到苏联莫斯科中山大学学习。同年底回国，受党派遣到国民革命军冯玉祥部

红七军军部旧址——广西百色粤东会馆

从事政治工作。大革命失败后，只有 24 岁的邓小平，以中共中央代表身份前往南宁，领导广西党组织的工作。1929 年底和 1930 年初，他与张云逸、李明瑞等一起，成功地领导广西百色起义和龙州起义，成立了红七军和红八军。他担任红七军和红八军两军政治委员兼广西前敌委员会书记，创建了广西左右江革命根据地。

广西左右江地区，地处广西西南边陲，与越南交界，高山大岭，交通不便，本是建立革命根据地的极好地方。可是，1930 年夏，李立三"左"倾冒险主义在党中央占据了统治地位。中央"左"倾冒险领导者强令各根据地红军，冒险攻打中心城市，"会师武汉，饮马长江"，实现以武汉为中心的附近省区革命首先胜利。1930 年 9 月间，中共南方局代表邓岗带着贯彻"左"倾路线的中央指示来到左右江地区，强令红七军执行中央制定的北上攻打柳州、桂林，在广东北江地区建立根据地的计划。

红七军当时只有 7000 余人（红八军成立后不久因战斗失利，减员过多，已编入红七军），放弃原有根据地攻打中心城市，显然是冒险行动。然而"中央代表"邓岗以"谁不执行命令，谁就是反对中央"相要挟，邓小平和红七军军长张云逸、原红七军红八军总指挥李明瑞等领导人，不得不违心地率领部队，从左右江根据地出发，远征北上，准备攻打柳州。

不料，红七军一出师，即遭失利，桂北一战，伤亡 300 余人；接着在长安、武岗又连连受挫，全军锐气大减。面对现实，邓小平等果断放弃攻打桂林的计划，率师东进，由桂入粤，试图立足北江。不料，1931 年 2 月 3 日，在粤北乳源县梅花村一场血战，因误判敌情，红七军仅数小时内即伤亡 700 余人，减员几近三分之二，已不可能在粤北立足，更无力开辟北江根据地。于是，邓小平遂决定引军北上江西，与朱毛红军会合。

江西的朱毛红军，自 1929 年 1 月中旬离开井冈山后，开辟了中央革命根据地，红军也得到发展壮大，1930 年 8 月成立了以朱德为总司令、毛泽东为总前委书记兼总政治委员的红军第一方面军，与此同时，还成立了以毛泽东为主席的中国工农革命委员会。1930 年 12 月，红一方面军取得了第一次

百色地区第一届工农兵代表大会召开地旧址

反"围剿"重大胜利，歼敌 1 万余人，缴枪 1 万余支，还活捉了国民党军第十八师师长张辉瓒。当邓小平率红七军向中央根据地靠拢时，朱毛红军正分兵在兴国、宁都、广昌、石城、瑞金等县发动群众，扩大红军，建立红色政权，准备迎击国民党军队新的进攻。

红七军在遭受重大损失之时，毅然放弃原定计划，转向江西中央苏维埃区域靠拢，既能增强红一方面军的力量，又能保存和发展自己，这确实是一个实事求是的明智决定。

1931 年 2 月 5 日上午，邓小平和张云逸、李明瑞率领疲惫不堪的红七军五十五团和五十八团共 1000 余人，赶到粤北韶关与乐昌县城之间的杨溪长来渡口。横在红七军前面的是水深流急的武江（乐昌河）。仅有的两只小渡船，一次只能渡过二十来人。而此地离韶关和乐昌县城仅二三十公里，粤敌乘汽车，个把小时就能赶到，到时红七军将陷于背水而战的危险境地。

为抢在敌人赶到之前过江，邓小平和李明瑞率五十五团先行渡江，抢占有利阵地阻击敌人，张云逸指挥五十八团和军直属队殿后。下午 3 时左右，已渡过江去的五十五团刚刚控制岸边高地，后面的五十八团刚开始渡江，闻讯从韶关乘车急驰而来的粤敌郭华润团，就向红七军五十五团阵地猛扑过来，迫击炮弹和机枪子弹朝河心的渡船猛射。邓小平、李明瑞指挥五十五团拼死顶住敌人进攻，掩护后续部队过江，但敌人猛烈的火力将江面封锁，后续部队无法过河。

危急之时，红七军军长张云逸只好带领未能过河的五十八团两个连和军直属队共约 600 余人，撤退到粤北乳源县瑶族聚居的山区活动。而邓小平和李明瑞则率五十五团和五十八团大部，当日傍晚冲破敌三面包围，向江西境内转移。

从杨溪到江西，必经仁化县。邓小平、李明瑞率领部队在崇山峻岭中匆匆行进，2 月 6 日经董塘绕过仁化县城，然后取捷径直插湘粤赣交界处的长江镇，进入湖南汝城县境内的东岭、热水。11 日，部队向东一拐，越过张网山，进入江西崇义县西南边陲的文英境内。

崇义这个山高林密的偏远之处，"天高皇帝远"，谁也管不着。国民党的正规军，尚未插足此地，只有国民党湖南汝城县警备团胡凤璋部和崇义、大余边境土匪武装周文山部在境内活动。

邓小平和李明瑞率部队进入崇义境内后，沿着崎岖山道，经古亭，走关田，在下关与刚从崇义县城退出的周文山匪部遭遇，打了一仗，缴枪 40 多支。邓小平得知崇义县城已无敌情，遂于 2 月 14 日中午率部徐徐入城。

2. 在崇义的崇山峻岭中

崇义的老百姓对红军并不陌生。

早在 1927 年 11 月底，朱德、陈毅率领三河坝战斗后撤出阵地的南昌起义军余部 800 余人，千里转战到赣南，来到崇义的文英、古亭、上堡一带整训。南昌起义军在这里打土豪，驱土匪，发动农民起来开展土地革命，同时进行军事整训，学习山地游击战术。他们还与毛泽东率领的井冈山工农革命军第一团第三营取得了联系，派出毛泽覃上井冈山与毛泽东联络。1927年12月下旬，朱德与驻韶关的国民革命军第十六军范石生部取得联系，改编为该军一个团。南昌起义部队虽然离开了崇义去了粤北，但他们的活动给崇义的革命斗争带来了极大的影响。

1928年8月和1929年1月，毛泽东、朱德率领的红四军又曾两次来崇义活动。第一次是为迎接去湘南的红四军第二十八团和二十九团返回井冈山，从湖南桂东来到崇义。为追回被叛徒带走的一个营，红二十八团团长王尔琢在崇义县思顺墟壮烈牺牲。第二次是从井冈山突围挺进赣南游击，红四军在崇义县城住了两天。在县城城隍庙召开的群众大会上，毛泽东和朱德都发表了重要讲话，县城许多居民都聆听过毛泽东、朱德的演说。

彭德怀、滕代远率领的红五军，1929年也曾先后三次到崇义活动。就在红七军五十五团到来前的半个月，崇义的地方革命武装"上崇南游击大队"，还攻打过崇义县城。

红七军五十五团入城后，分驻在县城城隍庙、南门口张屋、南坛庙及城郊萝卜巷一带。邓小平、李明瑞等随中共红七军前委和五十五团团部住在城隍庙。

邓小平跨进位于县城东侧的城隍庙大门，细细打量了一番这座结构严谨、工艺精细的明代建筑。只见此庙分前、中、后3厅，每厅均以4根巨木为柱，支撑着饰有彩绘藻井和飞檐翘角的屋顶；各厅间留有天井，东西两侧各开一拱门。城隍庙东侧是龙王庙，西侧是"王文成公祠"，供奉着王阳明的泥塑像。"王文成公祠"西侧，又有一座文庙。这座文庙，与城隍庙一样，始建于明正德十三年（1518年），经明、清两代修缮扩充，它实际上形成了以"大成殿"为中心，环有文昌宫、崇圣祠、养经殿、忠孝祠等建筑的殿宇建筑群。望着这精致的古建筑群，邓小平惊讶不已：想不到在这座小小的山城，还有这么一处幽雅的去处。

邓小平急需了解崇义乃至整个赣南、整个江西苏区的情况。他们一到县

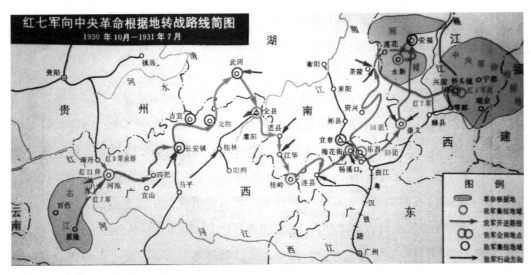

红七军向中央革命根据地转移路线简图

城，就得知离城约 70 华里的长潭、杰坝，有一支地方红色武装，叫"上崇南游击大队"，还成立了苏维埃政府。3 天后，邓小平与他们取得了联系，并会见了赣南临时行委的同志。

从上崇南游击大队大队长古达培、政治委员周炎那里，邓小平了解到有关崇义和赣南地区革命斗争的简要情况。

古达培和周炎告诉邓小平：崇义虽山高林密，贫苦农民却有着反抗压迫剥削的悠久斗争传统。

早在明朝正德三年（1508 年），崇义灾荒不断，哀鸿遍野，而官府的租税却有增无减。官逼民反，饥民谢志山等人在横水镇登高一呼，举旗造反，数万农民群起响应。谢志山自称"盘王"。起义队伍与湖南、福建的义军秘密联合，互为犄角，声势大张，震惊朝廷。9 年之后，即明正德十二年（1517 年），崇武皇帝派南京金都御史王守仁（王阳明），以文臣武帅身份，来到赣南，集结赣、闽、湘、粤等地强大兵力，向崇义"进剿"。这次农民起义遭到残酷镇压。城隍庙西侧的"王文成公祠"，就是崇义的封建统治者们为纪念这位镇压农民起义的统领而建造的。然而，崇义人民不屈的反抗精神始终没有泯灭。王守仁不得不哀叹："破山中贼易，破心中贼难！"

清咸丰六年（1856年）、咸丰九年（1859年），太平军亦曾两次攻克崇义县城，杀死清兵近千人。

古达培和周炎还告诉邓小平：伟大的五四爱国运动爆发后，中国人民强烈的爱国热情，在崇义山城青年中激起强烈反响。这年冬天，福建龙岩有位名叫邓子恢的进步青年，来到崇义杰坝圩，在他叔叔"庆昌和"号杂货店当店员。邓子恢曾留学日本，很早就接触了民主、进步的思想。从日本回国后，又通过各种渠道，购买了《新青年》等革命书报，探索救国救民之路。1922年，他在崇义曾致信陈独秀，要求加入共产党，却没有得到回答。他没有气馁，继续学习马克思主义理论。他还用自己微薄的工钱，买回进步书刊，组织周围青年阅读。1924年，他得知国民党改组，国共合作，进一步明白在乡村必须组织贫苦农民反对封建地主土豪劣绅。1925年，他在崇义和龙岩秘密发展国民党员，建立了国民党崇义县区分部。

1926年11月，崇义的进步青年陈赞雍在赣州加入了共产党组织。随后，他又介绍邓子恢入党，很快建立了中共崇义支部。他们在中共赣州特支领导下，发动和组织崇义贫苦工农开展工农革命运动。1927年5月1日，为抗议国民党反动派县长蔡舒恢复已经废除的苛捐杂税，中共崇义支部领导县城平民和附近贫苦农民3000多人，包围县政府，声讨国民党反动派倒行逆施。愤怒的群众向县衙门冲去，将县署门窗、椅桌、玻璃打得粉碎，并找到县长蔡舒拳打脚踢，将他关进监狱。

"五一"斗争后第二日，成立了崇义县临时行政委员会，推选陈赞雍为主任，邓子恢等19人为委员。行政委员会宣布立即取消苛捐杂税，实行"二五减租"，各乡成立农民协会和农民自卫军。一时间全县工农运动开展得轰轰烈烈。

不料，5月下旬国民党"清党军"进入赣南"清党"。崇义的土豪劣绅也与湖南汝城、桂东的土匪胡凤璋相勾结，进攻崇义县城。他们封闭县临时行政委员会和农民协会，从监狱中放出反动县长蔡舒。崇义革命势力受到严重摧残，陈赞雍被迫逃往外地隐蔽。邓子恢也化装匆匆离开杰坝圩，潜回福建龙岩继续开展革命斗争。其余共产党员也在县内隐蔽了起来。

朱德、陈毅率南昌起义军来到崇义后，为崇义重新点燃了革命火种。一些隐蔽的共产党员和革命骨干，纷纷重新开展革命活动，在县内长潭乡成立中共特别支部。这使土豪劣绅们又惊恐起来。

1928年四五月间，有一批共产党员因武装暴动失败从赣南的信丰县和湖南汝城县、桂东县转移来到崇义县隐蔽。他们与崇义当地的共产党员一起，建立中共崇义县委。可是两个月后即遭到胡凤璋、周文山匪部的破坏。

古达培、周炎还告诉邓小平：红四军、红五军在崇义的多次活动，更给了崇义的共产党员和工农群众以极大鼓舞。1929年7月，中共赣南特委派黄达来崇义、上犹两县，领导革命活动。这年11月，在崇义长潭的东山庵，召开了崇义县第一次党代会，再次成立中共崇义县委，选举周泰侃为县委书记。不久后，又在崇义、上犹边界成立了中共上崇县委，何翊奎任书记。

1930年5月6日，在中共赣南西河行委和上崇县委领导下，崇义长潭、茶滩两地贫苦农民举行武装暴动，打土豪，分浮财，烧契约。暴动胜利后，两处暴动队伍合编组成崇义县暴动大队。与此同时，邻近的上犹县清溪、江口、中稍和上犹县城等地也爆发了农民武装暴动，成立了上犹县革命委员会。5月底，两县暴动队伍遭到国民党军和反动民团进攻，损失惨重，许多暴动领导人壮烈牺牲。面对敌人血腥镇压，崇义、上犹两县人民没有停止斗争。党组织将两县暴动武装30余人合编，成立崇犹游击大队。1930年底，崇义恢复了中共长潭区委，辖有4个党支部。上犹县的营前也恢复了党组织。崇犹游击大队发展到120余人、50余支枪，改称上（犹）崇（义）南（康）游击大队，一直在崇犹边界活动。这支游击大队人少枪少，非常希望得到主力红军的帮助和支持。现在得知红七军来到崇义，游击队员斗志倍增。

赣南临时行委的同志也作了简要汇报。他们告诉邓小平：1930年春，赣南分别在于都县城和南康县龙回成立了隶属于中共赣西南特委领导的中共东河、西河两个行动委员会。这两个行委分别领导赣南东河地区和西河地区各县革命斗争。1930 年 8 月,东河行委和西河行委合并,成立中共南路行委。10 月底,南路党、团、工会组织又合并成立赣南行动委员会,机关设在信丰县。1931 年 1 月中旬因受"富田事变"影响,赣南行委的一些领导人进行"反毛"活动,被中共红三十五军军委拘留审查,赣南行委机关也改组成为赣南临时行委,以陈致中为书记。当时,正值毛泽东、朱德指挥红一方面军开展第一次反"围剿"战争期间,兴国、赣州至南康一线,驻有国民党军第十九路军两个师。赣南西河苏区与东河苏区的联系被隔断。两个多月来,赣南临时行委中断了与红一方面军总前委及江西省行委的联系,不知道河东苏区反"围剿"战争进展如何。他们只好一方面派出人员去广东,力争沟通与中共广东省委的联系,取得广东省委和中央的直接领导;一方面决定独立自主地领导西河各县的革命斗争。

由于以前赣南行委受李立三"左"倾错误影响,在组建主力红军第三十五军时,将赣南地方武装统统收编,赣南西河各县的红色武装受到严重削弱。原在西河苏区活动的红三十五军,也奉命北上宁都县与红一方面军会合。在敌人的进攻面前,西河各县原有的苏维埃区域不断丢失,现在只剩有赣南临时行委机关驻地信丰县周坪地区和崇义、上犹两县边界的小块苏区。

邓小平听了游击队和赣南临时行委领导人的汇报,又喜又急。喜的是红七军历尽千难万险,千里转战来江西,终于与地方党和红军取得了联系。疲惫不堪的部队可以得到休整补充,可以与赣南党组织和人民群众一起开展新的斗争,特别是将得到久已景仰的毛泽东、朱德等同志的直接领导了。急的是,由于受"富田事变"影响,赣南党的领导机构和领导体系出现紊乱,赣南的革命力量被大大削弱。邓小平在 1931 年 4 月 29 日给中央的报告中,曾将自己了解到的关于"富田事变"及其影响的情况如实向中央作了报告,并提出了自己的见解。该报告说:

这件事我们到赣南才知道他们,得到的事实是如此:过去总前委与省行委向来有冲突,如对军阀混战的分析,引敌深入的战术,开除刘士奇等问题，省行委常骂总前委是右倾，总前委常指省行委中有 AB 团的作用，故有富田事件之爆发。爆发的经过是总前委派一团长率一连将省行委、省苏维埃负责人通通捕去，后二十军一团长即率一营去救回，并杀死该团长。省行委负责人回后即公开反毛，当时有一中央巡视员曾批评他们不对。此事传到赣南后，当时赣南行委即在信丰开反毛大会，三十五军军委得知此事，指出赣南行委之错误，并将负责人（三人）扣留，后改随军行动，停止活动，并改组赣南临时行委。此事发生后，一般同志特别是干部非常恐慌，人人自危以致不敢开口，特别不敢批评总前委。赣南临时行委对此问题的处置是在中央未解决此问题前，与总前委、省行委均断绝关系。我到后与他们讨论到此问题，批评他们这种脱离组织的解决办法不对，仍须与两方发生固有组织关系，但声明富田事件候中央解决。目前坚决按照中央紧急通告的国际路线（我只看到一个紧急通告）来布置赣南工作，哪方面的指导是符合国际路线就服从哪边的指导。他们同意了这个意见，写信与双方面发生关系，同时指出省行委、赣南行委之严重错误。我对总前委之反 AB 团的方式亦觉有超越组织的错误，这种方法事实上引起了党的恐怖现象，同志不敢说话，另一方面是可以助长 AB 团的发展，如赣南曾发生过 AB 团的分子抓住党来枪毙忠实同志的事实，且在党内恐怖之际给了 AB 团以大好机会。但同时我向他们说明反 AB 团之严重主要是从深入群众斗争的路线中来解决，当然并不是说紧急的处置不能用而且必要用。

....

赣南指导机关的同志能力甚弱，需要派一人去作中心才能将赣南工作创造起来。[1]

---

[1]　邓小平：《七军工作报告》（1931 年 4 月 29 日），载中共中央文献研究室、中央档案馆主办《党的文献》1989 年第 3 期。

历史事实证明，邓小平在给上海临时中央的报告中所反映的事实，是客观的和基本准确的；他自己对富田事变的看法及对总前委整肃 AB 团不妥之处作出的评析是正确的；他对赣南临时行委提出的指导性意见也是正确的。

邓小平了解到：崇义、上犹两县离敌人重兵驻守的赣州都很近。红七军和赣南党组织当前面临的局势相当严峻。他与红七军前委的同志经过研究，果断作出决定：部队在崇义就地休整，同时参加地方工作，与当地党和红军紧密配合，打土豪，分田地，发展地方武装，建立苏维埃政权，扩大和巩固红色区域。

为发展壮大地方武装，邓小平与李明瑞等商议，决定从红七军拨出 80 余支枪，充实上崇南游击大队，并把这支游击队改编成西河红色独立营；从红七军中派出何畏、林材两人充实到独立营，由何畏任营长。西河红色独立营很快发展到 400 多人，200 余支枪。

邓小平将发动群众作为红七军的一项重要任务，布置下去。进占县城当天，部队就在城内及四郊刷写标语，张贴《红七军司令部、政治部布告》，宣传红军宗旨和党的政策主张。这份布告是在广西右江苏区事先拟好的，全文如下：

中国红军第七军司令部、政治部布告

第 × 号

为布告事。溯自帝国主义势力侵入以来，中国一切政治经济文化等权利，被夺殆尽。而国民党军阀，竟不惜为帝国主义掠夺之工具，加紧剥削群众，屠杀工农。加之连年以来，各派军阀互争地盘，混乱局面，日益扩大，苛捐杂税，无微不至，各地贪官污吏，豪绅地主，更藉国民党为护符，穷凶极恶、横行无忌，人民处于水火之中，惨状实不堪言，本军应革命之要求而产生，其目的在驱逐帝国主义出华，推翻国民党统治，肃清贪官污吏、豪绅地主等反动势力，建设工农兵代表会议（苏维埃）政权，以解除民众痛苦为职志，现游击到此，已将反动派驱逐，我劳苦民众，应各安生业，幸毋误听谣言，自相惊扰，兹特郑重将本军对各界民众态度，申明如左：

一、对工人：组织工会，夺取政权，增加工资，减少时间，待遇得改良，失业有保险；

二、对农民：组织农协，土地革命，打倒地主，消灭豪绅，租税尽取消，土地归农民；

三、对士兵：改良待遇，废除肉刑，提高生活，官兵平等，即得参政权，又有土地分；

四、对商民：废除苛捐，取消杂税，保护贸易，买卖公平，严守我军纪，绝不扰商民；

五、对敌军：严打军阀，不打士兵，优待俘虏，不究团丁，愿来当红军，本军最欢迎；

六、对教育：提高文化，普及教育，劳动儿童，免费入学，推翻旧礼教，创造好风俗；

七、对社会：抚恤老弱，救济赤穷，严禁烧杀，保卫安宁，努力来生产，社会得太平。

甚望各界民众，明了主张，共同努力，完成上述之目的，本军有厚望焉。切切此布。

政治委员　邓　斌[①]

军　　长　张云逸

政治部主任　陈豪人

一九三〇年×月×日[②]

---

① 邓斌，邓小平的化名。

② 中共百色地委党史办公室编《百色地区党史资料·邓小平与百色起义》，1994年12月内部版，第199—200页。

红七军部分同志在延安合影

　　红七军还在崇义县公署召开群众大会。李明瑞登台演讲，说明红七军北上江西的目的，安定民心，号召工农群众起来打土豪，分田地，建立红色政权。部队协助工农群众将县城土豪乐德浩、黄以师的财物没收，分给贫苦群众，处决了劣绅黄世藻。部队还派出小分队到崇义县与上犹县交界的过埠、杰坝、茶滩等处，开展群众工作。

　　崇、犹两县边界的长潭乡，是西河红色独立营根据地。为了发展崇、犹两县的革命斗争，邓小平指示红七军派出力量在这里举办了为期两周的"崇犹地方干部训练班"。训练班由红七军政治部主任许卓主持。崇、犹两县共选送20多名党团员和进步青年前来参加学习。邓小平专门到训练班给学员们讲授《共产主义ABC》等课程。学员们在短短的时间内学习了革命理论，还进行了军事训练。他们结业后都成为崇犹苏区的革命骨干。

　　利用休整的机会，根据变化了的情况，邓小平主持召开红七军前委会议，对领导机构进行调整，将原中共红七军前委改称为中共红五十五团团委（又称"小前委"），仍由邓小平任书记，佘惠、许卓、李明瑞、袁任远、张翼等为团委委员。后又决定在组织关系上红五十五团团委受中共赣南特委（原"赣

崇义县长潭邓小平旧居——长潭赖屋祠堂

南临时行委"于 1931 年 2 月下旬改称为"中共赣南特委")指挥。精干的领导机构，更适应红七军游击斗争需要。

2 月 17 日，农历大年初一。

辞旧迎新红军到，寂静的崇义县城热闹起来。老百姓家家门前张贴大红春联，男女老少喜气洋洋。按照当地风俗，大年初一黎明前，家家户户要选"吉时"开大门，鸣爆"出行"。还要选择"大利方向"走出百步，点燃香烛，燃放鞭炮，迎"春"回家。贫苦百姓们选择的"大利"方向，就是城东城隍庙——红七军驻地。他们相信，红军来了，贫苦百姓们翻身的春天就来了！他们要将这久盼的"大吉""大利"，将这"紫气东来"的春讯，在鞭炮轰鸣声中迎回家去，让它润泽百姓黎民。

尽管邓小平给部队下达了不准扰民的指示，老百姓还是热情地给红军送米送菜，让这些历尽千辛万苦的红军将士们，与老百姓一起共享新春佳节的欢乐。

邓小平吸着用崇义土纸卷成的纸烟，与战士们一起品尝着老百姓送来的果子酒，感慨地说："江西老表真好！"

3. 离崇赴沪汇报，受到王明"左"倾中央冷遇

春节过后半个多月，邓小平离开崇义，去上海向党的临时中央汇报红七军情况。

对这件事，邓小平自己在1968年写的《我的自述》中写道：

> ……从当地特委处得悉，中央开了四中全会，王明等人上台，我内心有所震动（这点没有向别的同志说，我对王明向无好感），同时崇义敌情并不严重，我即动了到上海向中央报告工作的念头。当时前委只有许卓、李明瑞和我三个人，我的想法得到了许、李的同意，并商定我离开期间，由许卓代理前委书记。随后，我同许离开崇义城，去特委布置建立根据地的工作，不料在回崇义途中，得悉有了敌情，听到崇义方向的枪声。那时我因为到上海向中央报告工作，是前委已经决定了的，敌人来后部队就会转移，特委机关也会转移，就同许卓商议，由他回部队，必要时可向井冈山靠拢。我就动身于一九三一年初到了上海，很快向中央报了到。

邓小平离开崇义去上海的时间是1931年3月10日。

这天一大早，他与许卓一起，先到杰坝，看望安置在那里休养的100余名红七军伤病员，并且与中共赣南特委的同志商讨建立根据地的工作。特委的同志建议红七军到信丰去，因为信丰县与南康县边界地区是老苏区，建立红色政权已经两年了，又是赣南特委机关所在地。红七军到那儿去，可使那儿的红色政权得到巩固，特委也可更好地领导整个赣南斗争。邓小平与许卓接受了特委的建议，决定邓小平赴上海后，部队立即转移到信丰去。

在杰坝，邓小平和许卓还提出，请赣南特委派一名交通员护送。特委当即物色了人选，随他们一道先回崇义县城，再准备出发。

当日黄昏，就在他们快要接近县城时，突然传来急骤的枪声。经了解，

得知国民党军队正在进攻崇义县城。归路被截断，邓小平判断：部队肯定已经转移。他想，既然前委已经决定让自己去上海汇报，特委交通员又在身边，就没有必要再追赶部队了。他征求许卓的意见，许卓赞同他的想法。于是，邓小平便与许卓分手，乘夜改道前往上海。

邓小平离开崇义赴上海的情形，毛毛在《我的父亲邓小平》一书中是这样记载的：

"在父亲告别许卓时，听见远处有枪声，他再度叮嘱，必要时，部队可向井冈山靠拢。"

"此后，父亲化装成一个买山货的商人，由行委派一个交通员带着，步行几天经粤赣交界处的大庾，到了广东的南雄。"

"南雄当时是我党的一个主要的交通站，由一对姓李的夫妇主持。父亲在交通站上住了一夜之后，即由他们派另一位广东的交通，带领步行到韶关，然后乘火车到广州。在广州的一个旅馆住了半天后，又由交通代买了到香港和由香港到上海的船票，当晚由广州到香港，并很快再由香港坐船到了上海。一路平安。"①

邓小平到上海后，很快与党中央接上了头。4月29日，他向中央提交了关于红七军工作的书面报告，等待中央听取他关于红七军情况的汇报，期等中央给红七军以

邓小平撰写提交给中央的《七军工作报告》(部分)

① 毛毛：《我的父亲邓小平》，中央文献出版社 1993 年版，第 268 页。

后的工作作出明确的指示。可是，邓小平万万没有想到，党中央和中央军委竟相当冷漠地将他置于一旁，没有听他一次汇报，甚至没有见他一面！

这是为什么？原因是王明"左"倾错误占统治地位的党中央早已听取了有违红七军历史事实的一面之词。原来，在邓小平之前，原红七军政治部主任陈豪人和阎衡、涂振农，早已向中央作了汇报。他们在汇报中夹杂着许多"左"的观点。在他们看来，红七军千里转战遭受重大挫折和损失，不是李立三"左"倾盲动的过错，而是红七军前委对中央的方针政策贯彻执行不力。而这些责任，当然应由主持红七军工作的同志负责。受王明"左"倾路线影响的领导者们有了"先入为主"的印象，作为对李立三"左"倾错误作了抵制的邓小平，当然只能得到冷遇了。

岂止是"冷遇"，事情远没有完结。在王明"左"倾领导者看来，邓小平离开红七军到上海向中央报告工作这件事本身，就是难以容忍的"错误"。他们甚至怀疑邓小平是不是擅离职守？邓小平后来在《我的自述》中写道：

> 关于我离开红七军到中央汇报工作的问题，在一九三三年博古的中央反对江西罗明路线时，曾对此事提出正式审查，令我写了书面报告。我在报告中提请向当时在中央军委机关工作的许卓询问，以后再没有要我进一步写报告了。

事实胜于雄辩。邓小平离开崇义向中央报告工作，明明是经过红七军前委集体讨论决定的，而且从当时的实际情况看，他此行也完全必要，并没有什么可非议之处。好在了解实际情况的许卓坚持实事求是，如实作证，要不博古等人定会揪住不放的。

令人愤慨的是，在"文化大革命"中，林彪集团和"四人帮"为了打倒邓小平，竟又重翻老账，硬诬邓小平当时是"逃跑"回上海。

邓小平受组织派遣执行任务，为的是让党中央能更好地了解红七军情况，使红七军今后有更明确的斗争方向。况且，邓小平离开崇义时，还对红七军的行动作了周密布置。这怎么是"逃跑"？真是欲加之罪，何患无辞！

当时进攻崇义红七军的共有两路敌人。一路是驻守赣州的国民党军第六十师一个团和第十二师三十四旅一个营，由三十四旅旅长马崑率领，从赣州出发经南康县和崇义县长龙、杨梅寺进攻崇义县城；另一路为南康、上犹、崇义三县国民党警察队和商团纠集在一起，从上犹县中稍、磨刀坑进攻崇义，企图合围红七军五十五团。敌军兵力比红七军五十五团多数倍。

红七军初来乍到，尚未建立起灵通的情报侦察网络，对敌军进攻察觉过迟，直到黄昏时分待敌离县城很近了，才发现已三面受敌。幸亏李明瑞有丰富的战斗经验。他指挥五十五团一部在离县城 5 华里处与敌作战，稍后，红军大部撤进县城。

当晚，细雨绵绵，浓雾弥漫，一片漆黑。李明瑞指挥部队，以少断后，大部撤进县城北门新村。

第二天清晨，敌人包围了县城。李明瑞瞅准战机，指挥部队先向东打一阵枪，接着又朝西边猛烈射击，扔几颗手榴弹。随后，带领部队在两个连掩护下，乘浓雾迅速撤出县城，朝过埠、金坑方向转移。军政治部主任许卓也赶上了部队。

愚蠢的敌人从西路杀进县城。蒙蒙大雾中，两路敌军都误以为对方是红军，猛烈对射起来，直到大雾散尽，方知中计。此时红七军早已不知去向，而街头却躺满国民党军尸体。

按照邓小平临走前的叮嘱，红七军五十五团撤出崇义城后，带上留在杰坝的伤病员，经上犹县营前，到达遂川县大汾，准备向井冈山靠拢。

在遂川县大汾，李明瑞、许卓得知湘赣边界的永新县是湘赣苏区中心，立即带领部队朝永新奔去，终于在 4 月上旬与分别三个多月的红七军五十八团重新会合。

原来，三个多月前，当邓小平、李明瑞等率红七军五十五团和五十八团一部渡过乐昌河后，被阻在河对岸的五十八团大部，由军长张云逸带领，先在粤北大山中隐蔽数日，然后在地下党的引导下，辗转湘南，又到了井冈山下的酃县（今湖南炎陵县），打败当地民团，与前来接应的湘赣苏区红军独立师第三团会合。随后，经茶陵县到达永新，与在永新活动的中央苏区红军第二十军会师，并很快得到五十五团的消息。

红七军五十五团与五十八团又会合在一起了！

1931 年 4 月中旬，奉中共苏区中央局和红一方面军总部指示，红七军与红二十军、湘赣红军独立师一起，组成红军河西指挥部。三支红军部队驰骋于湘赣苏区，配合河东的红一方面军，进行第二次反"围剿"。

1931 年 7 月，红七军与红二十军一起，离开湘赣苏区，东渡赣江，到达中央苏区，与红一方面军主力汇合。从此，他们在毛泽东、朱德的直接领导下，参加保卫、发展中央苏区的斗争。

第二章

再入赣南临危受命，冒险刀下释冤魂

1. 离开上海再入赣南苏区

当红七军两个团重新会合，又从湘赣苏区东渡赣江到达中央苏区之时，邓小平也离开上海，动身前来中央苏区工作。

他当时只有 27 岁，年轻气盛，精力充沛。到上海后，他受到冷遇，没有工作，闲得慌；向中央请求回红七军，中央又以没有交通为理由拒绝了他。后来，他又提出到中央苏区工作，终于得到中央批准。7 月中旬，他和不久后成为他妻子的金维映从上海出发前往中央苏区。

邓小平原先有个妻子，叫张锡瑗，是个温柔漂亮、工作能干的共产党员。他俩都曾在莫斯科中山大学学习，早就相识，1928 年春节后在上海结的婚，当时邓小平不到 24 岁，张锡瑗不到 22 岁。邓小平任党中央秘书长，张锡瑗在邓小平领导下的秘书处工作。1929 年 6 月邓小平离开上海到广西工作，张锡瑗仍留在上海。不幸的是，1930 年初她因生孩子得了产褥热，不治而亡。

金维映

是时，邓小平正好从广西回到上海汇报工作。他经受住了这一沉重打击，处理完亡妻后事，又立即赶回硝烟弥漫的战场。

这次从江西崇义回上海汇报工作期间，他与金维映认识了。

金维映，浙江岱山人，原名金爱卿，又名阿金，1904 年出生，与邓小平同岁。15 岁在县立女子中学读书时就参加了声援五四运动的斗争，1926 年加入中国共产党后，从事工人运动，1929 年任中共江苏省委妇女运动委员会书记，1930 年任上海丝织业工会中共党团书记和上海工会联合行动委员会领导人。这次邓小平去中央苏区，中央派她与邓小平同行。也许是因为他俩相识，组织上有意安排他们一起前往苏区，便于旅途中假扮夫妻以利旅途安全吧。

从上海到中央苏区，有一条由中央特科开辟的地下交通线。邓小平化装成一名富商，金维映化装成富商太太，由党中央地下交通员黄华带领，乘轮船从上海先到广东汕头。汕头有党的秘密交通站。他们在秘密交通站接上头，在秘密交通员带领下，先乘火车到潮州，再搭乘小火轮到大埔县茶阳，然后改小船溯江而上到清溪上岸。这里距福建永定县境很近，属中央苏区边沿地区，但不时有大埔、永定两县地方反动民团骚扰。为安全起见，他们由交通员带领沿着崎岖山路，翻越座座高山，蹚过条条溪河，经福建永定、上杭，8 月初到达中共闽粤赣临时省委驻地长汀城。

再往西进，翻过武夷山南端的大隘岭，就是江西瑞金县境。在长汀城休整期间，中共闽粤赣临时省委的同志告诉邓小平和金维映：红一方面军总部机关和毛泽东、朱德等同志，不久前还在瑞金。这个喜讯，消除了他们的疲劳。两人离开长汀，朝瑞金奔去。

2. 武夷山下，赣江源头，李添富乱肃"社会民主党"，瑞金城乡一片恐慌

邓小平在长汀已经得知：瑞金县苏维埃政府早在一年多以前已经成立。朱毛红军也曾多次在瑞金活动过。他想象，现时的瑞金，革命斗争的形势一定像这 8 月流火热气腾腾。

可是，越过汀瑞边界的古城，越往前走，离瑞金越近，邓小平和金维映心中越犯嘀咕：瑞金现在怎么啦？

他们看到："立秋"已过，田野的稻谷早已黄熟，可少见农民在田间劳作，没有歌声，没有笑语，只有树上的知了不停地聒噪，令人心烦。

他们由交通员带领走进村庄，向老百姓询问红军总部在哪里？县委、县苏维埃政府机关在哪里？没有一个人回答。问他们村里建立了苏维埃吗？老百姓一个个摇头不语。

从长汀进入瑞金后，他们没有遇见过一个放哨的赤卫队员，也没有遇见过一名苏维埃的干部。

难道老苏区就像这个样子吗？邓小平脑子里的问号，一个连一个地出现。

邓小平还不知道，此时此刻，地处武夷山下、赣江源头的瑞金县，共产党的县委书记李添富，正在大肃"社会民主党"，滥杀无辜，全县城乡已经处在一片恐慌之中。

事情得从头说起。

肃"社会民主党"一事，源起于闽西苏区。

1930 年下半年，由于受立三"左"倾错误的干扰和影响，闽西苏区的革命斗争受到严重挫折，冒险出击广东东江的红二十一军和新红十二军连吃败仗，军心浮动。赤白交界区域的一些苏区群众，甚至出现"反水"现象。这些问题的出现，本不奇怪，只要纠正"左"倾错误领导，制定和执行符合实际的正确的方针政策和斗争策略，这些问题很快就可以解决。问题的复杂性在于，此时邻近的赣西南苏区正在大肃"AB 团"；而党中央一次又一次地提出，

在苏区内要严防"AB团"和"改组派""第三党""社会民主党"的捣乱和破坏。这就使闽粤赣边苏区党的部分领导人得出一个错误结论：闽西苏区革命斗争受挫，主要原因是"AB团""第三党"在捣乱。

无独有偶。1931年1月初，闽西新红十二军召开纪念国际共运领袖李卜克内西、卢森堡、列宁的大会。李、卢都是德国社会民主党和第二国际的左派领袖。第二国际堕落为修正主义后，李、卢又与之进行了坚决斗争。在纪念大会上，一些缺乏国际共运知识的青年红军，呼喊了"拥护第二国际""社会民主党万岁"等口号。这本不为怪。但是中共闽粤赣特委和新红十二军的一些领导人，却大惊小怪，认为在闽西苏区存在一个叫"社会民主党"的反革命派别。他们把闽西出现的一些不正常现象，都归咎于这个所谓的"社会民主党"。于是，立即在闽西苏区到处追查搜捕"社党分子"。

更为严重的是，负责肃"社党"的领导人，对被怀疑是"社党分子"者，严刑逼供。受刑的人经不住拷打，便乱供、胡乱攀咬。如此，就像瘟疫传染一样，使所谓的"社党分子"越肃越多。4月间，中共六届四中全会精神传达到闽西苏区。在王明"左"倾错误肃反政策导引下，闽西的肃"社党"运动更为混乱和严重。闽西苏维埃政府肃反委员会主任林一株，搞刑讯逼供，乱捕乱杀"社党分子"。整个闽西苏区被当作"社党分子"冤杀的多达6352人。

城门失火，殃及池鱼。闽西苏区乱肃"社会民主党"，很快波及邻近的瑞金苏区。

瑞金县虽为江西省辖，因与福建山水相连，历史渊源关系甚密，因此中共闽西组织在1928年3月曾派出力量，帮助瑞金建立党的组织。瑞金党组织当时直接由中共长汀特支领导。1929年至1930年间，中共赣南特委亦多次派人到瑞金开展革命活动，与瑞金党组织建立了领导关系，并在1930年4月指导瑞金发动了轰轰烈烈的农民暴动，攻占了瑞金城，建立了红二十四纵队等地方革命武装，成立了中共瑞金县委和瑞金县苏维埃政府。然而，红二十四纵队编入主力红军后，瑞金地方革命武装被削弱。1930年冬，瑞金的革命斗争遭受挫折，与赣南党领导机关的联系一度中断。1930年10月，中共中央将全国苏维埃区域划分为7大特区，闽西苏区和广东东江苏区及赣南邻近福建的几个县一起，被划设为闽粤赣边特区，成立中共闽粤赣边特委，邓发担任书记。瑞金党组织遂与中共闽粤赣边特委取得联系，并接受其领导。1931年3月，为加强对瑞金革命斗争的领导，中共闽粤赣边特委（后改为中共闽粤赣临时省委）派李添富到瑞金，担任中共县委书记。

李添富，原名兰鸿翔，闽西上杭县人。他早年入黄埔军校汕头分校学习，1926年加入中国共产党。土地革命运动开展后，他返回家乡从事革命斗争，1928年7月担任中共上杭县委组织部长，1929年1月任中共上杭县委书记，同年7月又被选为中共闽西特委执行委员、特委常委、特委宣传部长。1930年3月，他被选为闽西苏维埃政府执行委员，7月当选为中共闽西"二大"主席团成员。1931年3月到瑞金工作之前，曾任中共杭武县县委书记。

从李添富的经历看，他是一名久经考验、斗争经验丰富的党员干部。将他派往瑞金担任县委书记，可见中共闽粤赣边特委对瑞金工作的重视。

然而，李添富的思想却受到"左"倾错误严重影响。他奉命来瑞金工作之时，正是闽西苏区大肃"社会民主党"的时候。李添富笃信"社会民主党"的存在，十分赞赏林一株在肃"社党"时大搞刑讯逼供那一套做法。按他的思维逻辑，闽西各县都普遍存在"社党"组织，到处都是"社党分子"，难道与闽西仅一山之隔的瑞金县就没有？

他上任不久，就把闽西肃"社党"的做法带到了瑞金。

李添富亲自担任瑞金县肃反委员会主任。他将肃反委员会凌驾于县委、县苏维埃政府之上，对那些出身于地主、富农家庭的党员、干部，或者是对他那套"左"的做法表示不满的人，以及有某些错误的人，甚至两人说句悄悄话，尤其是一些有点文化的党员、干部，通通指为"社党分子"，随意逮捕，严刑逼供，予以处决。

这样乱肃"社会民主党"、滥杀无辜，瑞金城乡怎能不一片恐慌？

邓小平有个老朋友，叫霍步青，比他先几个月到中央苏区，任中共苏区中央局巡视员。邓小平和金维映到瑞金时，霍步青也于 8 月 7 日随中共赣东特委机关一起从宁都县转移来到瑞金县城。8 月 8 日，霍步青从瑞金给中央写了一个报告，题为《三次战争形势及瑞金党的状况》。他在报告中十分忧虑地说："瑞金现已全县（除少部分）都成赤色区，但目前党及政权因打社会民主党打垮了，整个党团六百余人现究竟剩下几多人不是，简直不能考查出。现在只有县委三四人，区委支部小组都没有了，这样的赤色不是亲在此间看见，说来也不会使人相信的。"[①]

邓小平刚到，当然还不知道这些情况。他们此行的目的地，是苏区中央局和红一方面军总部所在地。可苏区中央局在哪里？总部在哪里？毛泽东、朱德在哪里？他们都不知道，就连瑞金地方党组织的关系也还没有接上。

3. 临危受命，刀下释冤魂

费了几番周折，邓小平、金维映终于和设在瑞金城的中共赣东特委取得了联系。

中共赣东特委在两个月以前才成立，领导江西省宁都、瑞金、石城、广昌和宜黄、乐安、南丰等县的工作。特委机关原设在宁都县东韶。国民党军队向中央苏区发动第三次"围剿"，宁都、广昌等县相继为国民党军侵占。中共赣东特委率领由广昌、宁都、石城等县地方武装编成的红军独立第四师，随红一方面军主力撤退至兴国县。7 月 30 日，他们根据中共苏区中央局指示离开兴国绕道于都县北部，8 月 7 日转移到瑞金。红军独立第四师布置在瑞金北部和宁都县南部地区，监视宁都方向敌军，同时开展群众工作。

中共赣东特委书记叫谢唯俊，24 岁，湖南耒阳人，是跟随毛泽东、朱

① 《中共赣东特委步青给中央的报告——三次战争形势及瑞金党的状况》，1931 年 8 月 8 日写于瑞金城。载中共江西省委党史资料征集委员会、中共江西省委党史研究室编：《江西党史资料》第 14 辑，1990 年内部版，第 35 页。

瑞金城远景

德从井冈山到赣南来的红军老战士，曾任红四军第一纵队政治部主任、中国工农革命委员会办公厅秘书、中共赣西南特区委东路分委书记等职务。他虽与邓小平、金维映素不相识，却一见如故，与霍步青一起，热情地接待了他们。

谢唯俊告诉邓小平：项英、任弼时等率领的中共苏区中央局机关，和毛泽东、朱德率领的红一方面军总部机关，现时都在兴国县。红一方面军主力在毛泽东、朱德指挥下，正在与"进剿"苏区的国民党军队殊死作战。宁都县城已被国民党第二十六路军侵占，瑞金与兴国的交通联络已被切断，短时间内难以与苏区中央局及红一方面军总部机关取得联络。

谢唯俊还告诉邓小平：红七军已由张云逸、李明瑞等同志率领，来到于都县北部的桥头地区，正式编入红一方面军第三军团战斗序列，此刻正在兴国参加反"围剿"作战。

这个喜讯使邓小平兴奋不已。他最担心、最放心不下的莫过于红七军的安危。现在得到了红七军的确切消息，他怎能不高兴？

他从上衣口袋中掏出烟，递给谢唯俊一支，边吸边问：现在瑞金苏区的形势，怎么有点不对劲？

霍步青将自己初步了解到的一些情况，向邓小平和金维映作了介绍。谢唯俊也说：看来，李添富他们抓"社会民主党"，存在严重问题。必须采取措施，迅速扭转这种局面，不然的话，不用敌人来打，苏区就会垮掉。

邓小平和金维映十分赞同谢唯俊的看法。对闽西苏区和瑞金苏区肃"社会民主党"的情况，邓小平还不太了解；而对于江西苏区整肃"AB团"的情况，邓小平半年前在崇义时已有所闻，并且觉得红一方面军总前委反"AB团"的方式"有超越组织的错误"，感觉到那种轻信口供、严刑逼供、乱肃乱杀的方法"事实上引起了党的恐怖现象，同志不敢说话，另一方面是可以助长 AB 团的发展"，应该予以纠正。他在 4 月 29 日写给中央的报告中明确表达了自己的看法。现在李添富在瑞金乱肃乱杀"社会民主党"，与江西苏区乱肃乱杀"AB 团"如出一辙，造成的后果都一样严重。制止和纠正这一错误，确实已刻不容缓。谢唯俊、霍步青了解到邓小平对瑞金肃"社党"的明确态度后，有意请邓小平担当起制止和纠正瑞金乱肃"社党"的重担。

正在此时，余泽鸿与妻子吴静焘也来到了瑞金。余泽鸿曾任中共中央秘书长，还担任过中共北方局宣传部部长。为加强中央苏区的干部队伍，中共中央将他们夫妇俩派来苏区。他们本来也要去找苏区中央局和红一方面军总部报到，因交通阻隔来到瑞金，找到了中共赣东特委机关。

谢唯俊和霍步青向邓小平、余泽鸿等提议：既然目前无法与苏区中央局取得联系，不如暂留瑞金工作，帮助解决瑞金的问题。大家经过商议，"推举"邓小平担任中共瑞金县委书记。为方便起见，他们起初以赣东特委派往瑞金协助工作的名义进行活动。这在组织关系上也顺理成章，因为中共苏区中央局早就明确：中共瑞金县委受中共赣东特委领导。

危难之时，邓小平毅然站了出来挑起重担。县委书记的职务，对于曾经创建过广西左右江苏区、指挥过千军万马的红七军前委书记邓小平来说，当然算不了什么。邓小平心中明白：王明等人上台以后，正在推行一套"左"倾错误政策，其中包括肃反在内。他们大力鼓吹要同"AB 团""改组派"、"社会民主党"作斗争。而此时江西苏区打"AB团"和闽西苏区肃"社会民主党"又正值高潮时期。在这个时候去纠正乱肃"社党"的错误，风险定然很大。原瑞金县苏维埃政府主席谢景山，就是因为反对乱捉乱杀"AB团"，结果自己也被当作"AB团"捉起来杀了头。

邓小平顾不了这许多。共产党员的责任感驱使他决心和战友们一起，去制止李添富的乱肃"社党"行为。为了党的事业，他心甘情愿地去冒这个风险。

为了不打草惊蛇，邓小平等人避开李添富，悄悄地来到肃"社党"受害最严重的武阳、桃阳等区、乡调查。他们要掌握真实情况。

武阳区是瑞金较早闹革命的地方。早在1930年4月，武阳的共产党员杨斗文等人，就领导农民举行武装暴动，建立了赤卫队，成立了区苏维埃政府。区委、区苏维埃政府干部，大都是经受过革命严峻考验的同志。原区苏维埃政府主席陈世沂、区游击大队长朱晒塘，都是武阳暴动的参加者。可是他们都不明不白地被当成"社党分子"杀掉了。武阳区委、区苏维埃政府曾一度瘫痪，无人负责。为了保护自己，近两个月来只要一看到县里来人，区委、区苏维埃政府的干部就扛着红旗上山，躲藏起来。

桃阳区也是瑞金县较早暴动的地方。瑞金县委、县苏维埃政府的许多领导干部和工作人员，都是这个区出来的革命骨干。这些革命骨干也被肃"社党"杀得差不多了。

一些区乡干部和群众，带着惊恐不定的心情告诉邓小平等人：瑞金大规模肃"社会民主党"，始于今年5月间。李添富主持召开了一次全县党、团员活动分子会议，全县党小组长以上的干部都参加了。会后，先将县苏维埃政府和县总工会两个单位80%以上的干部抓了起来，不到10天就把他们杀掉了。接着，李添富宣布解散县苏维埃政府和县总工会。新成立的县苏维埃政府不到半个月，大部分工作干部又被肃反委员会抓了起来。县总工会原有干部和武装人员50多人，不到两个月，肃"社党"杀得只剩下驼背的邱维桂一个人。从5月到7月，几乎天天都有人被枪决，有时一天枪决五六十人，少则也有一二十人。肃反委员会枪决人犯时，宣布的"罪状"很简单，只写个姓名、年龄、籍贯，没有什么事实。审讯时完全使用肉刑逼供。当干部的怕戴红袖套，因为红套上要写上自己的名字，担心别人看见自己反遭冤枉。

听到这些情况，邓小平脸色铁青。他很少说话。从他口中呼呼吐出的团团青烟，不停地飘散着，仿佛在祭奠那些屈死的冤魂。

调查得来的大量材料证实，手握肃反大权的李添富，不是什么真正革命者，而是个品质很坏的人。邓小平认为，要制止瑞金乱杀"社党分子"事态的扩展，必须发动群众揭穿李添富的假面具，然后对他严肃处理。

于是，他们从乡下返回县城，先以中共赣东特委的名义，召开了一个全县党员活动分子会议。

主持会议的是金维映。邓小平先让她出面。这位女同志中等身材，圆圆的脸，一头乌黑的短发，说话声音清脆、响亮，很富有宣传鼓动力。会上，她就肃反的重要意义、方针、政策等问题作了一个报告，强调要根据事实，掌握政策。接着，邓小平发动大家对全县的肃"社党"运动发表意见。

沉默，寂静。参加会议的人都不敢发言，生怕被揪住辫子，惹来杀头之罪。邓小平、金维映鼓励大家消除顾虑，踊跃发言。慢慢地，一些人谈了对肃反的认识，提出了很多疑问和意见。

会议结束时，邓小平和金维映告诉大家：目前一切都是为了反"围剿"斗争胜利。回去以后，大家要努力搞好工作，巩固苏区。以前的肃反有缺点、错误，问题是可以搞清楚的。

李添富也参加了这次会议。邓小平没有让他在会上讲话。李添富感觉到风头不对，再不敢下令乱杀人了。

会后，邓小平、金维映、余泽鸿等继续深入各区、乡，调查了解情况。

9月间，邓小平又决定召开瑞金县、区、乡三级主要干部会议。会议仍由金维映主持，只开了半天。会议内容主要是揭露肃"社党"中的偏差，说明肃反中存在的问题主要是因为负责肃反的领导人不掌握政策造成的。

会上，金维映突然问大家："你们说，瑞金有没有'社会民主党'？"

人们面面相觑，没有一个人敢回答。

金维映说："有，肯定有！今天参加会议的就有！"

听她这一说，大家更是害怕。会场鸦雀无声，空气似乎凝结了。

金维映看了看寂静无声的会场，一扬头发，说："李添富是什么人？是革命的，还是反革命？李添富有意搞乱我们的肃反工作，大家要注意，要揭发他的罪行。不要怕，上级有人在这里给大家撑腰！"

会场上的人们，长长地松了一口气。坐在台前的李添富，脸色霎时变得面无血色。

9月底10月初，在县城广东会馆召开了瑞金第三次工农兵代表大会，撤换了在肃反中犯有严重错误的县苏维埃政府主席谢在权，新选举黄正任县苏维埃政府主席。

邓小平代表中共赣东特委，宣布拘捕李添富，撤销他的县委书记、县肃反委员会主任职务。接着，召开大会对其公审，予以处决。

邓小平公开亮出自己的身份，宣布：第一，立即停止杀人；第二，已被供出名字被怀疑是"社党分子"的一律不抓；第三，已被关押在狱的，凡是贫农、中农，一律先释放，让他们回原地继续参加革命斗争；凡是地主、富农，能罚钱的罚钱，然后放掉；罚不到钱的取保释放。

这一举措，使300多名被无辜关押者免成刀下之鬼。瑞金全县人心大快，人们额手称庆，都称邓小平是包公再世。

邓小平作出这样的决定，需要有多么大的胆略和气魄！他不愧是一位真正的布尔什维克，是一位伟大的无产阶级革命家。瑞金人民永远铭记着他的这一历史功绩！

邓小平对于纠正瑞金乱肃乱杀"社会民主党"一事，在他于1968年写的《我的自述》中只作了如下简单记述：

一九三一年八月间，我们到了瑞金，这时正值红军主力反对敌人三次"围剿"的时期。瑞金是中央苏区的后方，但当时被反革命社会民主党分子篡夺了县的党政领导，杀了不少革命干部和革命群众，弄得全县群众不满，干部情绪低落，全县面貌是死气沉沉的。这时在红军工作的谢唯俊同志在瑞金，由上海来的余泽洪等同志也到了瑞金，大家商议推我担任瑞金县委书记（其时与上级没有联系），谢余等都帮助我作了一段工作。我们迅速地惩办了反革命分子，为被冤屈的干部平了反，开了县苏维埃代表大会，干部（几全是本地农民干部）群众积极起来了，全县局面大为改观（关键在于有了大批与群众有联系的本地干部）。[①]

没有为自己评功摆好，而是将功劳归于瑞金"大批与群众有联系的本地干部"，这更凸显出邓小平无产阶级革命家的宽广胸怀！

值得庆幸的是，党的十一届三中全会以后，中共福建省委遵照党的实事求是、有错必纠的原则，对闽西苏区肃"社会民主党"事件进行了全面调查，根据调查所得的大量事实，认为闽西肃"社党"不是肃反扩大化问题，而是一起冤案，应予彻底平反，对被错杀的同志予以昭雪，在政治上恢复名誉。瑞金县被当作"社会民主党分子"遭错杀的同志，也全部得到平反昭雪。

这是党的实事求是路线的胜利！

① 邓小平：《我的自述》，1968 年 6 月。

第三章

首任红都县委书记

1. 邓小平施展才能，瑞金政局迅速稳定

处理完肃"社党"事件后，邓小平留在瑞金工作，金维映则调到邻近的于都县，任中共于都县委书记。不久，二人正式结为夫妻。余泽鸿夫妇先在江西省委担任了短时间巡视员工作，后调到宁都县。余泽鸿任中共宁都县委书记，吴静焘任宁都县委妇女部长。

笼罩在瑞金上空的阴霾被驱散了，全县政局迅速稳定。瑞金人民的革命热情像火山一样喷发出来。

邓小平首先抓了县、区、乡三级苏维埃政权的建立、恢复和整顿。继县苏维埃代表大会之后，全县各区、乡都先后召开工农兵代表大会，选举新的苏维埃政府领导机构。在普遍整顿的基础上，还按照上级指示，民主选举了出席中华工农兵苏维埃第一次全国代表大会的代表。

瑞金县村一级原先也建立了苏维埃政府，而乡一级却没有。村一级管辖范围太小，缺乏干部，工作开展不起来。为加强苏

维埃政府的工作效率，根据中央颁布的《苏维埃组织法》和瑞金的实际情况，邓小平决定取消村一级政府，只在村一级设苏维埃代表；重新划分各区、乡管辖区域，建立乡的代表会议，选举坚决革命的分子担任乡苏维埃政府领导工作。这就大大加强了基层苏维埃政权建设。

对这件事，瑞金的许多苏区老干部都留有深刻影响。当年曾任合龙乡苏维埃政府财政委员的朱开铨回忆：

> 邓小平同志还派了工作团，深入到各区帮助工作，他自己也亲自下来，深入到基层了解情况。他到过我们壬田区，并组织过我区的积极分子会。我记得他到壬田来主要是解决把壬田划分为两个区，一个仍叫壬田区，一个叫云集区。那次开会的地方是在壬田的三石陂，我因有事去得较晚，走进会场后一看都坐满了，只有邓小平同志的身边还有空位子，我就走过去坐下。邓小平同志问我："你是哪个乡来的？"我回答说："合龙。"他说："那你们以后归云集区管。"我说："我不清楚这件事。"他说："今天晚上就要宣布这个决定。"接着他又问我："你是什么成分？家里都有些什么人？"我如实回答了他的提问。小平同志说："你为什么要参加革命呢？"我说："我对这个社会制度不满。"小平同志说："你这个同志很实在，也很进步嘛。"①

邓小平十分清楚：要巩固发展苏区，使各方面的工作深入开展起来，关键是要有大批与群众联系密切的本地干部。他在9月间主持召开瑞金县第三次工农兵代表大会时，选举出来的县苏维埃政府执行委员，几乎全是瑞金本县的农民干部。

错误的肃"社党"运动使大部分革命骨干被杀害，本地干部显得十分缺乏。邓小平只好加紧培训干部。九十月间，县委决定在县城"同善社"旧址举办一期干部训练班。

---

① 朱开铨：《六十六年之革命生涯》，江西人民出版社2011年版，第23—24页。

　　培训学员的膳、宿和教室、教材都已准备妥当，只等学员前来报到。等来等去大半天，前来报到的人却寥寥无几。邓小平深入一了解，才知道原来是许多人都被肃"社党"运动吓怕了，不敢出来工作。

　　这是个严重问题。邓小平要求县委、县苏维埃政府领导成员深入各区、乡进行思想动员。他自己也来到城市区南郊乡，亲自找小青年杨荣香谈话。

　　邓小平到瑞金工作不久，就与杨荣香认识了。这次办训练班，他热情动员杨荣香参加学习。小杨支支吾吾，半天没表态。邓小平问他有什么顾虑？小杨吞吞吐吐好一会儿，才说出了原因。原来，他也是怕再搞什么肃"社党"一类运动，连自己的性命也保不住。

　　邓小平耐心地对他说：以前"肃反"是有错误，现在已经纠正了，不要再有什么顾虑，要相信党，相信革命。杨荣香相信邓书记的话，很快地打起背包来到培训班学习。

　　培训班顺利开学，一共来了60多人。邓小平亲自给学员讲课，帮助大家提高革命觉悟和政策水平，传授工作经验。这批学员后来都成为瑞金的革命骨干。合龙乡那位曾与邓小平交谈、受到邓小平鼓励的乡苏维埃政府财经委员朱开铨，也参加了学习，半年后他当选为云集区苏维埃政府主席、区委书记，后入苏维埃大学学习，毕业后任长胜县、会昌县苏维埃政府主席，1933年任临时中央政府主席团巡视员，后调到新成立的粤赣省苏维埃政府担任土地部部长。

　　平时，邓小平也非常关心干部的成长。

　　县苏维埃政府妇女生活改善委员会主任，名叫罗志才，贫苦出身，从小给人家做童养媳，没有文化。李添富乱肃"社会民主党"时，把她也给抓起来了，差点被杀头。邓小平和金维映将她从狱中救了出来，官复原职。罗志才后来回忆说：

　　　　邓小平同志任职后，很关心干部的成长。他经常指导我的工作。因为我没有文化，是他教我怎样去开好干部会议。有一次，我召开全县妇女生活改善委员会会议，各区的妇女指导员（均为该会委员）都参加。会前，他教我怎样开好这次会议。会议期间，他亲自到会讲话，号召劳动妇女行动起来，团结起来，积极参加革命工作。他说，男同志能办到的事，女同志也要办到。他还教我们妇女干部如何发动群众，做广泛的宣传鼓动工作，怎样组织洗衣队、担架队等组织。

小平同志除了在会上作宣传指导外，还经常教导我要学好政治，学好军事技术，亲自教我练习马刀、手枪。我很受感动，表示一定要听邓书记的话，做好工作。在他的言传身教下，我的革命干劲更大了。①

这只是个缩影。在邓小平教育下成长起来的干部，何止罗志才一人？

邓小平知道，要稳定瑞金全县局势，发动群众参加苏维埃革命和建设，必须彻底解决好农民的土地问题。

瑞金县在 1930 年四五月农民暴动胜利后，一些红色区域曾经进行过一次分田，但工作很粗糙，不细致。分田后不久，反动势力开始反扑，农民得到的土地革命果实很快丢失。1931 年 2 月 2 日，红十二军军长罗炳辉率部队攻占瑞金城，赶跑了地主靖卫团，重新恢复了全县红色政权。4 月间，瑞金县苏维埃政府领导全县进行了第二次分田。这次分田工作进行得较好，较全面地贯彻了毛泽东为苏区制定的土地革命路线、方针、政策，做到了以原耕为基础，抽多补少，抽肥补瘦，逐块丈量，好差搭配；而且还划分了阶级成分，使阶级阵线更加清楚。

可是，李添富乱肃"社会民主党"，又将阶级阵线给搅乱了。全县人心浮动，许多贫苦农民对得到的土地革命成果心存疑虑；有些地方还存在假分田现象，地主豪绅没有受到打击，农民的革命积极性没有发挥出来。

邓小平对毛泽东制定的土地革命路线和方针政策，早有所闻，认为完全正确，符合中国实际。他在领导广西右江苏区开展土地革命时，执行的就是

① 据罗志才回忆材料。

他在中央工作时从红四军报告中学得的平分土地政策。他主政瑞金时，尽管王明"左"倾土地政策已经在苏区传达，但他并没有完全照搬执行，而是宣布必须维护原先的分田成果。对少数没分田的地方，邓小平指示要发动贫苦农民迅速重新进行分配。他特别强调不能侵犯中农利益，也不要过分打击富农。这就让农民吃了定心丸。

农民拥护邓小平，可"左"倾领导者都不喜欢他。1932 年 3 月苏维埃中央执行委员会（项英主持日常工作）检查了瑞金的工作，作出了一个决议。决议中批评瑞金对王明"左"倾中央制定的《土地法》"执行不彻底"，指责瑞金没有执行"地主不分田，富农分坏田"的过"左"政策；批评瑞金"甚至有的地方，富农还分得好田，或三分之一的好田，现在还未改正过来"。

"地主不分田，富农分坏田"，这是王明"左"倾错误领导者当时喊得最响的口号之一。毛泽东是反对这个政策的。他曾说过："到井冈山之后，我作了寻乌调查，才弄清了富农与地主的问题，提出解决富农问题的办法，不仅要抽多补少，而且要抽肥补瘦，这样才能使富农、中农、贫农、雇农都过活下去。假若对地主一点土地也不分，叫他们去喝西北风，对富农也只给一些坏田，使他们半饥半饱，逼得富农造反，贫农、雇农一定陷于孤立。当时有人骂我是富农路线，我看在当时只有我这办法是正确的。"[①] 项

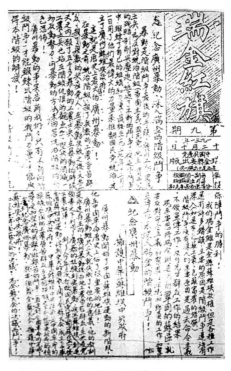

邓小平领导创办的《瑞金红旗》报

① 《毛泽东农村调查文集》，人民出版社 1982 年版，第 22 页。

英主持工作的苏维埃中央执行委员会批评邓小平不执行"地主不分田，富农分坏田"政策，这从另一个方面证明，邓小平对以毛泽东为代表制定的党的土地革命路线和方针政策是坚决贯彻执行的。

为充分发动群众，巩固发展瑞金苏区，邓小平还十分注意加强党的宣传工作。1931 年 10 月 25 日，他创办了中共瑞金县委机关报《瑞金红旗》。

《瑞金红旗》是石印 2 版 5 日刊，每逢 5 日和 10 日出版。邓小平经常撰写文章在报纸发表，指导全县工作。11 月 27 日红三军团攻下会昌县城后，他就撰写了一篇题为《惊人的好消息——红三军团攻下会昌》的评论，在《瑞金红旗》第 7 期发表，将这一胜利喜讯迅速告诉全县人民，号召全县工农群众乘胜前进，"向反动势力进攻得到更大的胜利"。

邓小平卓越的领导才能和艰苦深入的工作，使瑞金的革命形势越来越好。

2. 苏维埃共和国即将举行"开国大典"，邓小平积极奔走

就在邓小平全力纠正李添富乱肃"社党"错误、稳定瑞金全县局势时，红一方面军在毛泽东、朱德领导下，取得了第三次反"围剿"重大胜利。

1931 年 9 月 28 日，艳阳高照，秋风送爽。中午时分，一队快马朝瑞金城东北 6 公里外的叶坪村奔来，停在村中的大樟树林中。从马上跳下来的，是毛泽东、朱德、项英、王稼祥等红军总部首长。他们拍拍身上的尘土，径直朝村中走去。

环境优美的叶坪村，因叶氏在这里开基而得名。现在村中的居民不姓叶，全姓谢，是从兴国县竹坝村迁居到这里来的。整个村子掩映在一片参天古樟树林中。这些古樟树，最大的需 3 人甚至 4 人合抱，少说也有七八百年历史；小的也水桶般粗，枝繁叶茂，芳香四溢。村旁一条小溪，淙淙流水，清澈见底。村外的田野，一年四季变换着不同的景色，或黄或绿，姹紫嫣红。村前一马平川的尽头，横卧着绵延起伏的南片山。山巅间，自东北至西南弧状排列着明、清两代建造的龙峰、鹏图、凤鸣三座宝塔。举目望去，那山形同笔架，那塔

叶坪村远眺

状如巨笔，直耸云端。

　　村中有一幢"昌"字形土木结构的两层楼房，有前、正两厅，中间开一天井。前厅两侧各有楼梯直通楼上。楼上沿天井设回廊走道，雕花绘图，工艺精巧。走道连接楼上各个房间，行走方便。楼上楼下共有 12 个房间。不用说，房主人姓谢，看来家境也不算贫寒。这幢房子，被临时选作苏区中央局办公的地方。毛泽东和贺子珍被安排住在楼上东侧第一间，朱德和康克清、任弼时、项英、王稼祥和顾作霖住在楼上的其他房间。楼下是古柏夫妇和警卫人员住室。

　　第三次反"围剿"胜利后，毛泽东、朱德于 1931 年 9 月 23 日在兴国县鼎龙乡水头庄签署红一方面军总部命令："方面军决定开到福建去工作筹款，并定于二十五日由现在地（莲塘、龙岗头、长信、水头庄之线）分七天行程（第五天休息一天）开到汀州城集中。"命令具体指定了各军从兴国至福建汀州的行军日程和行军路线，明确了注意事项。命令中规定红一方面军总部的行军日程和路线是："总部及直属队应于二十五〔日〕晨四时由现在地（水头庄）出发，在中路第四军前头，沿第四军行军线前进，务于第二天（二十六日）在长沙渡河完毕，在河之南岸择地宿营，第三天到官仓下附近，第四天到瑞金城宿营，以后则沿右路第三军团之行军线到长汀。"①

----

　　①《红一方面军入闽命令第一号》（9 月 23 日于水头庄）。引自中共江西省委党史资料征集委员会、中共江西省委党史研究室编《江西党史资料》第 14 辑，1991 年 9 月内部版，第 125—126 页。

从这个命令可以看出，第三次反"围剿"结束后，红一方面军总部已决定红军主力全部开到福建长汀集中，然后以长汀城为中心分散各地筹款做群众工作，同时休整部队；中共苏区中央局和红一方面军总部机关，亦将设在长汀城。苏区中央局和中华苏维埃中央革命军事委员会早在1931年6月20日，就根据中共中央指示，决定于这年11月7日择地召开中华工农兵苏维埃第一次全国代表大会，宣布建立中华苏维埃共和国，选举成立苏维埃临时中央政府。这就是说，即将召开的中华工农兵苏维埃第一次全国代表大会，开会地点或已初定在长汀城。也可以说，未来的中华苏维埃共和国或可能定都长汀城。

然而，1931年9月28日，毛泽东、朱德等红一方面军总部领导人抵达瑞金县城东北的叶坪村宿营后，情况发生了变化。

1931年10月3日，以毛泽东为代理书记[①]的中共苏区中央局，向上海的中共临时中央发去一份长电，在详细报告了中央苏区第三次反"围剿"经过和战果以及红军的近况后，最后一段电文颇耐人寻味：

> 红军目前急切须休息，须训练，须补充，须筹款，须布置新战场，创造根据地。又因11月7日开苏大会，中央〔局〕不能远离，遂于红军主力分布石城、长汀、于都、会昌四县工作，总部及中央局在瑞金居中指挥。[②]

这份电文提出"总部及中央局在瑞金居中指挥"，显然是决意以瑞金为指挥中心和驻地枢纽，开展召开第一次全国苏维埃代表大会和成立苏维埃临

---

① 毛泽东已于1931年8月下旬接替项英任中共苏区中央局代理书记，并于1931年10月底获中共临时中央批准，同年11月3日共产国际正式批准毛泽东任中共苏区中央局书记。

② 《苏区中央局十月三日自瑞金来的长电》，1931年10月3日。见中共江西省委党史资料征集委员会、江西省委党史研究室编：《江西党史资料》第19辑，1991年内部出版，第135页。

时中央政府的各项准备工作。也就是说，在 1931 年 9 月 28 日至 10 月 3 日这几天当中，苏区中央局和红一方面军总部已经改变原定移师长汀的计划，改为选择瑞金叶坪村作为召开"一苏大会"的地点，并将中华苏维埃共和国红色首都确定在瑞金。

此外，还有一份文献资料可资佐证，据余泽鸿于 1931 年 9 月 30 日自瑞金写给中央的一份报告称："最近 28/9 中央局与红军方面军到了瑞金，我将中央接受国际十一次扩大会议决议及闽西情形向中央局作了报告。昨天中央局召集十二军、赣东特委、瑞金县委党的活动分子会议，我去参加的。听了泽东同志关于目前时局，党的任务，三次战争教训的报告……"① 余泽鸿报告中虽未提及在瑞金定都的决定，但由此大概可以推断，就在 9 月 29 日至 10 月 3 日这段时间内，苏区中央局和苏维埃中央军委作出了在瑞金召开"一苏大会"、建立中华苏维埃共和国临时中央政府的决策。

苏区中央局和苏维埃中央军委为什么选定瑞金而非长汀城，作为召开"一苏大会"的地点和中华苏维埃共和国的首都呢？

此事与瑞金的地理位置、革命斗争历史有关，更与邓小平在瑞金卓有成效的工作有关。

瑞金，这是一个美好吉祥的名字。据史书记载和老人们传说，瑞金原属于都县管辖。瑞金县城这个地方，原为莽莽河川，地下蕴藏金矿。不知从何时起，人们在此地掘地得金，逐渐形成一个淘金场，来此定居者逐年增多。唐天祐元年（904 年），为加强对这一地方治理，于都县将此地划出，以淘金场为中心设置瑞金监，因"掘地得金，金为瑞"，故名"瑞金"。

瑞金位于江西省东南端，地处武夷山脉南段西麓，坐落在赣、闽、粤三省接壤要冲，物产丰富。瑞金东出 40 公里即至福建长汀，木船从长汀城顺汀江南下可通龙岩、上杭、永定，直达广东潮汕出海。流经瑞金城的绵江往南直通赣江，既可与赣南各县沟通水路交通，又可直达赣州、南昌、九江，运

① 原件存中央档案馆。

输便利。就地理位置而言，瑞金确为中央苏区之中心。

瑞金地处边陲，离中心城市较远，敌人未驻重兵。当时若与赣南其他苏区县比较，瑞金的确更为偏安。瑞金城东北6公里处的叶坪村野旷阔大，环境优美，古樟参天，幽静宜人。从军事角度看，这个茂林之村亦便于防空。

毛泽东和朱德对瑞金都不陌生。早在1929年2月上旬，毛泽东、朱德率红四军从井冈山到赣南游击，2月8日途经瑞金，毛泽东派张宗逊带1个连进城，搜寻国民党报纸，贺子珍自告奋勇前往。他们出城时，不料尾追的敌军赶到。他们一边抵抗一边撤退，在陈毅率军部特务队接应下才安全脱险。2月10日，毛泽东、朱德指挥红四军在瑞金大柏地设下埋伏，一举歼灭尾追之敌国民党军刘士毅第十五旅2个团，一仗扭转乾坤，摆脱了被动局面。

1929年3月9日，毛泽东、朱德率领红四军由吉安东固东进入闽，第二次到达瑞金县壬田镇。

两个月后，毛泽东和朱德第三次来到瑞金。当时，他们率领红四军从宁都县到闽西去，在大柏地开群众大会，兑现红军在大柏地战斗中留下的欠条。5月18日，毛泽东曾在瑞金壬田召开红四军前委扩大会议，批评了红四军第一纵队纵队长林彪的悲观情绪和本位主义思想。

1931年7月中旬，毛泽东和朱德率领红一方面军主力从福建建宁千里回师赣南，第四次来到瑞金，还在壬田召开了总部作战会议，研究第三次反"围剿"作战战场选择等问题。

毛泽东虽然前后四次来过瑞金，却来也匆匆，去也匆匆，没有更多地接触瑞金地方党组织和群众，因而只是在地理环境方面对瑞金有些了解，对瑞金党和群众基础、革命斗争形势等情况知之不多。他是听了邓小平的汇报后，才对瑞金了解得多一些。

邓小平与毛泽东原先并不熟悉。1927年党中央在汉口召开"八七"紧急会议时，他们见过一面。当时毛泽东是中共中央候补委员，参加会议的正式代表；邓小平是大会工作人员，负责作会议记录。两人虽然见了面，互相间并未说过话。邓小平在广西左右江根据地工作期间，曾通过中央军委主办的

《军事通讯》，了解到朱毛红军的斗争经验；到江西以后，又断断续续听许多人谈到毛泽东的情况；特别是到瑞金后接触到中央苏区斗争的实际，他对毛泽东的钦佩和仰慕之情油然而生。

这一次，毛泽东率苏区中央局和红一方面军总部机关进驻瑞金叶坪村，邓小平十分高兴。待总部领导一住下，他就和谢唯俊、余泽鸿一起，从瑞金城赶到叶坪村，一是尽地主之谊对总部领导的到来表示热烈欢迎和慰问，二是向总部领导详细汇报瑞金和闽西的近况。恰好苏区中央局要召集红十二军、赣东特委和瑞金县委领导同志开会，布置工作。邓小平得知"一苏大会"即将召开，苏维埃临时中央政府即将成立，便特意向苏区中央局请求，希望"一苏大会"能在瑞金召开，苏维埃共和国的红色首都亦能设在瑞金。

苏区中央局和红一方面军总部在兴国时，大家对瑞金的情况还不太清楚。听了邓小平、余泽鸿关于瑞金和闽西情况的汇报后，大家对瑞金的情况清楚多了。大家认为，目前宁都县城还被国民党第二十六路军占据；会昌、安远两县都没有赤化；石城县南部地主武装强大，"土围"白点甚多；于都县城虽为红军占领，但一些乡村还是白色，离敌军重兵驻守的赣州城很近；福建汀州虽好，但地方偏了一些。从目前条件看，只有在瑞金召开"一苏大会"较为适宜。

中共苏区中央局经过认真讨论，最后确定：中华工农兵苏维埃第一次全国代表大会，就在叶坪村召开；中华苏维埃共和国临时中央政府，也设在叶坪村。至于长汀城，毛泽东指示在那里择地搭建了一个"一苏大会"假会场，以迷惑敌人。

3. "一苏大会"隆重召开，邓小平成为首任红都县委书记

瑞金将成为中华苏维埃共和国的红色首都，邓小平即将出任苏维埃共和国红色首都的首任县委书记。这是瑞金人民的光荣，也是邓小平的光荣。

动员全县人民紧急行动起来，迎接"一苏大会"胜利召开，成为摆在邓

1931 年 10 月上旬，邓小平组织瑞金 5 万军民集会，热烈庆祝中央苏区红军第三次反"围剿"胜利

小平和瑞金全县干部群众面前的一项紧迫任务。

为鼓舞全县人民的斗志，苏区中央局和红一方面军总部迁驻叶坪后没几天，邓小平就在瑞金县城组织召开了 5 万人的祝捷大会，庆祝红军第三次反"围剿"的伟大胜利。对这次祝捷大会，毛毛在《我的父亲邓小平》一书中这样描写道："父亲说过，由于当时条件十分艰苦，没有扩音设备，因此大会分设在四五个会场。父亲是大会的主持人，他曾陪同毛泽东到各个会场讲话。""那种庆祝胜利的场面，真是红旗标语如海，口号欢呼鼎沸，整个瑞金一片革命热情高涨。"①

迎接召开"一苏大会"，光有革命热情不行，要有实际行动。对瑞金县来说，当时最实际的工作有三项：一是充分保证大会的物资供应；二是要为出席大会的 600 多名代表提供安全舒适的住宿地点；三是要动员和组织群众举行隆重热烈的庆祝活动。

邓小平和县委、县苏维埃政府的工作人员，日夜操劳，紧抓这几项工作不放。

瑞金合龙乡苏维埃政府财经委员朱开铨，乡里分工他专门负责筹办物资供应大会。他在回忆录中写道：瑞金县庆祝红军第三次反"围剿"胜利祝捷大会结束后，"上级来人传达中央指示精神，决定在叶坪乡召开第一次全国苏维埃代表大会，建立中华苏维埃共和国临时中央政府，并指示叶坪乡和周围的几个乡在县委的指导下，积极做好准备工作，迎接大会的召开。大会的筹

---

① 毛毛：《我的父亲邓小平》，中央文献出版社 1993 年版，第 294—295 页。

备人员和县委县政府的同志为了保证大会的顺利进行，保证代表们吃好，还在我们乡订购了会议需要的各种食品。过了几天，上级又来人传达中央的决定，确定代表大会于十一月七日在叶坪召开，并规定大会的头三天为群众的祝贺日期"[1]。

朱开铨竭尽全力，为大会筹办了一大批猪肉、鸡肉鸭肉、蔬菜。叶坪附近的其他区乡，也为大会筹集了许多物资，保证了大会的需要。

安排 600 多位代表的住宿，当时是个大问题。邓小平带着县委、县苏维埃政府的工作人员，与专门负责大会代表膳宿的毛泽民、康克清、贺子珍、钱希钧一起，深入到叶坪、洋溪、黄埠头、合龙等乡村，逐村逐屋地察看，动员群众尽量腾出地方供代表们住宿。老表们纷纷摘下家中的门板，抱出家中的稻草，为代表们搭铺。大会召开期间，代表们都说招待热情，住得舒适。

苏区军民日夜企盼的中华工农兵苏维埃第一次全国代表大会，11 月 7 日终于在瑞金叶坪村隆重开幕了！

瑞金叶坪村"一苏大会"会场旧址

---

① 朱开铨：《六十六年之革命生涯》，江西人民出版社 2011 年版，第 25 页。

这天黎明时分，叶坪村红军广场举行了隆重庄严的阅兵式。邓小平精心组织瑞金城和叶坪附近数千群众前往参观，为英勇的红军助威。

大约上午 8 时许，一阵闷雷似的隆隆声从北边天际滚过来。几架涂着青天白日标志的国民党空军可塞式轰炸机，耀武扬威地直朝瑞金县城飞去。敌飞行员搜索目标，发现城内城外，街道村庄，田野树林，空旷无人。敌飞行员不甘心空来一场，一颗颗炸弹盲目地朝下扔去。城内城外霎时炸弹轰鸣，火光冲天。敌机狂轰滥炸一阵之后，又朝福建长汀县城飞去，又是一阵狂轰滥炸，将预先搭建的"一苏大会"假会场炸得稀烂。

敌机的轰炸，使瑞金县城 100 余栋民房被炸毁，数十名无辜百姓倒在血泊中。邓小平迅速带领县委、县苏维埃政府干部组织群众扑灭大火，抢救伤员，稳定群众情绪。"一苏大会"的开幕未受影响。

"一苏大会"选举情形

当日下午，在叶坪村中的谢氏祠堂中，"一苏大会"开幕典礼隆重举行。这次大会前后历时 14 天，讨论通过了中华苏维埃共和国各项法律、法令和政策文件。11 月 20 日，代表们选举毛泽东、项英、朱德等 63 人为中华苏维埃共和国中央执行委员会委员，举行了庄严的授旗章典礼，宣布大会胜利闭幕。11 月 27 日，中华苏维埃共和国中央执行委员会第一次会议在叶坪村外树林中召开，选举毛泽东为中央执行委员会主席和中央人民委员会主席，项英、张国焘为副主席。

邓小平真有办法。他精心组织了瑞金县军民前往叶坪村举办提灯晚会，热烈庆贺一苏大会隆重召开。

朱开铨负责合龙乡的祝贺行动。他回忆说：

为了表达我们对大会召开的喜悦心情，乡政府决定用最隆重的方式来祝贺，并决定由我负责组织祝贺行动。一方面，我抓紧落实大会筹备处在我乡订购的各类食品；另一方面，加紧组织祝贺队，采买各种器材。在乡政府研究怎样才能把这次祝贺行动搞得有声有色，为大会增添光彩时，大家一致认为代表大会的召开是一件大事，我们要尽自己的力量把这次祝贺行动搞好，多花一点钱没关系。因为代表大会是晚上开会，白天讨论，所以群众到大会去祝贺都定在晚上。针对这一情况，我特意去县城买来了很多铁丝，请了有名的扎花灯师傅到乡里来扎花灯和标语牌。此外，还从各家调了一百五十多盏马灯。为了使祝贺队伍整齐干净，还请了十多名裁缝师傅，为每个参加祝贺的人赶制了一套灰衣服，乡政府和保卫队的人都配了红五星和红领章。除此之外，我们还组织了铜鼓铜号队和唢呐队，并预习了几遍，直到祝贺队伍能做到整齐划一。

…………

十一月七日，第一次全国工农兵代表大会在瑞金县叶坪乡一幢大祠堂里开幕了。周围几个乡都派了祝贺队伍前去祝贺，我也带了四百人的祝贺队伍去祝贺大会。祝贺的队伍一进会场会议就暂停一下，代表们都站起来热烈鼓掌表示欢迎。第二天晚上我又带了一支五百人的队伍前去祝贺。到了第三天，也就是群众祝贺大会的最后一天，我准备把这天晚上的祝贺搞得更隆重些。那天我起得特别早，正和乡政府的人在筹划这次行动，妇女会的十几名女同志冲了进来，质问我们为什么前两次祝贺都没有妇女去，是不是轻视妇女。我连忙解释不是轻视你们，而是妇女代表会没有提出这样的要求，如果你们要去的话就赶快去做准备，今天晚上去，但是小脚的妇女就不要去了。她们一听都非常高兴，马上回去准备，每人做了一套灰衣服和一个扇子灯，还赶排了几支歌。

…………

瑞金军民热烈庆
祝一苏大会胜利召开

　　天刚黑，我带着队伍出发了。十三里路个把钟头就到了。在会场外把队伍整顿了一下，就进了会场。我和警卫队的六十名队员走在最前面，队员们每人都背着枪，举着一块四尺多长三尺来宽的标语牌。这种标语牌是用铁丝扎成的，里面点上两盏灯，外面用彩色纸写上标语，既醒目又好看。我们之所以这样做，主要考虑代表们来自全国各地而瑞金话又不好懂，怕呼口号他们听不明白，所以才扎制了里面点灯的标语牌。走在最前面的标语牌上写着"合龙乡政府庆祝大队"，后面的标语牌上写着"庆祝工农红军的伟大胜利""庆祝工农兵代表大会开幕""祝贺参加大会的代表身体健康""预祝工农兵代表大会圆满成功"，等等。警卫队后面是少先队，他们在铜鼓铜号的伴奏下，也是每人手举一块写有标语的小灯牌，迈着整齐的步伐进入会场。少先队后面是群众的锣鼓队，他们敲打着喜庆的曲子，提着一百五十多盏马灯进入会场，八支唢呐同时吹出欢快的乐曲，会场内的喜庆气氛一下子达到了高潮。特别是其中的两名艺人，可以用鼻子吹唢呐，一口气能吹上好几分钟，让整个会场都轰动了。最后面的是妇女同志，和以前那种狂欢的节奏不同，她们每人手拿一个扇子灯，一边慢慢地走着舞步，一边唱着祝贺歌和歌唱男女平等的歌。歌是用山歌谱的曲，旋律非常优美动听，全场爆发出热烈的掌声。

代表们表扬我们乡的祝贺队伍搞得好，既整齐又丰富多彩，说我们乡是富乡。①

朱开铨的回忆，生动细腻，读后使人仿佛置身于当时那种狂欢庆祝场面之中。

前往祝贺的，除了合龙乡，还有叶坪、黄埠头、沙洲坝等乡村。杨志宏当时是瑞金下肖区的一名少先队员。他也参加了当时祝贺队伍。他回忆说：

一九三一年十一月，全国第一次工农兵代表大会在瑞金叶坪村召开，成立了中华苏维埃共和国临时中央政府。为此，瑞金人民举行了盛大的庆祝活动。为了防止敌人的飞机来捣乱，庆祝会在黄昏后举行。当时大家都打着灯笼和火把参加庆祝活动，所以叫做提灯庆祝大会。其实，当时有灯笼的人很少。平时，穷人顾不上去置备这些东西，即使晚上出门，也只好摸着走。红军来后，主张破除迷信，从前的香烛店也关了门，就是有灯，也很难弄到蜡烛。但结果还算不错，因为火把比灯更亮。火把的材料是用废旧竹竿和篾索等，很容易找到。另外，住在城里的人，也有临时自制一些新式灯笼的，有红色、黄色、五角星和斧头镰刀等类灯笼。灯流云集叶坪村，五花八门，很好看。庆祝队伍进入全苏大会会场，会场布置得很壮丽，各个柱子上横挂着铁丝，铁丝上串着许多手电筒上用的小电珠，大木柱之间还挂了许多匾额。彩旗和标语在这许多小电珠照耀下特别好看。会场正中是主席台，台上站满了人，他们向台下的人们不断鼓掌、唱歌，同大家一块呼口号。我当时还不认识中央各位领导同志，后来才知道毛泽东同志、朱德同志都在台上。队伍不断从后面涌来，我们想多停留一会儿也不行，只好照着指定的路线从左侧后门出去。这时，忽然听到震耳欲聋的响声，循音看去，在会场左侧防空洞里，有个充电

---

① 朱开铨：《六十六年之革命生涯》，江西人民出版社 2011 年版，第 25—28 页。

1931 年 11 月 27 日，毛泽东（中间站立者）主持在瑞金叶坪村外树林中召开中华苏维埃共和国中央执行委员会第一次全体会议

机正在响着，会场上的许多小电珠，就是由这个充电机发电，才发亮的。大家提着灯笼拥向广场（是一块大草坪），锣鼓、鞭炮、口号声交织在一起，震耳欲聋。火把、灯笼一排排，有如长龙起舞，非常好看。我高兴极了，不断带呼口号，把嗓子也喊哑了。随后，我们看了各区、乡演出的文艺节目，有龙灯、茶灯、活报剧等。庆祝活动一直延续到半夜，大家才渐渐地散去。①

为给"一苏大会"助兴，邓小平还组织艺人们，排演了采茶剧《活捉张辉瓒》，再现了第一次反"围剿"时在龙冈万功山活捉国民党军第十八师师长张辉瓒的生动情景。朱德总司令的形象，在这个剧中第一次出现在舞台上。台下观看演出的毛泽东、朱德、彭德怀等人，不禁开怀大笑。

从这些热闹的场面中，我们似乎看到了邓小平为庆祝"一苏大会"胜

① 杨志宏：《对中央苏区的片段回忆》，载《回忆中央苏区》，江西人民出版社 1981 年版，第 457—458 页。

利召开而四处奔忙的身影，看到了他那为中华苏维埃共和国诞生而高兴的笑脸……

"一苏大会"正式确定瑞金为中华苏维埃共和国首都。瑞金改名为"瑞京"。

4. 首任红都县委书记政绩斐然，成为一代楷模

瑞金成为苏维埃临时中央政府的直辖县，县委、县苏维埃政府的工作成效如何，不仅关系到瑞金苏区的巩固、人民生活的改善提高，也直接影响到中央党政军领导机关的工作。

关于邓小平在瑞金工作情况的历史资料，由于战争的原因，留存下来的很少。我们仅从《红色中华》报中看到，1932年3月苏维埃中央执行委员会对瑞金工作进行过一次检查，并在检查后通过了一个决议。决议对瑞金工作是这样评价的：

> 瑞金全县工作自中央政府成立后，在某些工作上已有相当的进步：
> （甲）统一财政在县苏及有些区苏（特别在黄安区渡黄区……）那是相当的执行了财务条例，和统一财政训令，那种浪费和漫无限制的开支状态已大为减少了，开始在实行预算决算。
> （乙）在肃反问题上，一般说，对于过去的错误，如随意捕人偏信口供使用肉刑等，已有大的转变，并且对于过去政治犯在县苏已遵照第六号训令正式开庭审判，革命秩序相当建立。
> （丙）扩大红军工作已获得相当成绩，留红军公田已实行。[①]
> ……………

从这些简短的评价中，就可看出邓小平工作的端倪。

[①] 《红色中华》第16期第5版，1932年4月6日。

红军时期的邓小平

邓小平给瑞金人民留下的深刻印象，除了他那深入实际、实事求是的作风外，还有他那廉洁奉公、艰苦朴素的崇高品德。瑞金苏区至今流传着他的许多故事。

他有一条洗脸的毛巾，用了好几年，仍完好无损，而别人的毛巾用一两年就破破烂烂了。人们问他有什么诀窍？他笑着告诉别人："你们洗脸时都是两手用力拧毛巾，毛巾的纤维容易断；我洗脸时却是用两手挤干毛巾的水，毛巾的纤维不容易断，当然耐用啰！"

他唯一的一条灰色哔叽裤子，穿了好多年，裤脚边都磨损了。"一苏大会"召开时，他要参加开幕典礼，找出了这条破裤子穿上。妻子金维映看到后，觉得他出席那么庄严隆重的庆典，穿这样的破裤子难看，要他买几尺布新做一条。他笑笑说："共产党人穿衣讲究个干净，破一点没关系！"

因战争破坏的缘故，瑞金城当时的副食供应很困难，县城只有一家粉干铺子做些粉干，专供中央机关一些病号吃。偏偏金维映喜欢吃粉干。她有时从于都县回瑞金开会，就悄悄地去买上一碗尝尝。邓小平知道后，不顾妻子也是个县委书记，毫不客气地批评她。

瑞金县处决贪污腐败分子谢步陞和撤销县苏维埃政府主席黄正职务两件事，更反映出邓小平根除官僚腐败作风的决心。

谢步陞，男，瑞金叶坪人，共产党员，系瑞金县苏维埃政府一般干部，经群众检举，苏维埃裁判部迅速进行调查。仅两天，裁判部就基本掌握了谢步陞违纪违法事实。邓小平了解到案情后，当即指示由裁判部负责调查、速战速决。经过深入调查，苏维埃裁判部对谢步陞的罪证全部掌握，临时最高法庭主审何叔衡决定，马上将谢步陞逮捕关押。但出人意料的是，谢步陞被关押后就遇到不少阻力。其入党介绍人，在中共苏区中央局任职的谢春山竭力袒护谢步陞，还在苏区中央局领导人面前诬陷中央工农检查部，是在推行右倾宗派干部政策和"右倾机会主义"路线。邓小平得知后拍着桌子说："我们苏维埃政权建立才几个月，有的干部就腐化堕落，贪赃枉法，这叫人民怎样相信我们的党，相信我们的政府？"

在邓小平的支持下，谢步陞案调查工作得以顺利展开。1932 年 5 月 5 日，瑞金县苏维埃政府裁判部判决对谢步陞进行公审，随后，上报苏维埃中央政府临时最高法庭审批。临时最高法庭组成以梁柏台为主审，邹武、钟文芳为陪审，李伯钊、何秉才为书记，陈子丰、张振芳为原告，进行了审理，于1932 年 5 月 9 日下达《临时最高法庭判决书第五号》，宣布批准"照瑞金县苏维埃裁判部的原判执行，把谢步陞处以枪决，在三点钟的时间内执行，并没收谢步陞个人的全部财产"。①

处决谢步陞，打响了中央苏区反腐惩贪的第一枪，一时震惊苏区，苏区人民无不拍手称快。

黄正是瑞金本地人，工人出身。因原县苏维埃政府主席谢在权与李添富一起乱肃"社会民主党"，滥杀无辜，被撤职处决。在邓小平主持召开的瑞金第三次工农兵代表大会上，黄正被选为县苏维埃政府主席。邓小平曾语重心长地勉励他要用好手中的权力，真心实意地为劳苦大众谋利益。谁知黄正上任不久，就利用手中的权力谋取私利，每月向每个工人收取 6 角钱的"津贴费"，变相勒索工人。邓小平知道此事后，非常气愤，主张给予严厉惩处。经他同意，报请临时中央政府批准，黄正很快被撤职查办。

处决谢步陞和对黄正撤职查办两件事，给了瑞金县各级干部深刻教育。瑞金县后来成为苏区模范县之一，受到党中央和中央政府的多次表扬。这与邓小平在瑞金开创性的工作分不开。

---

① 《红色中华》第 21 期，1932 年 5 月。

第四章

红色中华南天柱

1. 从瑞金到会昌，守卫中央苏区南大门

邓小平任中共瑞金县委书记，纯属偶然，是临时安排，或许是命运注定的吧。他没想到自己在瑞金一干就是 10 个月。

1932 年 5 月，他的工作有了新的变动。中共江西省委书记李富春将他调去任中共会昌临时县委书记。

会昌县在瑞金县南边。它与瑞金一样，古时也是从于都县划出置县，时间比瑞金晚了 78 年，时为北宋太平兴国七年（982年）。相传置县时恰逢镇人凿井，得砖 12 块，上刻有唐武宗年号"会昌"二字篆文，遂以此名县。会昌县城与瑞金县城相距约 100 里，可是两县交界之处五里排，距会昌县城竟只有 5 里。当地老百姓都说瑞金的县官管到了会昌城门脚下。这里边还有个故事呢。

据说，会昌置县之初，与瑞金没有划定边界，两县经常发生纠纷。于是两县县太爷商定：某日两人各自从本县县治出发，向对方县治步行前进，两人会面处即为两县边界。

这一天，瑞金的县太爷鸡鸣三遍，便趁早起床，带着仆人

急急上路。他走啊，走啊，走到日头当顶，已经走出九九八十一里路，还没遇见会昌的县太爷。他歇息了一会儿，又继续朝前走了十几里地，沿着绵江岸，翻过鸡公山，已经可以望见会昌城了，这才遇着姗姗来迟的会昌县太爷。

原来，会昌县太爷是个懒惰好色之徒。这天醒来时，已日上三竿。他优哉悠哉用过饭，又消消停停地饮完茶，才想起两县划界之事，无奈只得慢吞吞上路而来。待他刚刚走出 5 里地，瑞金的县太爷已经到了眼面前。没办法，他只好按原定的协议，在城下订盟划界。会昌的百姓得知此事，将县太爷好一顿臭骂。

邓小平听到这个传说，禁不住掩鼻而笑。有几次检查工作到了与会昌交界处，他都想进会昌城去看看，可还是禁住了脚步。这次倒好，上级将他调到了会昌。

其实，会昌县与瑞金县的面积一样大，人口一样多，地理位置一样重要。它东南与闽、粤两省接邻，可谓是中央苏区南大门。与瑞金不同的是，它的革命斗争基础不如瑞金。

1927 年 8 月 30 日，周恩来、朱德、贺龙率领八一起义南下部队南进广东途中，来到会昌，曾在会昌城外的岚山岭，与国民党军钱大钧部和黄绍竑部共 13 个团兵力，展开激战，占领了会昌城。战斗胜利之后，起义军在城内召开群众大会，宣传中国共产党的主张。可惜这一次起义军未帮助会昌建立中共组织。

直到 1929 年 7 月，在邻近的中共安远县委帮助下，才在会昌与安远县交界的清溪，建立会昌的第一个中共支部，但不久就停止了活动。

1930 年 4 月中旬，毛泽东、朱德率领红四军占领会昌县城，帮助建立了秘密的中共会昌县委。可是，红四军一离开会昌，秘密县委就在会昌县站不住脚，县委成员只好分散到邻县开展革命斗争。

会昌县的反动势力较强大，以大地主欧阳江为首的靖卫团，长期霸占县城。瑞金、寻乌、于都等县的地主豪绅受到革命势力打击后，也纷纷逃入会昌县城，负隅顽抗。红军第三次反"围剿"胜利后，毛泽东、朱德等决定红军主力分散在石城、会昌等县打土围、拔白点，巩固苏区内部。1931 年 11 月 27 日，彭德怀指挥红三军团发起强攻，才将会昌城攻下，活捉了国民党会昌县长史丞汉和靖卫团丁、土豪劣绅近 2000 人。为庆祝这一胜利，邓小平专门写了一篇题为《惊人的好消息——红三军团攻下会昌》的文章，在《瑞金红旗》第 7 期发表。

会昌县城赤化后，1931 年 12 月初，红三军团政治部帮助成立了中共会昌临时县委，由红三军团派出的干部魏桓任书记。12 月 15 日，又成立了会昌县苏维埃政府，选举蔡茂禄任主席。1932 年 2 月，魏桓调回红三军团工作，原红一方面军总前委秘书长古柏接任临时县委书记。1932 年 5 月，古柏调到江西省苏维埃政府，任党团书记兼裁判部部长。

谁去接任会昌临时县委书记呢？江西省委书记李富春看准了邓小平。

邓小平对瑞金的地理民情和各项工作都已是熟门熟路，现在忽然间又离"京"外调，到一个刚开辟不久、面临诸多困难的新区去工作，而且担任的还是个"临时县委书记"。面对组织决定，邓小平没有半句怨言和牢骚，打起背包就出发，当天就赶到了会昌县城。他知道会昌县在中央苏区所占的重要位置。

果不其然，邓小平到会昌县不到一个月，中共江西省委就决定成立中共会（昌）寻（乌）安（远）中心县委，由中心县委直接领导会昌、寻乌、安远三县的工作。因中心县委机关设在会昌县境内，故又称为中共会昌中心县委。邓小平受命担任中心县委书记。

中心县委所辖的寻乌县，位于会昌县南端，与福建武平和广东平远、蕉岭等县交界。寻乌早在 1927 年冬就建立了党组织；1928 年 3 月 25 日，古柏等共产党员领导全县 5 万余农民举行武装暴动，攻占了县城，建立了县革命委员会。暴动失利后，党组织继续坚持斗争，1928 年 8 月正式成立中共寻乌县委，9 月成立赣南工农革命军第二十一纵队，1930 年 5 月成立县苏维埃政府。毛泽东、朱德等率领红四军曾多次在寻乌活动。1930 年 5 月毛泽东作了著名的"寻乌调查"，写下了《调查工作》(后改名为《反对本本主义》)一文，喊出了"没有调查，没有发言权"这一振聋发聩的口号。毛泽东直接指导寻乌县开展土地革命，全县的土地分配工作早在 1930 年就已基本完成，区乡苏维埃政府也已普遍建立。1931 年初，根据中共中央决定，赣南邻近福建、广东的几个县划入闽粤赣边特区。中共闽粤赣边特委决定将寻乌、平远、蕉岭三县苏区合并，设立蕉平寻县，成立中共蕉平寻县委、县苏维埃政府和统一的武装力量。中共蕉平寻县委隶属于中共闽粤赣边特委西北分委领导。但是从 1931 年下半年起，平远、蕉岭两县红色区域相继失陷，蕉平寻县党政领导机关和武装力量与中共闽粤赣边特委西北分委失去联系，只能在寻乌县境内活动。县党政组织重新改称为中共寻乌县委、寻乌县苏维埃政府，接受中共江西省委、江西省苏维埃政府领导。

安远县邻接会昌县西南。这个县也于 1926 年冬建立了党组织，1928 年秋正式成立中共安远县委，1929 年和 1930 年先后建立赣南红军第十九纵队和第二十三纵队，开展游击斗争时间较长。1931 年四五月间成立了县苏维埃政府。第三次反"围剿"胜利后，红三军团一部进驻安远县西北部，在红三军团的帮助下安远县全面赤化，土地分配工作也基本结束。

但是，会、寻、安三县毕竟地处中央苏区边缘区，主力红军又远离这个地区，所以面临的形势还是比较严峻。邓小平在 1968 年写的《我的自述》中说到当时的情况："三县都是中央苏区的边区，赤白对立很厉害，我们自己的武装，每县只有几十人的独立营，人民武装（赤卫军）的枪支很少，由于'左'的经济政策，商店大都关了门，财政经济也很困难。"①

为成立中心县委领导机构，1932 年 6 月的一天，邓小平在会昌南部重镇筠门岭，主持召开有 100 多人参加的会、寻、安三县党的活动分子会议。会上正式宣布中心县委成立，邓小平任书记，原会昌临时县委组织部长罗屏汉任中心县委组织部长，廖醒中任中心县委宣传部长，原会昌临时县委妇委书记张瑾瑜任中心县委妇女部长。

---

① 邓小平：《我的自述》，1968 年 6 月。

　　中心县委机关驻地,邓小平选定在筠门岭,办公地点设在筠门岭坝笃下一幢朱姓人家的两层砖木结构楼房里。邓小平有时住在中心县委机关,有时住在二里路外的芙蓉寨。

　　筠门岭,是镶嵌于会昌、寻乌、安远三县交界处的一颗明珠。它距会昌城56公里,距寻乌城58公里,距安远城50公里,是会昌通往寻、安两县的交通要道,也是赣东南通往闽、粤乃至南洋各国必经通道。发源于寻乌剑溪的湘江,从这里流至会昌城与绵江汇合,注入贡江。湘江河面不宽,却水深幽幽,帆船、木排可从赣州溯江而上直达这里,使这个地方成为洋货和闽、粤商品输往内地及内地土特产品输往闽、粤、海外的重要水道。老辈人说,当年筠门岭河岸,停靠的船排,每日都有近百条,船挨船,连成一二里路长。筠门岭墟内,店铺连着店铺,多达数百家。从国外写信、汇款到筠门岭,不必写"中国江西会昌筠门岭收",只写"中国江西筠门岭收"即可。筠门岭当年的繁华和出名,可见一斑。

　　筠门岭不仅是通往闽、粤的交通要道,地势也十分险要。古诗有云:"长

中共会寻安中心县委旧址暨邓小平旧居——会昌县筠门岭坝笃下朱屋

沙小密垒空空，名寨遗名指顾中。洋口峡收三县水，军门岭纳百蛮风。"诗中"长沙""小密"为安远、会昌两县的两个小地名，古时建有兵营，后因筠门岭建起军事隘口，这两处兵营逐渐废弃；"名寨"当指筠门岭南侧的盘古隘古寨，因其险峰峻岭层层叠叠，一条羊肠山道穿岭而过，直通福建武平、粤东，山上的堡寨扼守这山道咽喉，有"一夫当关，万夫莫开"之势，历来为兵家必争之地，故称"名寨"；筠门岭亦称"军门岭"；"洋口峡"是筠门岭附近一处河段名称，是会、寻、安三县溪水汇聚之地；古代称闽、粤偏远之地为"百蛮"之地，故诗中有"军门岭纳百蛮风"句。

事实上，就在邓小平到会昌县工作前后，因广东平远、兴宁等县革命斗争遭受挫折，这些县的许多革命者纷纷辗转来到会昌，参加中央苏区的斗争。担任会寻安中心县委组织部长的罗屏汉，原来是中共兴宁县委书记、红军独立营政治委员；担任会寻安中心县委妇女部长的张瑾瑜，是罗屏汉妻子，原任兴（宁）五（华）龙（川）县苏维埃政府妇女部长、红十一军独立营党支部书记兼宣传队队长；担任会寻安中心县委宣传部长的廖醒中，原来也是广东兴（宁）五（华）龙（川）地区革命领导骨干。会昌县成为中央苏区与广东革命力量相联系的枢纽重地。

如果说会昌苏区是中央苏区南大门，那么筠门岭就是南大门上的铁锁；而会寻安三县苏区连成一块，就构成中央苏区的南部屏障。屏障之东南，就是国民党粤军重兵驻防之地。会、寻、安苏区是否巩固，南大门是否安全，直接关系到中央苏区的安危。邓小平受命担任中共会寻安中心县委书记，恰如一支擎天大柱，支撑起苏维埃共和国的南天一角。

2. 照毛泽东的样子做

会寻安中心县委成立之时，正值中央苏区各省、县之间开展轰轰烈烈的"三个月工作竞赛"活动。邓小平抓住这个极好时机，迅猛推动三县工作向前发展。

党是苏维埃运动的旗手。邓小平知道，要巩固发展会寻安苏区，最要紧的是将三县党的组织建设好。

他首先抓了区、乡党组织的整顿，健全了区、乡党组织的领导机构。1932 年 10 月，中共会昌县委给中共苏区中央局写了一个工作报告，汇报说：

> 全县的支部和区委都改造了，这次改造是有相当的成绩，洗刷了消极怠工与非阶级分子，在指导机关相当的提拔了工人雇农苦力成分的党员参加支部干事会与区委会，相当发展了党内的思想斗争，与自我批评的精神，相当的提起了各级的工作积极性……①

同月，中共安远县委在给中共苏区中央局的工作报告中也说："七月份改造区委支部，同党的同志和群众，都受了很大的影响，消极怠工的较警醒了，消极怠工的，有自动来要求分配工作的……"②

这里说的"改造"，就是"整顿"。"改造"的结果，自然是党组织战斗力的提高。

在整顿健全区、乡党组织基础上，邓小平又抓了各县委领导机构的整顿和健全工作。1932 年 10 月，中心县委指导会昌县召开全县第一次党代表大会，正式选举成立中共会昌县委，由中心县委组织部长罗屏汉兼任县委书记。同年秋，中心县委又指导安远县召开全县党代表大会。对寻乌县委也进行了改组，加强了领导力量。

党员的数量与质量，直接关系到党的战斗力，关系到党的方针政策贯彻执行，关系到党与群众的联系。正因如此，邓小平用了很大的精力抓党员的发展和培训。下面一组数据，很能说明问题：

安远县：1932 年 5 月前全县只有党员 200 多名，到 12 月止已有 1916 名，

---

① 《中共会昌县委(七八九三个月工作报告)》，1932 年 10 月。据赣州市档案馆保存件。
② 《中共安远县委（工作报告）》，1932 年 10 月 7 日。据赣州市档案馆保存件。

其中7、8、9三个月发展590名，10、11两个月发展500名。

寻乌县：1932年7月发展党员178名，8月发展187名，9月发展111名，3个月合计发展476名。

会昌县：7、8、9三个月全县发展党员1638名，到11月底全县党员数发展到3431名。

仅仅半年时间，三个县新发展党员数达3000余名。这里面凝结了邓小平的多少心血！

作为中心县委书记，邓小平特别注重发挥党员干部的模范带头作用。无论是扩大红军，优待红军家属，还是购买革命战争公债，发展经济建设，他都要求党团员冲锋在前，以模范行动带动各县群众。会昌县在7、8、9三个月参加红军的人数中，党团员占46%。这个县麻州区第六乡苏维埃政府主席、共产党员刘定记带头报名，一次动员和带领10人参加红军。在与敌人作战时，共产党员冲锋陷阵的事例，更是举不胜举。

共青团、工会、妇女等群众团体组织，是党联系革命群众的纽带和桥梁。邓小平也十分注意加强对它们的领导，发挥它们的作用。

党的队伍扩大了，党的领导加强了，会、寻、安三县各项工作迅速出现崭新的局面。

当兵就要当红军，处处工农来欢迎。
官长士兵饷一样，没有人来压迫人。

当兵就要当红军，帮助工农打敌人。
土豪劣绅坏东西，杀他一个不留情。

这些扩红动员歌，当年在会、寻、安苏区到处传唱。

扩大红军，发展壮大革命武装力量，是革命战争的需要，也是摆在中共会寻安中心县委面前的一项重要而紧迫的任务。

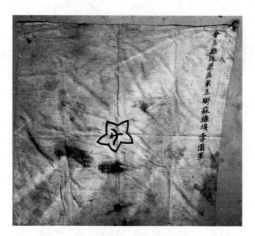

会昌县珠兰区第五乡苏维埃赤卫军旗帜

为了扩大红军，邓小平竭尽了全力。

中心县委多次召开三县县委书记、县苏维埃政府主席和各部门负责人会议，进行部署。邓小平强调，既要坚决完成扩红任务，又必须反对强迫命令和欺诈、贿买等做法。他告诉大家：关键是要搞好宣传动员，使扩红的重大意义和苏维埃政府优待红军家属的条例家喻户晓，深入人心；在扩红时广大党团员和苏维埃干部要起模范带头作用。

按照中心县委的要求，会、寻、安三县扩红宣传形式多样，生动活泼，演活报剧、唱山歌、搞竞赛……到处是"送郎当红军"的歌声，到处是母送子、妻送郎、兄弟争相当红军的动人场面。1932年12月，仅安远县安城区就有11名妇女动员自己的丈夫当红军。会昌县下照乡，有一名儿童团员叫曾八庆，年仅13岁，报名要求当红军。工作人员说他年龄太小，不要他。小家伙赖坐在区苏维埃政府不回家。区苏维埃政府只好送他去当红军通讯员。

1933年2月16日出版的《红色中华》第53期，刊登了一则这样的新闻：会昌城区工人纪念"二七"京汉工人大罢工，"旋由县工联代表号召工人纪念'二七'当红军去，加强红军中无产阶级的领导，一呼百应，当场热烈自动报名，当红军的工人，计十四名。以（于）是全场当红军的空气极紧张（热烈），相继自动来报名当红军的，有城市各乡村来赶会的群众亦十四名"。会昌麻州区"在'二七'纪念运动中，扩大了二十八个新战士到方面军去"。

《红色中华》第66期又报道说：会昌模范少先队"动员了一团开往前方参加作战"。"在该团模少队开拔的前一天晚上，开了盛大的茶话会，在这个会议上，除了有少共会昌县委、县苏、县工会……各机关团体代表均有诚恳的致词勉励外，还有会昌各区妇委书记演说，城市儿童团唱歌，城市工人表演新戏，作了很热烈的政治鼓动，临时有十一个木船工人（门岭区来的）报名加入红军。出发那天（二十四日）县城各机关团体全体工作人员、县城全体工人、附近群众，整队热烈欢送；在热烈的口号声和爆竹声中，二百多英勇的模少队员，都勇气百倍，雄赳赳

《红色中华》报第 66 期刊登表扬会昌县扩大红军 "破天荒的动员"

地摩拳擦掌走上征途，到前线去粉碎敌人大举进攻！"

　　优待红军家属，是扩大红军工作的重要一环。在中心县委领导下，各级成立了拥护红军委员会，还成立了耕田队。会昌县委党史工作办公室曾在 1991 年编写一份史稿，题为《中共会昌中心县委的建立及其活动》。史稿中记载说：

　　　　邓小平书记亲自带领中共、少共中心县委机关干部，到乡村实行 "共产主义礼拜六" 制度，帮助红军家属耕田、插秧、收割等，从而使 "共产主义礼拜六" 制度成了三县各级党政干部务必遵守的制度。当时流传着这样一首歌："共产儿童团，实行礼拜六，帮助红军家，多做半天工。" 邓小平还经常带领干部走访红军家属，了解他们生产和生活状况，

会昌县苏维埃政府发给板坑区钟赖保的红军家属证

发现问题及时解决。三县县委、县苏经常召开红军家属座谈会、茶话会，听取他们的意见和要求。在中心县委的重视下，使参军光荣、拥军优属在三县各地蔚然成风，大力地促进了扩红运动的深入开展。

邓小平在领导扩红工作中，既注意输送兵员给主力红军部队，又注意输送适量兵员给地方红军部队。他知道，会、寻、安三县都是边区，面临的敌情严重，随时都有可能与敌人发生战斗。如果不注意扩大和发展地方红军部队，是难以抵御敌人进攻的。

战争年代，支前作战是地方党和政府的家常便饭。在中心县委领导下，会、寻、安三县都动员和组织群众建立健全了支前参战组织。这些组织包括运输队、担架队、救护队、破坏队、向导队、洗衣队、交通队，一共有 8 种。中共安远县委 1932 年 10 月 7 日向中共苏区中央局报告："七种参战队并交通队共有 5700 人"，其中"动员担架运输工作，除六月间一三五军团经过进攻三南时，动员约四千担架运输外，天心龙布重石经常运输担架动员三千人以上"①。寻乌县 8 种参战组织的人数，1932 年 7 月有 3359 人，8 月有 4053 人。至于送往前线和后方红军医院的慰劳品，就更多了。仅 1933 年 3 月，三县就送布鞋 1 万多双，食品 200 多担，还有大量的毛巾、雨具等日用品。

> 一做军鞋是新春，手拿军鞋来动针，
> 当先也有军鞋样，亏哩老妹用了心。
> ⋯⋯⋯⋯
> 十二做军鞋就一年，做双军鞋郎过年。
> 工农革命大胜利，共产主义早实现！

会、寻、安三县妇女姐妹们，常常聚在一起，飞针走线，边做军鞋边唱歌。

---

① 《中共安远县委工作报告》，1932 年 10 月 7 日。据赣州市档案馆保存件。

客家方言虽然难懂，可邓小平每次听了，总是笑眯眯的。

革命战争的迅猛发展，要求各级党和苏维埃政府大力开展经济建设，发展工农业生产，多打粮食，支援前线，同时改善人民群众生活。邓小平自担任中心县委书记后，始终十分重视经济建设。

像在瑞金时一样，他把深入开展土地革命，作为调动农民生产积极性的重要一环紧抓不放。他的宗旨，还是按毛泽东制定的土地分配方针政策办。当时"左"倾领导者更加大力推行"地主不分田，富农分坏田"的土地政策，而且强令苏区开展"查田运动"，以使"左"倾土地分配政策能得到贯彻执行。这期间，邓小平却要求各县党和苏维埃政府将土地革命的重点放在新区边区。新区边区急待开展分田工作，而赤白交界区域往往分田不彻底，留有尾巴，所以邓小平将这些区域作为重点来抓。中央局要求"查田"，各县不能不执行。但是，邓小平反对将查田重点放在执行"地主不分田，富农分坏田"的"左"倾政策上，而是将重点放在清查核实地主隐瞒的土地上。他要求凡是查出豪绅地主隐瞒的土地，都要重新分配给贫苦农民。这样，极大地调动和保护了农民的生产积极性，促进了农业生产的发展。

与中央苏区其他地方一样，会、寻、安三县青壮年男子大部分上了前线，留在后方的很少，造成劳力不足，成为阻碍农业生产发展的一大障碍。会寻安中心县委动员广大妇女积极参加农业劳动，学会各种农活。各区乡组织妇女劳动委员会，在这方面发挥了很好的作用。

> 哎呀来!
> 革命世界不比先，劳动妇女学犁田，
> 犁田耙田都学到，心肝哥，
> 增加生产笑连连。

这是当时会、寻、安苏区妇女们常唱的山歌，也是当时妇女参加生产的真实写照。

在会、寻、安三县，苏维埃政府组织犁牛站、犁牛互助社，帮助农民调剂耕牛余缺。苏维埃政府还组织农民兴修水利，积造肥料，串换种子。1933年春节刚过，苏维埃政府又组织农民提早春耕开垦荒田。三县的农业生产都获得了丰收。

工业方面，中心县委组织各县有计划地恢复和发展刨烟、造纸、染布、造船、烧砖瓦、烧石灰、熬蔗糖、造农具等手工作坊，发动工人努力生产各种人民生活必需品。会昌县的铁山垅和安远县的仁风山，盛产钨砂。苏维埃临时中央政府于 1932 年 3 月成立了中华钨砂公司，毛泽民任总经理。邓小平知道，多产钨砂多出口，就能为苏维埃政府换回更多的现金和紧缺物资。他要求这两个县的党政组织，要像支援前方打仗一样，大力支援苏区矿山建设，做到矿山要人给人，要物给物。会、寻、安三县还开办了小型兵工厂，修理枪支，制造子弹、挨丝炮和马尾炸弹，供给红军和地方部队。

临时中央政府在 1932 年 6 月和 10 月，先后两次发行革命战争公债。这是支援革命战争和经济建设的一件大事。中心县委和各县县委、县苏维埃政府领导全体军民，很快完成了上级分配的任务。三县共推销公债近 20 万元，其中会昌县两期公债分别超额完成 8000 元。三县的少年儿童也不甘落后，热烈响应少共中央儿童局发出的号召，捐钱购买"儿童号飞机"送给红军叔叔，仅 1933 年 1 月，三县儿童共捐款 209.77 元。

"节省每一个铜板支援革命战争"，是当时苏区军民提出的一个口号。邓小平带头倡导开展节省运动。在他的带动下，中心县委机关和会、寻、安三县党政机关节省运动，持续不断地开展。机关工作人员普遍实行每日三餐两干一稀。寻乌县苏维埃政府 1933 年 1 月 4 日发出通令，重新规定机关干部的伙食标准为每人每天 1 斤米、3 分菜金。后来，又在这个标准上开展节约"二两米一分钱"运动。群众中每人每天节省一把米，风气也很浓厚。节约出来的粮食，都支援给了红军。

会寻安中心县委所辖各县的教育、文化、卫生等事业，都得到迅速发展。

所有这一切，邓小平都是以毛泽东为榜样去做。

毛泽东在寻乌县进行调查研究的故事，邓小平多次听人说过。他对毛泽东提出的"没有调查，没有发言权"的口号，更是赞赏不已。他非常钦佩毛泽东的工作作风：深入实际，调查研究，从实际情况出发决定工作方针。他严格要求自己要以毛泽东为榜样。

中心县委刚成立不久的一天，邓小平从筠门岭出发，步行100余里去寻乌县检查工作。在寻乌县城，他像当年毛泽东那样，走街串巷，了解情况。当他得知县委书记梁锡祜积极推行"左"的错误政策，把部分苏区干部随便当作"AB团"杀害的事实后，非常气愤。他像一年前在瑞金果断纠正乱肃"社党"错误一样，很快报请中共江西省委批准，将梁锡祜调离，从瑞金县调来胡荣佳任中共寻乌县委书记。邓小平与胡荣佳很熟悉，他在瑞金任县委书记时，胡荣佳是中共壬田区委书记。邓小平调会昌县工作后，胡荣佳接任中共瑞金县委书记，是位很优秀的干部。邓小平的这一得力措施，制止了寻乌县乱肃"AB团"悲剧的再演。

还有这样一个故事——

1933年初春的一个晚上，有个绰号叫"朱胖子"的苏维埃干部，神秘兮兮地向正在主持会议的邓小平报告：筠门岭区苏维埃政府主席朱秀岐暗中通敌，头天深夜与从外地潜回的国民党自卫队队长朱培初接头，还在镇上的"吴发记"酒楼喝酒，密商反叛之计。

在座的干部一听这事，恨得咬牙切齿，主张立即将朱秀岐抓起来严惩。

邓小平听后，却心生疑窦。他知道，朱秀岐平日里立场坚定，工作踏实积极；而朱胖子虽为区苏干部，却为人狡诈，工作马虎。他觉得此事定有蹊跷，决定派人先去调查清楚再说。

被派往调查的人还未动身出发，区特派员又匆匆赶来报告："朱秀岐带枪逃跑，已派人把他抓了回来！"

铁证如山。大家都说非把朱秀岐宰了不可！

邓小平摆摆手："大家莫急，还是调查清楚后再处理吧。"

第二天一早，邓小平亲自来到芙蓉寨朱秀岐的家。群众告诉他，朱秀岐前些年因与朱培初争屋基，早就结下仇怨，现在怎么会一起喝酒？

邓小平立即召开区苏政府干部会议，当场盘问朱秀岐。

"朱秀岐，你为何叛变通敌？"

"没有此事。这实在是冤枉！"朱秀岐连连喊冤。

"那你为什么逃跑呢？"

"我不是逃跑。当时是朱胖子报告说朱培初回来了，去了鸭公村。我一听，马上带了驳壳枪，想把朱培初抓回来。可是，追到鸭公村，连朱培初的影子也不见。这时，保卫局的人追来，不问青红皂白就下了我的枪，把我关了起来。"

邓小平命人把朱胖子找来。可是，找来找去，连他的人影也不见。人们很快得知：朱胖子与朱培初早就一起逃走了。

原来，这个朱胖子是国民党派来的奸细。头天晚上与国民党自卫队长喝酒的不是别人，而是他自己。他与朱培初密谋定下"借刀杀人"计，要除掉朱秀岐。谁知他们的阴谋被邓小平给识破了。

朱秀岐十分感激地说："不是邓书记英明，我可能含冤九泉了。"

这件事，被后人编成一个故事，名为《明察秋毫》，广为传播。

3. 三分区政委

会昌、寻乌、安远以及与会、寻两县毗邻的武平县西北部，是中央苏区的边区。在这些县南边的信丰、三南（龙南、全南、定南）和广东兴（宁）梅（县）、福建上杭、武平等县，都驻有国民党粤军。武平县的民团钟少葵部，凶恶残暴，有数百人枪。蒋介石为"围剿"中央苏区，封"南天王"广州绥靖主任陈济棠为赣粤闽湘边区"剿匪"副总司令，千方百计诱迫粤军进攻中央苏区。钟少葵民团业已投靠国民党粤军。会、寻、安和武平西北苏区经常遭到敌军骚扰。加强这一地区的军事力量，保卫中央苏区南大门安全，刻不容缓。

邓小平到会昌，走马上任后的第一件事就是组建会昌县苏维埃政府军事部，并将钟亚庆调来当军事部长。1932年7月，中革军委和江西军区为使会、

寻、安、武四县红军和游击队的作战指挥
得到统一，又决定在这一地区成立江西军
区第三作战分区，任命钟亚庆为第三分区
指挥（司令员），邓小平兼政治委员。分区
指挥部驻设在武平县东留，后又迁驻武平
县桂坑、寻乌县罗塘、会昌县长岭、筠门
岭芙蓉寨等地。

钟亚庆

三分区指挥（司令员）钟亚庆，广东
兴宁县罗浮镇七娘垇村人。邓小平先前不
知有其人。组建会昌县苏维埃政府军事部
时，他要县委组织部长罗屏汉推荐一个合
适人选。罗屏汉是广东兴宁人，与钟亚庆
早就熟悉并共过事。他告诉邓小平：钟亚庆原先曾任东江苏区红十一军独立
营连长、营长和独立团副团长，现在红二十一军工作。他不识字，但作战很
勇敢，有经验。今年3月初国民党粤军一个营进攻寻乌县车头时，钟亚庆听
到消息后主动带领部队前往与敌人激战一天，打败了敌人。战斗中，他自己
左肩胛负伤，坚持不下火线。战斗结束后，他才由人护送到设在寻乌县澄江
的红二十一军后方医院。最近，他的伤势基本好转了。

听说钟亚庆是员战将，有勇有谋，邓小平非常喜欢，当即决定将他调来。
罗屏汉立即打电话找到钟亚庆，告诉了他这件事。

谁知钟亚庆接电话后却说："我没有文化，我不去！搞唔下场。"

罗屏汉在电话中说："小平同志已来会昌当县委书记，我在县委组织部，
调你，是我们研究决定的。没有文化，有文书，不用怕。"

钟亚庆仍然没有被说通，不愿前来报到。邓小平以为是红二十一军不肯
放人，毫不客气地打电话给红二十一军政治部主任罗贵波，批评他们有本位
思想，要他们催促钟亚庆赶快来上任。

钟亚庆还是没有动身。邓小平急了，又与罗屏汉一起先后打了三次电话

催促。

没有办法再推辞了，钟亚庆只得打起背包，步行前往会昌。走到会昌县杉塘区苏维埃政府驻地时，突然迎面碰上两个人。其中一个矮小个子、身穿蓝布中山装、腰挎驳壳枪、脚穿一双旧草鞋的人，操着一口四川腔问钟亚庆："你这个同志，从哪里来到哪里去？姓什么？"

"从澄江来，叫钟亚庆，到会昌去。"

"你叫钟亚庆，好啦！我叫邓小平。走，到杉塘区苏维埃政府去坐坐。"

钟亚庆赶紧给邓小平行了一个军礼，跟着他到了杉塘区苏维埃政府。边喝茶，邓小平边笑着对钟亚庆说："你好调皮，老罗打了好多电话给你，你还不来。我又打电话批评罗主任，你现在才来。你看看！"他手指着墙壁上挂着的文件说："你任会昌县军事部长，文件都发了。你还敢不来！"

邓小平喝了口茶，从口袋里掏出一支烟点着，说："你不要走了，今天我到罗塘区，你跟我去！"

就这样，钟亚庆上任第一天，就跟着邓小平下乡去布置检查工作。

成立第三作战分区时，邓小平又推荐钟亚庆担任分区指挥（司令员）。钟亚庆接到委任令后，要求邓小平将会昌县军事部文书曾友松也一并调过来。

邓小平说："我知道你没有文化，你要老曾跟你去，就给你，还有什么意见？"

钟亚庆狡黠地眨眨眼睛："没有意见，又有点意见。我想要你一条枪！"他知道邓小平有一支曲尺、一支驳壳，驳壳就挂在墙上。

在场的罗屏汉为他帮腔："亚庆跟着我，一向都是用惯驳壳的。"

邓小平爽快答应："你要，就给你。你晓得用么？"

"晓得啰！"罗屏汉又赶紧帮腔。

邓小平转身取下墙上挂着的驳壳枪，连同驳壳皮带、近百发子弹，一起递给钟亚庆，说："现在没有意见了吧！"

钟亚庆哪还会有意见？他"唔"一声，兴奋地转身离去。

几天后，江西军区调来吕赤水任分区参谋长，游端轩任副参谋长，还调

江西军区第三作战分区指挥部旧址——会昌县筠门岭芙蓉寨

来一位参谋。吕赤水、游端轩都是从主力红军调来的师、团职干部，资历比钟亚庆深厚。钟亚庆担心领导不了，又去找邓小平。

邓小平完全理解战友的心情，耐心地开导说："叫你做什么，你就做什么。你不用怕，不要自轻，要有信心，有问题就同我讲。"

钟亚庆再也不好说什么了，高高兴兴地挑起了担子。

三分区成立时，原在这一带活动的红军独立第三师，已和红军独立第六师一起编为红军第二十一军，随时都有可能调往其他地区作战。为加强分区的军事力量，邓小平和钟亚庆等人商议后，决定以原会昌红色警卫连120余人作基础，加上原东江红军第十一军独立团伤愈出院的伤员20余人，共140余人，组成三分区游击大队，任命骆禄才为大队长，黄华为副大队长。游击大队是分区的直属部队。为提高部队素质，三分区还在筠门岭附近设立一所红军学校，有110多人。后来还建立了三分区兵工厂和医院。

三分区和中心县委还整顿加强了各县地方武装。

安远县原有1个独立团，1932年7月间编入红军独立第三师。8月，县里又集中部分游击队，新编1个独立团，有117人。此外，全县各区还建立脱产的游击大队共 584 人，编成 3 个支队，实行统一指挥。全县还建立起半脱产的赤卫军模范营 17 个连共 2267 人，模范少队 5 个连 520 人。11 月又成立了安远县赤卫军模范师。

寻乌县原来也有 1 个独立团，7 月间也编入红军独立第三师。8 月，寻乌县苏维埃政府军事部集中寻城、吉潭、澄江、三标等 4 个区的红色警卫连共 260 余人，组建了 1 个新的独立团。9 月，又将各区的零星游击队集中，编成两个游击队、6 个游击大队。除此之外，全县各区还有红色警卫连共约 500 人、赤卫军模范营 1300 余人、模范少队约 800 人。

会昌县原有的独立团，也编入了红军独立第三师。后来，县里又集中各区游击队，编成县游击队第一支队和第二支队，共计 390 余人。此外，西江、站塘、门岭、板坑等区新成立了游击队。

三分区和各县军事部指挥各县地方武装，密切配合在寻乌、安远地区活动的红军独立第三师和三分区游击大队，积极开展游击战争。他们向侵占信丰和安远、寻乌两县南部及武平等地的国民党粤军和地主武装盘踞的土围堡寨，频频出击，打击进犯苏区的敌人，保卫苏区的安全。

三分区直属游击大队组建后不久，就打了一个漂亮的胜仗。

一天，三分区指挥部得到一份紧急情报：武平县钟少蔡民团 100 多人，第二天要进攻武平县西部山区的太阳桥。三分区指挥部决定打击这股敌人。研究作战部署时，两位参谋长都主张正面与敌人顶着打。钟亚庆却主张：分区游击大队兵分两路，引诱敌人进入伏击阵地，然后集中火力消灭它。最终，钟亚庆提出的这个方案获得通过。

太阳桥是一座 11 孔的木板桥，按预定方案，参谋长吕赤水和分区指挥钟亚庆各带一支部队，悄悄埋伏在西桥头两侧。待敌人进到东桥头，钟亚庆指挥赤卫队员"叭叭"开了几枪。听到枪响，敌人嚎叫着向桥西头冲来。埋伏在西桥头两侧的红军，见敌人冲到桥中间，猛烈开火。敌人一下子死伤八九人，只好狼狈往后退去。钟亚庆带领红军一跃而起，冲过木桥，一气将敌人打退至几里外。

这一仗，三分区游击大队缴获敌人 12 支枪，自己却无一伤亡。战后，钟亚庆向邓小平汇报战斗情况。邓小平拍拍钟亚庆的肩膀，说："很好！你的部署、打法都对头！"

得到邓小平的支持，钟亚庆特别高兴。1932 年 10 月间，三分区部队在赤卫队配合下，又取得了东留战斗的胜利。

东留也在武平县西部，距筠门岭约 80 里。盘踞此地的敌钟少葵、钟文才部，经常侵犯会昌县的乌鸦泊、板坑等苏区，骚扰破坏，杀人抢劫。邓小平要求分区游击大队和会昌县西江、罗田等区游击队一起出击，拔掉这颗钉子，打击敌人嚣张气焰。

邓小平亲自和分区其他领导一起，研究战斗部署，决定兵分两路：由分区指挥钟亚庆和副参谋长游端轩率领分区游击大队 1 个小队和罗田游击队共 150 余人为左路；由分区参谋长吕赤水率领分区游击大队 2 个小队和西江游击队共 200 余人为右路，同时从分区驻地罗塘出发，对东留之敌实行夹击。

邓小平因有别的重要事情，未随部队出发。第二天晚上，他得到战报：我军打败东留之敌，打死打伤敌人 10 多人，将敌人击退到离东留 10 里路远的大禾。

这次战斗的胜利，不仅重挫钟少葵团匪，驻在上杭、武平的国民党粤军也受到震动。战斗中，钟亚庆又负重伤，被送到筠门岭三分区医院。

邓小平十分关心钟亚庆安危，他立刻打电话到医院询问，要钟亚庆乘船到会昌治疗。

钟亚庆被担架抬到设在会昌城外六祖寺的红军医院。第二天下午，邓小平叫上罗屏汉，匆匆赶到医院，在钟亚庆病床前，细细察看钟亚庆的伤情后，安慰道："亚庆同志，你从前线写来的报告，我看过了。前线的事已有人负责，不要惦记，好好休养！"

说毕，他从身上掏出 50 元钱，交给钟亚庆作为营养费。

钟亚庆紧紧拉住邓小平的手，眼中流出了泪花。他知道：小平同志工作忙，眼下经济又紧张，要挤出这么多钱来，多不容易！

5 个月后，钟亚庆伤势好转。他急着出院去找邓小平，可是邓小平这时已调到江西省委去工作了。

因伤势较重，钟亚庆后来一直在疗养所休养。1934 年 10 月主力红军长征后，会昌县苏区失守。他只好埋藏证件，隐姓埋名，于 1935 年春回到家乡七娘坳，以耕田为生。直到 1992 年 1 月，他才享受红军失散人员待遇。几十年来，他将邓小平对他的支持和关心深深地埋藏在心头，从不外露。1993 年邓小平的女儿毛毛所著《我的父亲邓小平》一书出版后，有人告诉他书中写了他与邓小平的事。他听后十分激动，特地请人代写了一封信，寄给《羊城晚报》，请求报社设法通过毛毛，向小平同志转达一位昔日苏区老战友的无限思念与崇敬之情。

1994 年 7 月上旬，由中共中央文献研究室和中央电视台组成的邓小平资料摄制组来到会昌，拍摄有关资料。钟亚庆不顾自己已 91 岁的高龄，从家乡奔波 150 多公里，赶到会昌筠门岭，在当年会寻安中心县委机关旧址，实地向摄制组生动地介绍了邓小平当年在会昌工作的情况。望着这位可敬的老人，摄制组的同志无不为他同邓小平的真挚友情所感动。

当然，这都是后来发生的事了。

钟亚庆东留战斗负伤后，吕赤水接任三分区指挥。三分区政治部也建立起来了。邓小平的老战友、原红七军军长张云逸调任分区政治部主任。

邓小平很高兴。两位老战友自 1931 年初在粤北乐昌河战斗中分手后，现在又战斗在一起了。他们与中心县委和三分区的同志们一起，共同谋划着如何更好地保卫中央苏区南大门的安全。

可是，邓小平万万没有想到，一场厄运就要降临到他的头上。

第五章

祸起萧墙，第一次被打倒

1. 风云突变，中央苏区开展反"罗明路线"斗争

邓小平将面临的厄运，来自博古等"左"倾领导者发动的反"罗明路线"斗争。

博古原名秦邦宪，江苏无锡人，1907年出生，比邓小平小3岁。他1925年加入中国共产党，1926年赴莫斯科中山大学学习，1930年5月回国后，任团中央宣传部长。同年底，他和王明等人以反"立三路线"英雄自居，迫使中共中央召开六届四中全会，改选中央委员会和中央政治局。在共产国际东方部副部长米夫等人的支持下，他们这些仅有些小聪明、毫无实际工作经验而又专爱闹宗派的人占据了党中央领导地位。1931年9月，王明离开上海去莫斯科任中共驻共产国际代表团负责人，周恩来又要到中央苏区工作，经共产国际远东局同意并经共产国际执委会政治书记处批准，成立了中共中央临时政治局，以卢福坦、博古、洛甫（张闻天）、李竹声、陈云、康生、黄平、刘少奇、王云程等9人为委员，以卢福坦、博古、洛甫（张闻天）、康生

为常委，博古负总责。

年轻气盛的博古，瘦高个，戴一副黑边近视眼镜，无论写文章还是作报告，口必称马列，颇有一副傲视群雄的"理论家"派头。他一上台，就提出一条"夺取中心城市，争取一省数省首先胜利"的"左"倾冒险"进攻路线"，强令苏区党和红军执行。当时在中央苏区，中共苏区中央局的一些成员都还没有认清"进攻路线"的"左"倾冒险本质，以为这是中央提出的路线，并且有共产国际支持的背景，主张坚决贯彻执行。但是，毛泽东却从苏区红军力量仍很薄弱这一实际出发，反对红军冒险进攻赣州、南昌等中心城市，对"进攻路线"予以坚决抵制。苏区中央局一些成员认为毛泽东的意见是严重的"右倾机会主义"错误，从1932年2月开始，对毛泽东的所谓"错误"展开长时间批判斗争。特别是1932年10月上旬在宁都县小源村召开的苏区中央局全体会议（即"宁都会议"）上，更对毛泽东展开了"前所未有"的批评。会上，毛泽东只好以"请病假"为由，回到瑞金，几天后前往设在福建长汀福音医院的中央苏区干部休养所"休养"，并照顾分娩不久的妻子贺子珍。

需要指出的是，共产国际和中共临时中央虽然对毛泽东抵制"进攻路线"

中共苏区中央局"宁都会议"旧址——
宁都县东山坝乡小源村榜山翁祠

有意见，却仍然要求苏区中央局成员与毛泽东搞好团结，尽量争取毛泽东对苏区中央局工作的支持和配合。然而，宁都会议后，苏区中央局负责人拒绝中共临时中央和共产国际的意见，执意削夺了毛泽东对红军的领导权。

1932 年 11 月下旬，任弼时委派中央苏区少年先锋队总队长王盛荣去上海，向博古等汇报宁都会议的详细情况。博古担心苏区中央局因批评毛泽东而产生意见分歧，导致不团结。1932 年 11 月 23 日，临时中央以忧虑的口气致电苏区中央局询问：宁都会议后"进攻路线"执行如何？有否反对和抵制？中央局领导在策略上目前有所分歧否？领导人团结是否成问题？并且强调："我们坚主采取一切方法，根据党的路线，缩小争论；无严重破坏纪律之事，则绝不应采取任何组织结论。"① 三天后，任弼时以苏区中央局名义给临时中央复电称：对进攻路线"除毛同志最近来信仍表现有以准备为中心的意见外，并无其他反对与抵抗，不过在地方上，对进攻路线还不深刻了解与未坚决执行。中央局内部对总路线无分歧与争执，更无采取任何组织结论的意见"。② 这就是说，任弼时等告诉博古等临时中央领导人，宁都会议后，在中央苏区"对进攻路线还不深刻了解与未坚决执行"的，主要是"在地方上"的党组织领导人。

这期间，由于博古等在党的白区工作方面推行脱离实际的"左"倾政策，使党在上海等白区城市的工作遭受重大损失。共青团中央的几个负责人相继叛变，中共河北省委、北平市委、唐山市委屡遭破坏，临时中央领导机关的安全受到严重威胁。为安全计，中共驻共产国际代表王明向共产国际执委会政治书记处政治委员会提议，"将中共中央、[中国]共青团中央和赤色工会总理事会（即全国总工会——引者注）从上海迁往中央苏区，在上海只留下这些机构的全权代表"。1932 年 12 月 3 日，共产国际执委会政治书记处政治

① 转引自中共中央文献研究室编《任弼时年谱》，人民出版社、中央文献出版社 1993 年版，第 196 页。

② 转引自中共中央文献研究室编《任弼时年谱》，人民出版社、中央文献出版社 1993 年版，第 196 页。

委员会开会，同意采纳王明的建议①，很快同意了中共临时中央撤离上海转移到中央苏区瑞金的计划。

有计划的撤离工作从 1932 年底开始。首先是中共中央政治局候补委员、全国总工会委员长刘少奇，化名唐开元，于 1932 年底离开上海，经广东汕头、大埔，来到中央苏区首都瑞金。接着，中共临时中央宣传部部长杨尚昆，也于 1933 年 1 月来到瑞金。共青团中央宣传部部长凯丰（何克全）以及董必武、林伯渠、陈潭秋、罗迈（李维汉）、吴亮平等，都相继来到瑞金。

博古和陈云是 1933 年 1 月上旬离开上海的。他们化装成商人，由中央交通局地下交通员护送，经汕头、大埔前往中央苏区。

博古一行到达福建上杭县白沙镇时，中共福建省委代理书记罗明，正好在那里领导边区游击战争。晚餐前，博古边吸烟边板着脸孔问罗明："你是省委代理书记，不领导全省工作，来杭、永、岩干什么？"

罗明回答："我是按照毛泽东同志的指示，经过省委讨论，来这里重点开展游击战争的。"

"你对中央的新指示有何意见？"

所谓"新指示"，就是"进攻路线"和反"右倾"斗争。

"我们还没有听到传达呢。"罗明如实报告。

博古脸往下一沉："那么，你对苏区当前的斗争有何意见？"

罗明曾和毛泽东探讨过这个问题。他们认为，苏区的斗争应和白区斗争紧密配合，红军应和一切主张抗日又不进攻苏区的党派、军队联合起来，共同抗日。他向博古谈了看法。

毛泽东与罗明的主张，恰与临时中央的"进攻路线"唱反调。博古听了，十分不悦。虽然罗明特别关照伙房为博古等加了几个菜，但这顿晚餐他们吃得并不愉快。

---

① 中共中央党史研究室第一研究部编《共产国际、联共（布）与中国革命档案资料丛书》第 13 集，中共党史出版社 2007 年版，第 253 页。

1933 年 1 月下旬，博古、陈云到了瑞金。在他们到达之前，张闻天也化装成一个富商，由地下交通员护送，经汕头、大埔、长汀，于 1933 年 1 月中旬来到了瑞金。

张闻天与博古不同，文静，深沉。他是上海南汇县人，在苏联学习时取了个俄文名字，叫"依思美洛夫"。1930 年底回国后，他将自己的名字改为"洛甫"，期间担任中共中央宣传部部长。1931 年 9 月中共临时中央政治局成立时，他被指定为临时中央常委，继续担任宣传部部长。他在苏联时就有"红色教授"之称，回国后与博古一样，热衷于推行王明"左"倾错误路线。

博古抵达瑞金后，召集进入瑞金的中共临时中央政治局成员和原在苏区的中共苏区中央局成员开会。会议决定成立新的中共中央局。已进入瑞金的中共临时中央政治局成员和原在苏区的中共苏区中央局成员，都成为新成立的中共中央局成员，以博古为总负责人，博古、张闻天、陈云为常委。张闻天任中共中央局宣传部部长兼中央党报委员会书记，任弼时（1933 年 5 月后为罗迈）任中共中央局组织部部长，严重为秘书长。中共中央局机关设在瑞金下霄村杨氏私祠。

新的中共中央局成立后，原以任弼时为代理书记的中共苏区中央局并未公开宣布撤销，对外仍以中共苏区中央局名义行文。但从此以后，直接领导中央苏区工作的，是以博古为首的新的中共中央局。新的中共中央局决定，将全总和全总苏区执行局合并，成立新的全总苏区中央执行局，刘少奇任委员长，陈云任副委员长、党团书记；共青团中央与少共苏区中央局合并，成

瑞金下霄村中共中央局机关旧址

立新的少共中央局，仍以顾作霖任书记（1933 年 4 月后改由凯丰任书记）。

博古对中央苏区的工作，本来就心存想法，路过上杭时对罗明的汇报又一肚子不高兴。他认定，此前任弼时关于在中央苏区地方上"对进攻路线还不深刻了解与未坚决执行"的报告，符合事实。因此，如何扫清来自地方上党组织领导人在贯彻执行进攻路线方面的障碍和阻力，必然成为博古等进入中央苏区后首要解决的问题。

博古来到瑞金后，很快看到了福建省委报来中央的三份材料。这三份材料中，有两份是罗明写的：一份是 1933 年 1 月 21 日罗明写给福建省委的信，题为《对工作的几点意见》；一份是罗明在上杭旧县写的，题为《关于杭永情况给闽粤赣省委的报告》。另外一份，是中共新泉县委书记杨文仲写给福建省委的信。三份材料都是从闽西实际出发，提出闽西地方红军应向敌人力量薄弱的闽西北发展；地方武装应开展灵活的游击战争，不与敌人硬拼；扩大红军时应区分边区和内地，闽西是边区，应以扩大地方红军为主，而不应将所有兵员都集中到主力兵团去。这些意见和建议，无疑都是正确的。但是在博古看来，这些主张都是与"进攻路线"唱反调，阻碍了"进攻路线"在闽西苏区的贯彻执行。

张闻天也看了这些材料。他虽然没有与罗明当面交谈，但他的看法与博古完全一致。他与博古都认为，福建省委的工作和罗明的意见，代表的是对革命悲观失望，是一种机会主义的、取消主义的退却逃跑路线。不批判这条"退却逃跑"路线，"进攻路线"就不能顺利贯彻执行。

博古一声令下，从 1933 年 2 月开始，一场来势凶猛的反"罗明路线"斗争，在福建苏区迅速展开。斗争的结果，罗明被撤去省委代理书记职务。福建省一大批省、县领导干部，也遭到错误的批判斗争，他们中有张鼎丞、谭震林、刘晓、方方等人。全省先后被撤职的省委书记 3 人，省苏维埃政府正、副主席 3 人，军区政委 1 人，军分区领导 6 人，少共省委书记 1 人，县委书记和县苏维埃政府正、副主席等县级干部 14 人。这些遭批斗和撤职的干部，都是拥护和执行毛泽东正确主张的好同志。

2. 邓、毛、谢、古对"左"倾错误的抵制

几乎与福建开展反"罗明路线"斗争的同时，"左"倾领导者们又将"无情斗争"的矛头指向江西，开展了反对以邓小平、毛泽覃、谢唯俊、古柏等为代表的所谓"江西罗明路线"的斗争。

毛泽覃是毛泽东的二弟，1929 年春随红四军从井冈山进军赣南途中因伤留在吉安东固疗养，伤愈后任中共东固区委书记，后任红六军政治部主任、中共吉安县委书记、中共永吉泰特委书记、中共苏区中央局代理秘书长，1931 年 12 月后任中共公略中心县委书记。

毛泽覃

谢唯俊是井冈山斗争时期的老红军。1931 年 6 月至 11 月任中共赣东特委书记，1932 年起任江西军区宜乐军分区司令员。

古柏是毛泽东的亲密战友，曾任红四军前委和红一方面军总前委秘书长、中共会昌临时县委书记，1932 年 5 月任江西省苏维埃政府党团书记兼内务部长等职。

谢唯俊

邓、毛、谢、古四人，除邓小平外，都曾在毛泽东身边工作过较长时间。他们从切身的经历中体会到，毛泽东和他的战友们所制定的路线、方针、政策和提出的主张，符合中国实际，特别是符合弱小红军和苏区实际。他们对毛泽东的正确主张，不仅自己坚决拥护执行，而且还到处宣传。如支持毛泽东提出的"抽多补少、抽肥补瘦，按人口平均分配"土地政策；支持打土围，拔白点，努力准备第四次反"围剿"战场的部署；反对红军攻打赣州这样的大中城市，赞同毛

古柏

1931 年 11 月 1 日至 5 日在瑞金叶坪村召开的中国共产党苏区第一次代表大会（赣南会议）会场。会上，邓小平、毛泽覃、谢唯俊、古柏等发言，坚决支持毛泽东的正确主张

泽东提出的红军应向赣东北和闽西北发展的主张；支持红军应负担打仗、筹款和做群众工作三大任务，反对取消红军筹款任务而将所有经济负担转移到苏区人民身上；等等。

邓小平、毛泽覃、谢唯俊、古柏都是党内的务实派。他们四人有一个共同特点：对脱离实际的、空泛的"左"倾教条主义很反感，都为毛泽东遭受"左"倾教条主义者的批评指责鸣不平。在赣南会议（即 1931 年 11 月 1 日至 5 日在瑞金叶坪村召开的中国共产党苏区第一次代表大会）前后，他们曾挺身而出，批驳了"左"倾临时中央对毛泽东的指责，批评那些从上海派来的脱离苏区实际的领导者们是"洋房子先生"，说他们是专门到苏区来"找岔子"的。针对有人批评毛泽东是"狭隘经验论"，他们针锋相对地反驳说："大城市上产生了立三路线，我们苏区的山上，却全是马克思主义。"赣南会议后，他们继续在自己的领导岗位上和职责范围内，抵制王明"左"倾教条主义错误，"他们互相通讯，谈话和讨论，所谈的，写的，讨论的，并不是一般的政治问题"，而是与"左"倾"进攻路线"绝对相反的策略、口号等内容。①

① 以上参见罗迈《为党的路线而斗争》，《斗争》第十二期，1933 年 5 月 20 日，第 11—12 页。

由于邓、毛、谢、古敢于批评和抵制王明"左"倾教条主义错误，在江西苏区有很高的威信，被人誉为江西苏区的"四大金刚"。他们成为毛泽东正确主张的支持者，自然也就被博古等人视为推行"进攻路线"的绊脚石。博古等人很清楚，只要制服了这"四大金刚"，毛泽东在江西苏区的影响，就将逐渐缩小，"进攻路线"就可在江西苏区畅通无阻地推行。于是，他们抓到了所谓"寻乌事件"这根稻草，开始向邓小平发难。

3. 所谓"寻乌事件"

1933 年 2 月 23 日，一篇题为《什么是进攻路线？》的署名文章，发表在由张闻天主编的中共中央局《斗争》杂志第三期上。文章中，一顶"纯粹防御"的帽子，戴到了邓小平头上。

这篇文章首先认为："许多的地方党对于进攻路线的执行，表示了不可容许的机会主义的动摇，甚至完全走到相反的逃跑退却的机会主义路线。"接着，文章说："根据江西省委的报告，一般工作虽是有相当进步，然在边区各县，南广宜乐从去年十一月才开始从纯粹防御转向积极的进攻，永吉太与会寻安长期陷在纯粹防御的泥坑中，直到最近方才开始转变……"[①]

细究起来，"纯粹防御"这个词，最早是中共会昌县委书记罗屏汉于 1932 年 12 月 21 日写给中共江西省委的工作总结报告中出现的。这份报告以自我批评的口吻检讨说，县委乃至中心县委都存在着严重的"纯粹防御"观念，没有主动向敌人出击，才导致"寻乌事件"的发生，致使会昌、寻乌、安远三县一些边区被敌军侵占。

中共会昌县委在报告中所说的"寻乌事件"，发生在 1932 年 11 月下旬。

当时，国民党粤军在会、寻、安三县苏区周围都驻有重兵，总兵力约七个师。其部署是：在安远县西面的信丰、南康、大余等县，驻有粤军第一纵

---

① 《什么是进攻路线？》，见《斗争》第三期，1933 年 2 月 23 日，第 15 页。

队余汉谋部四个师；寻乌县南部的吉潭、牛斗光、留车、三标和广东平远县大柘一线，驻有粤军第二纵队李杨敬部第七、第八两个师；寻乌和会昌东南面的武平、上杭、蕉岭一线，驻有粤军第二纵队独立第一师。这就对会寻安苏区形成三面包围之势。

而红军方面，当时红一方面军主力一、三、五军团均集中在北线作战，收复建黎泰苏区的战役打得正激烈。原在会、寻、安苏区和于都、信丰、赣县苏区活动的红军独立第三师、红军独立第六师，已于1932年7月间合编组成红军第二十一军。因北线战事正紧，此时红二十一军正准备离开南线北上参战。留在会寻安苏区的只有江西军区第三分区游击大队100余人和各县地方游击队、赤卫队。这些地方游击队、赤卫队，号称有数千人，但装备很差，战斗力弱，只能对付地主豪绅武装和国民党粤军小股骚扰，根本无力抵挡国民党粤军七师之众的大举进犯。寻乌县地方武装的枪支，大部分编入红二十一军去了，战斗力更差。

国民党粤军瞅准这个机会，分三路乘虚向会、寻、安三县发动大举进攻。其中向寻乌县进攻的一路敌军，几乎占领了整个寻乌县。

面对国民党粤军的大举进攻，邓小平处变不惊。他根据敌强我弱、敌我力量悬殊的情况，领导苏区群众坚壁清野，以灵活的游击战术粉碎敌人的进攻。同时，他在筠门岭主持召开会、寻、安三县县委书记、县苏维埃政府主席、县军事部长联席会议，根据寻乌城失守的情况，研究和部署了新的军事行动，要求进一步扩大地方武装，广泛开展游击战争，保卫苏区安全。

会后，邓小平从筠门岭出发，前往寻乌、安远两县，具体指导开展游击战争和其他各项工作。

在邓小平的具体指导下，各县的游击战争开展得更加活跃。

中共安远县委在1932年12月28日呈送给中共江西省委的一份报告中说道：安远县独立团和二、三游击队得到北区赤卫军模范营、模范少先队800多人配合，围攻安、信边界的洋田坑、金鸡、新田靖卫团，"搜山三天，共缴获枪5支，捉土豪反动派共十多名"，"第一游击支队配合安城区模范营一连，攻开龙安区虎头岗三个土围"，"敌人开始进攻南区时，估量敌人必分一路由光头寨直逼县城，在车头动员八百多模赤少队到光头寨，配合二、三支队游击几次"，"在安城上濂龙安动员模范营少队集中过千人……在龙安区配合独立团和第一游击队向粤敌进攻，进攻时半个多月经常有五百多模范营少队配合作战"①。

寻乌、会昌的游击队、赤卫队，也频繁进攻侵占苏区的敌人。

这就是"寻乌事件"前前后后的真实情况。

4. 缺席受"审"，被戴上"会寻安的罗明路线"帽子

寻乌苏区失守，当然不是一件好事。

然而，必须看到：不是邓小平不去保卫寻乌苏区，非不为也，乃心有余而力不足也。当时，敌我力量悬殊太大，仅有些破烂枪支和梭标大刀的地方游击队，怎能与武器装备精良、人数又占优势的敌正规军硬顶呢？何况，"寻乌事件"发生后，邓小平领导中心县委和各县党组织及时总结了这一教训，积极采取切实可行的补救措施，正在为收复寻乌苏区而英勇斗争。可是，会昌县委书记罗屏汉在给江西省委的报告中，却认为寻乌失守是"纯粹消极防御"的结果，这显然是不符合客观实际的。会昌县委的报告送到江西省委后，未料，江西省委确认了这一观点。江西省委在给苏区中央局的报告中，亦认为会寻安中心县委存在"纯粹防御"和"消极防御"的错误。这正给了"左"倾领导者们一个口实。于是，《什么是进攻路线？》这篇文章便耸人听闻地说："会寻安方面，则产生了白军团匪进据寻城的事件，使群众受到敌人的摧残。"②

《什么是进攻路线？》一文发表后，中共江西省委迫于博古等人的压力，

---

① 《安远县委两个月冲锋工作报告》，1932年12月28日。存赣州市档案馆。
② 《什么是进攻路线？》，见《斗争》第三期，1933年2月23日，第15页。

采取了两条措施：一是将邓小平从会寻安中心县委调到省委任宣传部部长；二是于 1933 年 2 月 28 日致信会、寻、安三县县委，严厉批评会、寻、安中心县委的"纯粹防御路线"错误。3 月 12 日，中共江西省委和少共江西省委又联合作出决议，向江西苏区党、团组织公布了致会、寻、安县委指示信的内容。平心而论，江西省委对邓小平为书记的会寻安中心县委的批评，还是掌握了分寸的。江西省委没有将"单纯防御路线"与福建的"罗明路线"等同起来，只是把它的表现限定在军事方面，认为在思想根源上"单纯防御路线是与罗明路线同一来源"；认为"罗明路线，是更公开露骨的有系统有政纲的机会主义路线，甚至走到取消主义的道路"，而"单纯防御路线，如果继续发展，必然要走到露骨的逃跑的罗明路线"。

邓小平接到江西省委的调令，与罗屏汉、张云逸等战友告别后，来到设在宁都县七里村的江西省委机关。

阳春三月，桃红柳绿。赴宁都途中，骑在马上的邓小平，无心观赏沿途旖旎春光，只顾思索着近来发生的一件件令人不解的事情。

幸运的是，邓小平受到曾一同在法国勤工俭学的江西省委书记李富春礼遇。李富春给邓小平安排了住处。1933 年 3 月中旬，李富春派邓小平前往万泰、公略、永丰苏区巡视，代表省委解决那里的问题。这些地区，是由毛泽覃任书记的中共公略中心县委领导的。邓小平在万、公、永苏区的工作，得到江西省委的肯定。

不料，江西省委对邓小平的态度，令博古等人十分不满。3 月下旬，邓小平回到省委刚汇报完工作，就被博古等人叫到瑞金，名义是参加中共中央局会议，全面汇报会、寻、安三县的工作，实际是接受博古等人面对面的"审判"。"主审官"就是博古、张闻天。会后，邓小平被迫向中央局递交了一份检讨书，题目叫《会寻安工作检查》。

紧接着，中共中央局撇开江西省委，直接在会昌县筠门岭倒水湾召开会寻安三县党的积极分子会议。主持会议的是中共中央局常委、宣传部部长张闻天。他代表中共中央局，在会上作政治报告和结论。

这次会议的中心议题，就是集中"布尔什维克的火力"，对邓小平的所谓"错误"进行揭发和批判。

会寻安三县党积极分子会议会址——会昌县筠门岭倒水湾

邓小平没有参加这次会议。他像是受到缺席审判一样，成了这次会议被斗争的主要对象。

3月31日，会议根据张闻天的报告和结论，作出了《会寻安三县党积极分子会议决议》。这是一个完全歪曲事实的充满"左"倾火药味的错误决议。《决议》写道："大会认为会寻安三县，过去在以邓小平同志为首的中心县委的领导之下，执行了纯粹防御路线。这一路线在敌人大举进攻前面，完全表示悲观失望，对于群众的与党员同志的力量没有丝毫信心，以致一闻敌人进攻苏区的消息，立刻表示张皇失措，退却逃跑，甚至将整个寻乌县完全放弃交给广东军阀。这一路线显然同党的进攻路线丝毫没有相同的地方。这是在会寻安的罗明路线。说纯粹防御路线不是罗明路线的观点，是完全错误的。"①

邓小平的所谓"错误"，被定性为"会寻安的罗明路线"。

这个决议，对江西省委也重重地敲了一棒子。决议认为：会寻安苏区"反纯粹防御路线的斗争不深入，省委也应负一部分责任"；指责江西省委2月28日给会寻安三县的指示信，"把这一防御路线看作是在进攻路线与罗明路线中间的东西，认为'防御路线的结果必然会走到罗明退却路线的前途'，把这一路线主要看做是军事上的分兵把口，没有明确地指出进攻路线与纯粹防御路线和内容在哪里，对于群众力量也没有完全正确的估计，对于中心县委

---

① 《斗争》第8期，1933年4月15日，第6—7页。

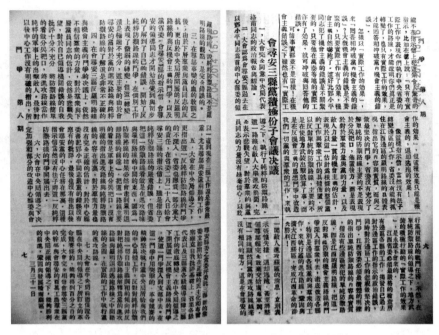

《斗争》第8期刊载的《会寻安三县党积极分子会议决议》

书记邓小平同志严重的错误没有应有的批评"[1]。

　　根据中共中央局的决议，会议改组了会寻安中心县委，对会昌、寻乌、安远三县县委常委会也进行了改组。会昌中心县委书记改由积极反对"纯粹防御路线"的罗屏汉担任。

5. 又成了"江西罗明路线的创造者"

　　然而，事情到此远未结束。

　　会后，张闻天将自己在会寻安三县党积极分子会议上的政治报告和结论，改写成一篇题为《罗明路线在江西》的文章，发表在《斗争》第8期上。文章劈头就说："仔细地检查江西一些边区的工作，那我们立刻可以看到罗明路

---

[1]《斗争》第8期，1933年4月15日，第6—7页。

线不但在福建的杭永岩，而且也在江西。这次会寻安三县党积极分子的会议，完全证明了这一结论的正确。"①

这篇文章对邓小平的批判，调子一下提得更高了，不仅把邓小平在会寻安的工作说成是"以邓小平同志为首的机会主义领导"，而且还把他看成是"江西罗明路线"的主要代表人物。

除了邓小平受批判外，打人的棍子还挥向了万泰、公略、永丰、乐安等边区县党组织。

文章以极其严厉的口气，要求江西省委必须立即将反"罗明路线"的斗争，"深入到群众中去，彻底改造各县，特别是边区各县党的与群众的工作"。大有黑云压城城欲摧之势。

在博古等人的高压之下，1933年4月16日至4月22日，中共江西省委不得不在宁都七里村省委机关驻地，召开了一个"江西党三个月工作总结会议"。博古亲自带着刚刚来到中央苏区、连一点情况也不了解的罗迈（李维汉）参加这次会议，兴师问罪。

罗迈，就是李维汉，一位潇洒的美男子。他是湖南长沙人，1927年4月党的五大上被选为中共中央委员、中央政治局委员，八七会议后任中共临时中央政治局常委、组织部部长兼秘书长，中共湖南、江苏、江南省委书记，中共第六届中央政治局候补委员；1931年被"左"倾冒险主义者撤销职务，赴苏联学习；1932年冬回国；1933年3月到了中央苏区。李维汉在他的回忆录中写道：

> 我一到中央苏区，很快就去中央政府所在地沙洲坝看望毛泽东。毛泽东对我说，你怎么叫罗迈呢？行不改名，坐不改姓嘛。

他继续写道：

———————————

① 《斗争》第8期，1933年4月15日，第1页。

几天以后，碰上开会（昌）、寻（乌）、安（远）活动分子会议，他们要我参加。我在会场上才知道从二月开始，在福建已开展了反对所谓"罗明路线"的斗争；三月，又开始在江西开展反对邓（小平）、毛（泽覃）、谢（唯俊）、古（柏）的所谓"江西罗明路线"的斗争。

在会、寻、安活动分子会议上，我没有讲话，只是听反"罗明路线"的报告。

参加会、寻、安活动分子会议后，我还是弄不清楚反"罗明路线"与毛泽东有什么关系。有一天，博古来找我说，江西省委要在宁都开扩大会议，你同我一起去。我就同他一起去了。到了宁都，博古找省委负责人谈话，要我在旁边听。那时，江西省委书记是李富春。博古说：毛泽覃、谢唯俊还与毛泽东通信，他们心里还不满，这是派别活动。当时他还没有提到古柏的名字。古柏是在扩大会议上展开斗争时才把他找来的。后来，博古要到前线去，叫我留下参加江西省委扩大会议。到这时，我才知道福建反"罗明路线"，江西反邓、毛、谢、古，与毛泽东有关系。①

罗迈说的也许是实话。不过，会寻安三县党积极分子会议结束后第四天，一篇题为《试看邓小平同志的自我批评》的文章，与张闻天的《罗明路线在江西》一文，同时刊登在《斗争》第8期上。这篇文章不仅同唱"纯粹防御路线就是罗明路线"的调子，而且还重翻老账，说罗明和邓小平"在立三路线时代，都是代表小资产阶级悲观失望的情绪，不过这种情绪表现不同，表现在拼命冒险的，便是立三路线的盲动政策，表现在伏地投降时，便是罗明路线的退却逃跑"②。这篇文章是罗迈写的。它无疑对批判邓小平起到了推波助澜的作用。

坐落在宁都梅江河畔的七里村，在县城北边7里。村中有幢民宅，叫"赖

① 李维汉：《回忆与研究》（上），中共党史资料出版社1986年版，第337页。
② 《斗争》第8期，1933年5月20日，第11页。

芳汉屋"。江西省委机关就设
在这幢房子里。"江西党三个
月工作总结会议"也在这里召
开。参加会议的有江西省委委
员、各县的县委书记，中心县
委书记，省直机关党的负责人
和军队中党的负责人，共200
多人。整个七里村，一时热闹
不已。

"江西党三个月工作总结会议"召开会址——宁都县
七里村赖芳汉屋

　　因是以江西省委名义召
开的会议，主持会议理所当然
是江西省委书记李富春。不
过，他一反常规，宣布开会后
就退坐到台下。

　　台上的戏，罗迈唱主角。

　　罗迈俨然一副会议主宰的派头，昂首登台，作了一个题为《为党的路线
而斗争——要肃清在江西的罗明路线，粉碎反党的派别和小组织》的政治报
告。

　　报告的调子定得很高。话一开头，罗迈就说："江西的罗明路线，是一
条反共产国际的路线，是一条与党的进攻路线没有丝毫相同而完全相反的路
线。这条路线根本不相信党的力量，不相信群众的力量，因而对于中国苏维
埃运动，走上了悲观失望的取消主义的道路。"①

　　经他这么一上"纲"上"线"，似乎"江西的罗明路线"比福建的"罗明路线"
还要坏十倍了。

　　更了不得的是，报告声色俱厉地给邓、毛、谢、古四人定了性，说"他

----

① 《斗争》第12期，1933年5月20日，第8页。

们是罗明路线在江西的创造者，同时是反党的派别和小组织的领袖"。①

参加会议的邓小平和毛泽覃、谢唯俊、古柏四人，听后愕然不已。他们自己也搞不明白，怎么一下子竟从"江西罗明路线的创造者"，又"跃升"为"反党的派别和小组织的领袖"？在台下坐着的 200 多人与会者，更是个个瞪大眼睛，竖着耳朵，惊诧不已。大家都想知道，人们尊重和钦佩的"四大金刚"，是怎样在一夜之间成为"反党的派别和小组织的领袖"的？

且听罗迈在报告中给他们列举的所谓"罪状"吧。

"罪状"之一，是说邓、毛、谢、古"在江西创造了执行了一条反国际的反党的路线"。

什么是"国际的""党的路线"？那就是王明"左"倾领导者们制定的"进攻路线"。"左"倾领导者们认为，当前中国进行的土地革命，已不是民主革命的性质，而是国际反帝运动的组成部分，可以直接由此进入社会主义革命阶段。他们急于将长江南北各块苏区连成一片，急于夺取几个中心城市，急于将苏维埃共和国临时中央政府从"瑞金一隅"搬迁到赣州等中心城市去，以便他们更好地领导中国即将开始的社会主义革命。而邓、毛、谢、古四人都唱反调，认为土地革命运动只能是民主革命性质，党所制定的一切路线、方针、政策与策略，都须与此相适应，而不能超越这个革命阶段，不能在条件不具备的情况下去冒险攻打中心城市，幻想在大城市建立红色首都，去领导全国革命。据此，罗迈断言：邓、毛、谢、古"已经形成了具体的政纲，策略方面，口号方面，组织形式上，全部与党的进攻路线对抗起来"，"组成了一个反党的派别和小组织"。

"罪状"之二，是说邓小平在上海时就"散布对于四中全会后中央领导的不信仰，实际就是反对共产国际和四中全会"；说邓小平到中央苏区后，又在"赣南会议"期间与毛泽覃、谢唯俊一起，附和毛泽东（罗迈的报告未直接点毛泽东的名）"诱敌深入"和粉碎国民党军队第四次"围剿"的主张。

---

① 《斗争》第 12 期，1933 年 5 月 20 日，第 8 页。

　　这一条倒真有其事。邓小平确实对四中全会后王明等人提出的"左"倾路线、方针、政策不满，对王明等人借助共产国际东方部代表米夫等的势力在党中央胡作非为不满。不过，他并没有公开表露过，只是"内心有所震动"、"对王明向无好感"。他的组织观念还是很强的。

　　至于说到"赣南会议"期间附和毛泽东的主张，那也是真的。当时，红军第三次反"围剿"胜利不久，部队亟须整顿、补充，苏区内部也亟须巩固发展。根据这个实际情况，毛泽东力主红军分散到石城、长汀、会昌、于都以及周围各县，打土围，拔白点，清除苏区内豪绅地主武装，巩固根据地，同时让红军部队也得到休整补充。毛泽东分析说，蒋介石绝不甘心第三次"围剿"苏区惨败，必定向苏区发动第四次"围剿"。红军应抓紧有利时机，准备好战场。一旦敌人发起进攻，就采用"诱敌深入"战略，像前三次反"围剿"那样，在根据地内打败国民党军队的进攻。毛泽东的主张，完全正确。在"赣南会议"上，邓小平和毛泽覃、谢唯俊都发言支持毛泽东。王明"左"倾领导者却认为毛泽东的主张是"消极等待"，是"右倾机会主义"。邓、毛、谢、古竟然在党的代表大会上公开支持毛泽东，这还了得？这不都成了毛泽东一派了吗？

　　"罪状"之三，是说毛泽覃、谢唯俊、古柏在四中全会后也多次散布对中央的不满，说"大城市上产生了立三路线，我们苏区的山上，却全是马克思主义"；说毛、谢、古在"赣南会议"前后，公然指责临时中央的领导人博古等是"洋房子先生"，是专门到苏区来"找岔子"的；毛、谢、古甚至还说临时中央的领导是"一派的领袖"；而邓小平则完全附和毛、谢、古的观点。

　　毛、谢、古确实对四中全会后王明等人上台不满。王明等人奉行"左"倾教条主义，自以为是"百分之百的布尔什维克"，轻蔑地指责坚持调查研究、从实际情况出发的毛泽东是"山上的主义"和"右倾机会主义"。毛、谢、古却针锋相对，反唇相讥，毫不客气地讥讽"左"倾领导者是"洋房子先生"，只知呆在大城市中指手画脚，全然不顾苏区的实际情况，结果把许多事情都弄得很糟糕。毛、谢、古说博古等人是"一派的领袖"，可说是一针见血。事实上，王明、博古等人不是狂热地推行教条宗派主义，把凡是与他们意见不相同的人，都一个一个地打下去吗？邓小平旗帜鲜明地赞同毛、谢、古的观点，正说明他坚决拥护毛泽东的正确主张，是真正的马克思主义者。

"罪状"之四，说邓、毛、谢、古"互相通讯，谈话和讨论，所谈的，写的，讨论的，并不是一般的政治问题"，而是与"进攻路线""绝对相反"的策略、口号。

事实是邓、毛、谢、古眼看着"左"倾错误在苏区肆虐，给革命造成的损失难以估量，都痛心疾首。他们都善于独立思考、善于将马克思主义普遍原理与中国的实际情况结合起来，指导工作。他们对"左"倾"进攻路线"发表意见，在党内进行讨论，这是很自然的。他们的目的，就是要为毛泽东讨个公道，要与"左"倾错误进行抗争。

其实，四条"罪状"，没有一条能够成立。它正好说明，邓、毛、谢、古一向就与王明"左"倾错误格格不入；说明他们一直与毛泽东站在一起，对"左"倾错误进行了各种不同形式、不同程度的抵制和斗争；说明"左"倾错误领导者完全容不得党内的不同意见，只要谁稍有异议和反抗，就视其为"反党"，是"派别活动""小组织活动"，必欲置其死地而后快。

对这些无端指责，邓、毛、谢、古当然不服。他们在会上一次次申辩。毛泽覃血气方刚，大声反驳："说我们是反党的派别，有什么证据？这是乱扣帽子！"

谢唯俊也提出严重抗议。

罗迈没想到会遇到如此顽强的对手，火冒三丈，一拍桌子，朝江西省苏维埃政府政治保卫局长葛耀山下令："把他们的枪下掉！"

有人领着呼口号："打倒反党的小派别！"

会场气氛异常紧张。当时曾参加这次会议的危秀英回忆道：

> 当时我负责在会场上倒茶水。不知为什么，省委书记李富春坐在台下角落里，蔡畅大姐站在后面，会上宣布撤销邓小平、毛泽覃、谢唯俊、

古柏等四位同志党内一切职务，还下了他们的枪，让大家上台批判。"

妇女部的邓石香也上台讲邓小平怎么怎么不对，她下台后去上厕所，我跟进去说：石香，你混蛋，我们做妇女工作，跟他们没有工作关系，你怎么可以胡说八道，到台上去摆什么威风（用现在的话讲是出什么风头）。石香不服，一拳打过来，我们俩当场就要打起来，蔡大姐听到后，把我拉出来说，秀英，不要乱说，要杀头的。我那时年轻气盛，只觉得石香不该胡说。会议结束后，邓石香被调到中央组织局工作。但没得多久，她又回到县里去了，我在省里见过她一面，她告诉我说，有些事看不惯。以后我再也没有见到过她。①

危秀英是瑞金叶坪人，6 岁时被卖到兴国县高兴圩当童养媳。1930 年参加革命，后来当了兴国县妇女生活改善委员会主任，1933 年 3 月调到省委妇女部当干事。她是从基层来的同志，了解情况。她对批邓、毛、谢、古十分不理解。参加会议的许多人，也像危秀英那样困惑，不过迫于当时的形势，没人敢说出来。

会议整整开了 7 天。邓、毛、谢、古四人在会上一次次作检查，一次次受批判，也无法辨清曲直是非。他们原先所任的职务，也都被撤销了。

罗迈还严厉地警告说："这里必须警告那些曾经参加过和助长过这种反党的派别和小组织的分子，他们不要妄想在党正在集中火力对付邓、毛、谢、古的时候，用两面派的态度，掩盖自己的错误，布尔什维克的火力，终久是不能躲避的，古柏就是一个最好的榜样呵！"②

罗迈在警告谁呢？俗话说"锣鼓听音，说话听声"，明眼人一听便知：这是在不点名地警告毛泽东。

对此，毛泽东本人曾先后三次提到过这段历史。

①　《女英自述》，江西人民出版社 1988 年版，第 260 页。
②　罗迈：《为党的路线而斗争》，见《斗争》第 12 期。

一次是 1941 年 9 月 10 日在延安召开中共中央政治局扩大会议。他在讲话中说:"一九三三年反邓、毛、谢、古'右倾机会主义'的一篇文章,实际是指鸡骂狗的。当时认为'罗明路线'在福建,在江西,在建黎泰,整个中央苏区都弄成是'罗明路线'。这篇反'罗明路线'的纲领性的文章,认为江西'罗明路线'的主要错误是:(一)取消反帝运动,(二)放弃苏区,(三)富农路线,(四)官僚主义。"[①]

另一次是在 1960 年 12 月 25 日。这一天,毛泽东的部分亲属和身边的工作人员聚集在一起,为他庆祝 67 岁寿辰。毛泽东邀请他们聚餐。席间,他同大家谈话,说:

> 人就是要压的,像榨油一样,你不压,是出不了油的。人没有压力是不会进步的。我就受过压,得过三次大的处分,"被开除过党籍",撤掉过军职,不让我指挥军队,不让我参加党的领导工作。我就在一个房子里,两三年一个鬼也不上门。我也不找任何人,因为说我搞宗派主义,什么邓、毛、谢、古。其实我连邓小平同志的面也没有见过。后来说在武汉见过,但我一点印象也没有,可能见过没有谈过话吧!那时,给我戴的"帽子"就多了。说什么山上不出马列主义,他们城里才出马列主义,可是他们也不调查研究,我又不是生来在山上的。说实在的,我在山上搞了几年,比他们多了点在山上的经验。他们说我一贯右倾机会主义、狭隘经验主义、枪杆子主义等等。那时我没有事情做,走路坐在担架上,做什么?我看书!他抬他的担架,我看我的书。他们又批评我,说我凭着《三国演义》和《孙子兵法》指挥打仗。其实《孙子兵法》当时我并没有看过;《三国演义》我看过几遍,但指挥作战时,谁还记得什么《三国演义》,统统忘了。我就反问他们:你们既然说我是按照《孙子兵法》指挥作战的,想必你们一定是熟读的了,那么请问:《孙子兵法》一共

---

① 《毛泽东文集》第二卷,人民出版社 1993 年 12 月版,第 373 页。

有几章？第一章开头讲的是什么？他们哑口无言。原来他们也根本没有看过！[①]

还有一次就是 1972 年 8 月 14 日毛泽东收到邓小平的信以后作的批示，说邓小平"在中央苏区是挨整的，即邓、毛、谢、古四个罪人之一，是所谓毛派的头子"[②]。

毛泽东的这几次谈话和指示，把博古等人反"江西罗明路线"，批邓、毛、谢、古的真实目的，揭露得再清楚不过了。

"江西党三个月工作总结会议"后，反"江西罗明路线"的斗争在江西全省迅速铺开。随后，宜、乐、崇中心县委书记胡嘉宾等一大批地方党政干部，也受到批判，有些人被撤销了所任职务，致使江西党内人心惶惶。

6. 劳动"改造"时他说："告诉蔡大姐，我在这里吃不饱饭，肚子好饿！"

宁都七里村的批判会结束后，过了 12 天，即 5 月 4 日，设在瑞金的工农红军学校，也召开全校党团员活动分子会议。罗迈劲头十足，又在会上大作反对"江西罗明路线"的报告。为造声势，会上作出了一个决议，题为《工农红军学校党团员活动分子会议关于江西罗明路线的决议》，在第 12 期《斗争》杂志上公布。这个《决议》威胁说："这些同志如果再不彻底纠正其错误，我们建议中央局把他们洗刷出布尔什维克的队伍。"[③]

同时，"左"倾领导者责令邓小平和毛、谢、古三人，写出第二次书面检讨。

"检讨"什么呢？邓小平呆坐在屋里，一支接一支地抽烟，想了大半天，

---

① 毛泽东：《人没有压力是不会进步的》（1960 年 12 月 25 日），载《党的文献》1993 年第 4 期。

② 转引自中共中央文件（中发〔1973〕14 号），1973 年 3 月 10 日。

③ 《斗争》第 12 期，1933 年 5 月 20 日，第 16 页。

也没想出自己有什么好"检讨"的。可是，书面检讨不上交，就别想走出这间狭小的屋子。他只好将自己工作中确确实实存在的那些缺点错误，再次检讨了一遍。至于什么"路线"问题、"小组织"问题以及什么"反党"之类，纯属子虚乌有之事，他根本就不予承认。他在"检讨书"中写道："自己感觉到不会走到小组织的行动，不成严重问题"，"感觉自己是错了，没有什么问题，只是快到实际工作中去"。

毛、谢、古写的"检讨书"与邓小平的一样。

5月5日，正是伟大的革命导师马克思的诞辰。在全世界革命者都在纪念他诞辰115周年的这一天，中国南部的中央苏区，那些自称为马克思主义忠实信徒的"左"倾领导者，却授意中共江西省委作出一个毫无马克思主义气味的决议——《江西省委对邓小平毛泽覃谢唯俊古柏四同志二次申明书的决议》。

从这个《决议》可以看出，博古等"左"倾领导者，对邓、毛、谢、古拒不承认自己的"错误"是多么地恼火。《决议》写道：他们四人的第二次申明书，"与第一次申明书的内容没有任何不同，他们对省委的决议和谈话，只是以外交方式来接受，他们反党的机会主义政纲和小组织的活动并没有在党的布尔什维克火力前面，解除武装，只是在党内残酷思想斗争中不得不暂时偃旗息鼓，而没有根本放弃其小组织的机会主义路线"[①]。

这是一篇"左"得出奇而又值得细细品味其文字的决议。透过其字里行间，我们看到：邓、毛、谢、古不愧为马克思主义者。在炮火连天的战场上，他们可以冲锋陷阵，抛头颅，洒热血；可是面对"左"倾领导者的高压，他们却宁折不弯，绝不向谬误低头认"罪"。共产党人的铮铮铁骨，在这种特殊的斗争场合中，同样充分地显现出来。

束手无策的"左"倾领导者，只好声色俱厉地向邓、毛、谢、古宣布：

---

① 《江西省委对邓小平毛泽覃谢唯俊古柏四同志二次申明书的决议（中央局批准）》（1933年5月5日），载《斗争》第12期。

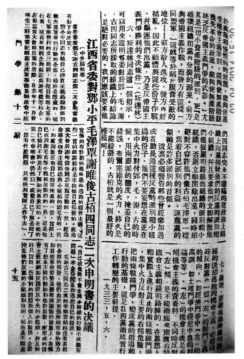

《斗争》第12期刊载的《江西省委对邓小平毛泽覃谢唯俊古柏四同志二次申明书的决议》

一、必须向党作第三次申明书。

二、邓小平同志，必须无保留地揭发他由第七军工作时起经过党大会经过会寻安工作直到写第二次申明书上，一贯的机会主义错误和派别观念，以致派别活动，再不容许有任何掩藏。

三、毛、谢、古三同志，必须向党忠实的从历史根源起彻底的揭发反党的小组织活动和小组织的形成，以及全部机会主义政纲，同时必须采取必要的办法，宣布小组织的解散。

四、四同志在省委所指定的群众工作中艰苦地担负起自己的任务，来表现忠实的为党的路线而坚决斗争！ ①

对上述第一、二、三条责令，邓、毛、谢、古如同以前一样，嗤之以鼻。对第四条责令，他们就无法抗拒了。因为这是宣布：邓、毛、谢、古必须到最基层去接受"改造"。这是一纸"发配令"啊！

邓小平在《我的自述》中写道："斗争后，撤销了我的省委宣传部长职务，给了我以最后严重警告的处分，派到乐安县属的南村区委当巡视员。"

邓小平是1933年5月间从宁都出发去乐安接受"改造"的。从宁都到乐安的南村，300多里路。这一带高山连绵，邓小平走的尽是崎岖山道。初

---

① 《江西省委对邓小平毛泽覃谢唯俊古柏四同志二次申明书的决议（中央局批准）》（1933年5月5日），载《斗争》第12期。

夏时节，天气闷热。没有人给他做伴，他只好子身一人，背负着简单的行装，徒步前往。

南村在乐安县城南面 50 里，当时是中央苏区北部边境，与白区交界。中共乐（安）宜（黄）崇（仁）中心县委机关也设在这里，中心县委书记是兴国人胡嘉宾。

邓小平到南村后，主动前往中心县委机关，拜访胡嘉宾。从前两人都是中心县委书记，但一南一北，见面次数当然不多，见面后却无话不谈。邓小平详细询问了乐宜崇中心县委的工作和边区情况，还与胡嘉宾坦率地交谈自己对反"江西罗明路线"的看法。胡嘉宾也不避嫌，热诚相待。

这期间，正值中央苏区第四次反"围剿"胜利不久，红军主力第一、三、五军团都驻屯乐安、宜黄一带，还在组织围攻乐安城。

邓小平由胡嘉宾陪同，去了一次前方，看望了红一方面军政治保卫局局长李克农和军委一局局长张云逸。李克农是邓小平的老熟人。邓小平在上海任中央秘书长时，李克农在中央特科工作。张云逸是刚刚离开会昌到前方来就任的。李克农招待邓小平吃了一顿午饭，一起作陪的还有钱壮飞、胡底两人。

邓小平被派到南村区当巡视员一事，很快被中共中央局得知。有人说：邓小平不应当放在这个地方，"右倾逃跑主义者"放到前线去，不是更容易跑到敌人那边去？

这样，邓小平在乐安南村区呆了不到 10 天，又被命令返回江西省委机关。胡嘉宾赶紧派人到李克农那里借来一匹骡子，将邓小平送回宁都。

对胡嘉宾的关照，邓小平一再表示感谢。谁知他离开南村区不久，厄运也降临到胡嘉宾头上。他也被打成"罗明路线的执行者""两面派的标本"，受到"左"倾领导者的打击，他的乐宜崇中心县委书记职务也被撤销了。

等待邓小平的是更大的磨难，他被安排到宁都县赖村区石街下乡"蹲点"。说是"蹲点"，实际是乡里一名普通干部。过了一段时间，他又被调回到宁都县城附近的一个乡，命令他在那里接受劳动改造。

落难宁都的邓小平，处境艰难。危秀英有一段回忆，读后令人心酸。她回忆说：

邓小平同志被撤职后，在宁都一个乡里劳动，蔡畅大姐派我去那里了解几个妇女问题。临回宁都时，他对我说："秀英，你要回省委去呀？告诉蔡大姐，我在这里吃不饱饭，肚子好饿。"

我回去跟蔡大姐一说，大姐问，他还说了什么，我说：没说什么了。蔡大姐让我去抽屉里看看还有没有钱。当时，他们每人分二分钱的伙食尾子，一分钱用来交党费，一分钱零用。我一共找出二分，李富春也找出二分。蔡大姐让我上街买二分钱的猪油，其余钱买大蒜、辣椒。东西买回来，蔡大姐炒菜，煮了一脸盆干粮，用禾草捂上，叫我去找小平同志来。叮嘱我们从厨房后门进，我跑回乡里，告诉小平，蔡大姐做了饭，请他去吃。他连声说走走走。我们一前一后进了厨房，蔡大姐叫我到后门放哨。小平同志把一盒饭都吃了[①]。

邓小平在法国勤工俭学时，蔡畅和李富春也在法国勤工俭学，彼此很熟悉。蔡畅比邓小平年长4岁，一直像对待小弟弟那样关照邓小平。邓小平也一直尊称蔡畅为"大姐"。邓小平落难到这种地步，蔡畅打心眼里难过，却又爱莫能助。现在听说邓小平每天参加繁重的体力劳动，连饭也吃不饱，更起爱怜之情。她安排危秀英偷偷地请邓小平吃饭，要冒多大的风险啊？

患难之中的邓小平，得到同志和战友的关怀，感激不已，内心稍稍得到些安慰。

7."谢毛邓古剩小平"

撤职，劳动，对邓小平来说，并不可怕。从立志献身共产主义事业起，

[①] 《女英自述》，江西人民出版社1988年版，第260—261页。

他压根儿就没想到当什么大官，想的只是为人民的解放、民族的振兴作出应有的贡献。至于劳动，他在法国勤工俭学时只有 16 岁，就在一家轧钢厂当轧钢工，每天累得腰酸背痛，还吃不饱肚子，可他硬是挺过来了。现在年轻力壮，在农村参加劳动，又算得了什么？

真正令他痛苦的，是妻子金维映在他危难之时，提出与他分手。

金维映协助邓小平处理完瑞金肃"社党"问题后，被调到于都县任中共县委书记。1932 年 8 月，她又被调到于都县北面的胜利县任县委书记。邓小平与金维映结婚后，俩人感情一直不错。在会昌工作时，他常常抽空到于都去看望妻子。金维映调胜利县后，邓小平也抽空去看过她。

邓小平很重感情，政治上受打击后，希望心灵的创伤能得到妻子的抚慰。当然，他也知道，妻子作为一名县委书记，必须执行中央局和江西省委的决定，在反"罗明路线"、批邓毛谢古这样的"大是大非"面前，县委书记是不能含糊的，毫无疑问必须在政治上与"江西罗明路线的创造者"、自己的丈夫邓小平划清"界线"，否则也将难保"乌纱帽"。对此，邓小平完全理解妻子的处境。他同情妻子，也为自己让妻子受累而难过。他不苛求妻子在政治上也站在自己一边，只希望能得到妻子的理解和信任。对邓小平来说，亲人的抚慰，这时比什么都重要。

他万万没有想到，妻子此时此刻竟然提出离婚的要求。这无异于在他受伤的心灵深处再捅上一刀。

这能怪金维映吗？不能。设身处地想想，金维映当时也确实左右为难。要怪，只能怪泛滥横行的"左"倾错误，棒打鸳鸯鸟，"左"倾错误拆散了这对革命夫妻。其实，被"左"倾错误拆散的又岂止邓小平和金维映这对夫妻？还有许许多多这样的革命夫妻和家庭也被活活拆散。

邓小平不愧是位伟人，泰山崩于前而色不变。他坚持真理，坚持革命，相信真理一定能战胜谬误，中国革命一定能在中国共产党领导下获得成功。只要真理胜了，革命成功了，自己的生命献给真理，献给革命，献给党，也在所不惜，感情上受点委屈，受点折磨，又算得了什么？何况自己还年轻，生活的道路还长着呢。他相信，只要好自为之，失去了的东西，一定能补偿回来。

他毅然提起笔，在离婚书上签上了自己的名字。

不久，金维映被调回瑞金，先任中共中央局组织部组织科科长，后又担任中革军委总动员武装部副部长，兼瑞金扩红突击队队长。因扩红成绩显著，瑞金县被评为扩红模范县，她也受到党中央和中央政府的通报表扬。她参加了二万五千里长征。到达陕北后，1938年她被送赴苏联学习、治病。苏德战争爆发后，于1941年6月殁于莫斯科郊外的战乱之中，时年37岁。这是后话。

毛泽东后来曾经说过：坚持正确路线，要有"五不怕精神"，即不怕杀头、不怕坐牢、不怕罢官、不怕开除党籍、不怕老婆离婚。不知他说这话时，是否也想到了邓小平离婚这件事？

毛、谢、古三人的遭遇，不比邓小平强。

毛泽覃劳动了一段时间，调回瑞金，在苏区互济总会任宣传部长。互济总会是一个群众性的慈善机构，毛泽覃的工作是件闲差，没什么实事干。后来，罗迈将他调到中央组织局工作。1934年10月红军主力突围长征时，毛泽覃被留在苏区坚持游击战争，1935年4月25日牺牲于瑞金黄鳝口红林山区。

古柏被撤职"改造"了一段时间，调回中央，分配到会昌县任扩红突击队长。他虽处逆境，仍不改初衷地坚持实事求是，从实际出发去开展扩红工作，不搞强迫命令。1934年初他的党籍被中共中央组织局开除，后调任中央政府粮食部秘书。1934年10月

邓小平题写碑名的毛泽覃铜像纪念碑

邓小平题写碑名的古柏烈士纪念碑

红军突围长征时，他被留在苏区。1935 年 2 月突围到广东的龙川县，同年 3 月 6 日牺牲于龙川县鸳鸯坑。

谢唯俊下放后一直在乐安县当一般干部，红军主力突围长征前夕才调到红军大学学习，后随中央红军野战军参加长征，到达陕北后在一次战斗中牺牲。

中央苏区反"江西罗明路线"的斗争与反福建"罗明路线"的斗争一样，造成了严重恶果。继批斗邓、毛、谢、古之后，在中央苏区还开展了反对以建黎泰中心县委书记余泽鸿为代表的所谓"建黎泰罗明路线"斗争；在粤赣省开展反对以寻乌县委书记胡荣佳、安远县委书记谢玉昆、信康县委书记胡发鑫、粤赣军区第三军分区司令员游端轩、粤赣军区第三军分区政治委员吕赤水为代表的"机会主义"斗争；在红军中开展反对以闽赣军区司令员兼红七军团政治委员萧劲光为代表的所谓"红军中的罗明路线"斗争。据萧劲光、李井泉在他们的回忆录中所言，当时受打击的并不是萧劲光一人。众所周知的"邓、毛、谢、古"，这是"四大"；还有"四小"，就是萧劲光、陈正人、李井泉、余泽鸿。他们还把当时在军队中的一些政治委员都撤换了。"打击这一大批同志的目的，是打击以毛泽东同志为代表的正确路线，以压制党内、军内拥护毛泽东同志、反对王明'左'倾冒险主义的同志。"[1]就这样，一大批拥护和执行毛泽东正确主张的干部，受到错误打击和批判，被"洗刷"出各级党的领导机关，甚至被杀头丢了性命。相反，一批对"左"倾路线随声附和的干部，被突击提拔到了各级领导岗位。

抗日战争时期，曾与邓、毛、谢、古一起在中央苏区工作过的林伯渠，回忆起江西反"罗明路线"斗争情景，感慨万千，曾悲痛地赋诗一首：

> 偶忆往事便心惊，谢毛邓古剩小平。
>
> 割截无情读八股，江西路线有罗明。

邓小平对这几位患难战友十分怀念。1985年，中共瑞金县委和寻乌县委分别为毛泽覃、古柏烈士建造铜像，勒碑纪念。邓小平欣然命笔，为两位烈士铜像题写了碑名。

邓、毛、谢、古处境艰难，反邓、毛、谢、古的"英雄"们却青云直上。罗迈参加"江西党三个月工作总结会议"后，回到瑞金，立即接替任弼时，担任了中共中央局组织部部长，接着又担任中共中央组织局主任。中共中央组织局是专门负责处理中共中央局日常工作的班子，相当于后来的中共中央书记处。在个人生活方面,他也是一位"胜利者"。金维映与邓小平离婚不久，就与他结了婚。

罗迈后来对反"江西罗明路线"、批邓毛谢古这件事，内疚了一辈子。遵义会议后，他逐渐认识到王明等人搞的那一套是错误的，反"江西罗明路线"也是错误的。延安整风期间，他多次检查自己的错误，得到党和同志们的谅解。直到晚年，他在写《回忆与研究》一书时，仍严于解剖自己。他以沉重的心情写道：

---

[1] 《萧劲光回忆录》，解放军出版社1987年版，第141页。

我错误地认为王明"左"倾路线是正确的,所以我是积极参加了反"江西罗明路线"斗争的。我一次、两次、三次地要他们作检讨。其实,他们并没有真正承认"错误"。江西省委扩大会开完后,我回到瑞金向中央局汇报,中央局批准,我写了一篇文章:《为党的路线而斗争》,公开批评邓小平、毛泽覃、谢唯俊、古柏,说他们是派别活动。我写这篇文章是完全错误的。江西省委扩大会议反所谓"江西罗明路线"是完全错误的。这是我一生中犯的一个大错误。反"罗明路线",无论在福建还是在江西,矛头都是指向毛泽东的正确路线。然而,我当时并没有认识到这是错误的。遵义会议后几十年,我就再没有反对过毛泽东的正确路线了。[①]

君子坦荡荡,知错就改,襟怀坦白,对自己的错误从不隐讳,绝不文过饰非。罗迈不愧是一位久经考验的共产主义战士,德高望重的杰出的无产阶级革命家。他的高风亮节,令人敬佩。

张闻天在反"罗明路线"斗争中虽然积极,但他较早地认识到"左"倾错误的危害,从"左"倾营垒中分化出来,转而支持毛泽东的正确路线。长征初期,他和王稼祥一起支持毛泽东,在党和革命面临生死存亡的关键时刻,促成了遵义会议的召开,为确立毛泽东在党和红军中的领导地位作出了重大贡献。

---

① 李维汉:《回忆与研究》(上),中共党史资料出版社 1986 年版,第 337 页。

第六章

不以物喜，不以己悲，红星依然闪亮

1. 老友相助，担任红军总政治部秘书长

盛夏的一天，正在宁都县乡下劳动的邓小平，突然得到通知，要他收拾行装赶回瑞金。原来，组织上通知他到红军总政治部担任秘书长。

这对落难的邓小平来说，无疑是个喜讯。

是谁在危难时刻拉了邓小平一把？有人说是王稼祥，也有人说是贺昌。

王稼祥是安徽泾县人，比邓小平小 2 岁。他青年时参加学生运动，1925 年 10 月起先后入莫斯科中山大学和红色教授学院学习，1928 年加入中国共产党，1930 年回国后，一直在党中央机关从事党的理论宣传工作。1931 年 4 月，他与任弼时、顾作霖一起，以中共中央代表团成员身份进入中央苏区，任中共苏区中央局委员、常委、中革军委副主席兼红军总政治部主任。他在中共六届四中全会前后曾支持过王明"左"倾错误，但在进入中央苏区后，逐渐加深了与毛泽东的交往。1933 年 3 月，

他在第四次反"围剿"前线负重伤，被送回瑞金治疗。当时曾在王稼祥身边当通讯员的唐继章回忆说：

> 在瑞金，稼祥同志边养伤，边工作。他对王明路线打击排挤邓小平同志很有意见，曾亲自打电话给博古，建议让邓小平任总政代理秘书长，兼《红星》报主编。稼祥同志十分体贴因主编《红星》报日夜操劳的邓小平同志，不久就调我到小平同志身边工作，一直到红军主力长征前夕，才离开他。[①]

贺昌是山西离石人，1923年就加入了中国共产党，曾从事过工人运动，参加过八一南昌起义，在湖南省委、广东省委都工作过，1930年春还担任过中共中央北方局书记。中共六届四中全会上，他被撤销中共中央委员职务。1931年夏进入中央苏区，先后任中共兴国县委书记、红三军团政治部主任，1932年冬任红军总政治部副主任。毛毛在《我的父亲邓小平》书中写道：

> 贺昌在担任中共南方局领导工作时，曾和父亲一起去广西筹备百色起义，后来他们二人在上海时又常常在一起，父亲还在贺昌住的地方搭过铺，两人非常熟悉。父亲这次受到王明"左"倾冒险主义的打击，非但他本人不屈服，周围的同志们也对此很是看不惯。贺昌就对父亲的遭遇十分同情，于是把父亲要到总政来当秘书长，以解脱他的困境。[②]

王稼祥相救也罢，贺昌相救也罢，我们没有必要去详细考证。或许他们两人都为帮助邓小平解脱困境出了大力。反正邓小平再不必像"罪人"一样在农村接受"劳动改造"了。

---

① 唐继章：《在王稼祥同志身边工作的日子里》，载《回忆王稼祥》，人民出版社1985年版，第65—66页。

② 毛毛：《我的父亲邓小平》，中央文献出版社1993年版，第320页。

2. 主办《红星》报，"红星"闪闪亮

"不以物喜，不以己悲"。是为古训。

如同在受到批判斗争、撤职劳动时没有悲伤、没有颓废、没有动摇过自己对共产主义的坚定信念一样，处境好转后的邓小平，也没有因此而欣喜若狂。他只是从内心感激同志们的理解和信任。他想到更多的是，如何珍惜这个来之不易的机会，为党和苏维埃事业做更多的工作。

红军总政治部秘书长这个岗位，当时需做的事情不多，于是他主动请缨去办《红星》报。王稼祥和贺昌同意了他的请求，派他担任《红星》报主编。

《红星》报，是红军总政治部的机关报，是 1931 年 12 月 11 日由中革军委总政治部（1932 年 1 月改称中国工农红军总政治部）创办的。

出版红军报纸，指导红军建设和苏区革命斗争，乃红军政治机关优良传统。早在 1930 年 7 月 28 日红三军团第一次攻占长沙后，红三军团总政治部即于次日创刊了《红军日报》。红一方面军总政治部，也于 1930 年 12 月创办了 3 日刊《红星》报。中革军委在宁都小布成立后，也先后创办了两种红军

瑞金下霄村白屋子中国工农红军总政治部旧址。邓小平在右侧进门第二个房间居住和编辑《红星》报

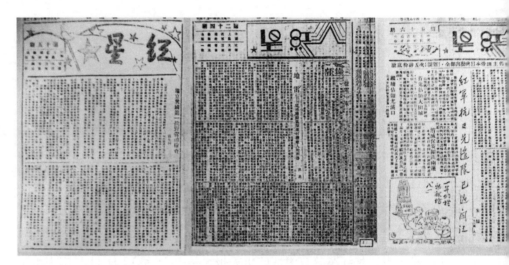

邓小平主编的《红星》报

报刊。红军总政治部继承了这个优良传统，成立后很快就创办了《红星》报。

《红星》报创刊之初，定为5日刊，实际不定期，一般是4开4版，有时出2版或6版到8版，铅印。1933年3月3日第31期起，改为32开油印期刊。

邓小平对办报并不陌生。早在法国勤工俭学时，他就获得过"油印博士"的头衔。在瑞金当县委书记时，又领导创办过《瑞金红旗》报。长期的党务工作和军队政治工作实践，练就了他敏锐的观察思维能力和生动朴实的文字风格。他也非常了解苏区和红军的实际情况，对办好《红星》报，用句俗话说，叫"五个手指捡田螺"，十拿九稳。

邓小平走马上任后的第一个举措，就是将《红星》报恢复成原来的4开铅印报纸形式，并重编期号。他认为，原来的油印期刊式报纸，虽便于携带保存，适应部队频繁的战斗生活，却因出版间隔时间长而不能及时反映部队生活，指导部队建设。恢复原来的4开铅印5日刊，可以缩短报纸出版周期，加大信息量，充实报纸内容，更能适合部队建设需要。

《红星》报创刊时，中革军委赋予它光荣的历史使命："加强红军里的

苏区时在红三军团任营长的张震将军，1999 年 4 月在瑞金参观时，仍兴致勃勃地阅览邓小平当年主编的《红星》报

一切政治工作（党的、战斗员群众的、地方工农的），提高红军的政治水平线文化水平线，实现中国共产党苏区代表大会的决议，完成使红军成为铁军的任务。"

邓小平出色地完成了上述使命。

他将《红星》报真正办成了"红军党的工作指导员"。党中央和苏维埃中央政府、中革军委、红军总部作出的关于军事斗争和红军建设的重大战略部署、战略决策和方针政策，在《红星》报中都得到及时宣传和反映。

他通过消息报道、"最后电讯"、"捷报"、"前线通讯"、"革命战争"等专栏，迅速及时地报道了红军的战斗情况和胜利消息。《红星》报真正成了"一架大无线电台"。1933 年 11 月 4 日出版的《红星》报第 14 期，就以整整两版篇幅，以"中央苏区红军历次战役胜利表"和"中央苏区的游击战争"为题，全面系统地介绍了从 1933 年春到 1933 年 10 月间主力红军和地方武装战斗取得的胜利。它极大地鼓舞了苏区军民的革命斗志。

1933 年秋冬间，彭德怀率红军东方军入闽作战，这是一次重大的战略行动。《红星》报从各个侧面对其作了连续报道。

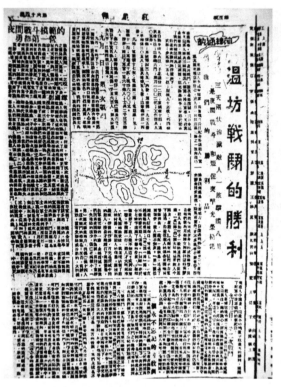

《红星》报刊发的由邓小平编写的《温坊战斗的胜利》一文

对"温坊战斗"的报道，更体现出《红星》报是"一架大无线电台"。这次战斗，发生在1934年9月1日至3日，是由中革军委主席朱德亲自运筹指挥，红一军团和红九军团密切配合进行的。战斗结果，红军歼敌4000余人，缴枪1600余支，红军伤亡却很小。红军自第五次反"围剿"以来，打的都是阵地战，被动应敌，每战均损失惨重。唯独这一仗，运用的是运动歼敌战术，打得主动、漂亮，大获全胜。战后，邓小平迅速约请李聚奎、舒同、耿飚、赖传珠等9位战地指挥员写稿，提供战斗情况，然后将他们的来稿综合整理，写成一篇"前线通讯"，题为《温坊战斗的胜利》，以生动的笔触，向苏区军民报道了这次大胜利，还初步总结了这次战斗的经验教训。

邓小平采用社论、署名文章和开辟"党的生活"、"支部通讯"专栏以及专题报道等形式，从各个侧面全面反映红军党的建设、青年工作、政治工作、群众工作、教育训练、文化娱乐等方面的情况，总结交流经验，指导部队建设。《红星》报真正成了红军"政治工作指导员"和"红军政治工作的讨论会"，有效地促进了红军战斗力的提高。

邓小平还决心使《红星》报成为"一面大镜子"。他在报纸上开辟了"铁锤"、"自我批评"等专栏，揭露红军中存在的官僚主义、消极怠工、贪污浪费、贪生怕死等不良现象，变消极因素为积极因素。《红星》报敢于碰硬，既敢于批评普通干部战士，也敢于批评高级领导干部。

邓小平还将《红星》报办成了"红军的俱乐部"和红军中各种竞赛的"裁判员"。他通过报纸，帮助红军指战员获得了更多的军事知识、文化知识和生活知识，使红军部队中的文化生活更加生动活泼。

翻开《红星》报，诸如"军事测验""军事常识""卫生常识""猜谜""问题征答""小玩意""诗歌""列宁室工作"等专栏，每期都有一些新鲜有趣的内容。如第47期"小玩意"专栏，刊登了4首歌词。

其一，题为《莫走反》：

莫走反，莫走反！
你跑前面白匪站，
不如转身打敌人，
涌入红军更大胆，
千千万万上战场。
五次胜利能圆满！

其二，题为《快打火》：

快打火，快打火！
白匪来了不要躲！
梭标土炮好武器，
游击战争更稳妥，
战争形势万万急，
我不杀敌敌杀我！

其三，题为《为自由》：

由老公，由老婆，
打破封建旧绳索，
心肝妹，心肝哥，
战争胜利欢娱多！

其四，题为《快莳田》：

快莳田，快莳田，
夏耕夏种切莫延，
老幼妇女都记着，
优待红军摆在前，
壮丁齐到红军去，
前方胜利后方收割两相连！

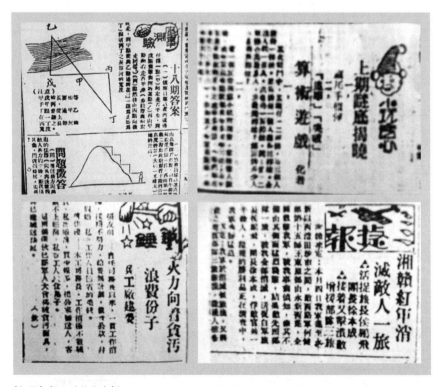

《红星》报开辟的小专栏

辛勤的汗水，浇灌出艳丽的鲜花。《红星》报办出了自己的特色。

它具有很强的思想性、专业性和战斗性。

围绕着将红军建设成强大的铁军这一宗旨，《红星》报注意从政治、思想、军事、文化娱乐等各方面，对红军建设进行指导。邓小平特别注重报纸言论。几乎每一期，他都要编发一篇社论或重要的署名文章。凡涉及红军建设的重大问题，几乎都有社论或文章给以指导。翻开《红星》报，其中未署名的社论，基本上都是邓小平亲自撰写的。

它很注意宣传典型，用先进典型带动红军部队建设。

《红星》报宣传报道的典型中，较为著名的有：1933 年红五月全师当红军上前线的兴国模范师；1934 年 5、6、7 三个月突击扩红模范瑞金县；1934 年 8 月广昌高虎脑战斗中红三军团强有力的思想政治工作；等等。这些典型一经宣传，在苏区引起了强烈反响。

它的版面生动活泼。为使报纸内容丰富多彩，邓小平精心设计出 20 多个栏目，使每一期的版面，都有十几个栏目出现。

文章短小精干，文字生动流畅，通俗易懂，是邓小平办报刻意追求的目标。经过他的编辑加工，最重要的文章不过三四千字，一般的只有几百字，短讯只有几句话，非常适宜处于紧张战斗生活中的红军指战员阅读。

《红星》报辟有"前线通讯"专栏，上面刊登的文章，文字优美，生动形象，特别受红军指战员欢迎。1934 年 8 月，中央苏区曾出版过一本战地通讯专辑，书名《火线上的一年》。这本书，就是邓小平将《红星》报"前线通讯"刊发的近百

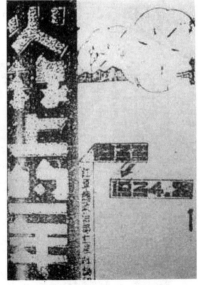

邓小平将《红星》报"前线通讯"所刊文章汇集编成《火线上的一年》一书，在中央苏区出版发行

篇文章汇集成书出版的。苏区军民凡得此书者，均爱不释手，如获至宝。

邓小平办《红星》报，注重图文并茂，巧妙运用插图，既活跃版面，又深化报道内容，增强宣传效果。他写得一手好字，常常亲自为报纸题写标题。他那隽秀的字体与版面中的文章一致，使整个报纸顿然增辉。从 1933 年 10 月 22 日起，《红星》报还加出 32 开本铅印的《红星》附刊，随报附送，不另收费。

为办好《红星》报，邓小平倾注了自己大量的心血。

说是办报，其实人手极少。除他自己是主编外，只有一名通讯员给他当帮手。报纸每隔 5 天出版一期。每期近万字，数十篇文章，从征稿、写稿、编辑加工、版面设计乃至校对，几乎是他一人包干。工作量之大，工作之紧张，可想而知。每天，他都要在菜油灯下工作到深夜。

《红星》报编辑部与红军总政治部共在瑞金下霄村的白屋子里办公，而《红星》报的印刷地点却设在中革军委机关所在的乌石垄村。两地相距约 4 里。每期内容编辑好后，都要从白屋子送到军委印刷厂去。工人们排版后，又要将小样拿回来校对。校稿时，邓小平对每一字每一句都不马虎。翻开每一张

印刷《红星》报的中革军委印刷所旧址

《红星》报，都难得看到有错漏之处。

办报人员虽少，邓小平并不显得吃力。这不仅因为他有充沛的精力和深厚的功底，更因他善于组织和发动广大红军指战员参与办报。

他建立了一支宏大的通讯员队伍。这支队伍共有 500 多人。他们中既有党政机关和红军部队中的各级领导干部，也有在连队基层工作的干部战士。许多通讯员，既是战士，又是战地记者；既持枪杀敌，又挥笔写稿，怎样打就怎样写，写出的文章生动真实。这些通讯员中，罗荣桓、袁国平、彭加伦、罗瑞卿、萧华、张爱萍、向仲华、张际春、舒同等人写得最多。毛泽东、朱德、周恩来、贺昌、博古等人也为《红星》报写过不少社论和文章。

报纸通讯员是办报主力军。邓小平十分注意加强与通讯员的联系，培养和提高他们的写作水平。《红星》报辟有"通讯员"专栏，定期刊登指导通讯员工作的文章。1934 年 8 月 1 日，邓小平以"红星编委"名义，在该报第 56 期第 8 版刊登了一封致红星通信员的信，全文如下：

红星的诞生到现在，已经整整的一周年了。在这一年中，依靠于通信员的努力，对于红军生活的反映与战争的领导上，都起了相当的作用。因此我们谨向本报的通信员致革命的敬礼！

然而，我们的成绩，并不能抹煞我们在通信工作上的严重错误与弱点。我们的编辑部在组织通信员训练通信员的工作上是很坏的。对于通信员的稿件，尚未能很好地去运用，环绕在某一中心任务下，尽可能的采用通信员的稿件，对于没有采用的稿件也未能指示其内容上的缺点和不能登载的原因，这当然是不会提高我们通信员的积极性，改善我们的通信工作的。

正由于我们对于通信员组织工作的薄弱，所以在我们的五百个通信员中，实际参加通信的仅百余人，甚至不少通信员因调动工作的关系，而失去了联络，当然这样的现象也是不能继续的。

正由于我们对于通信员的训练工作很差，所以我们的通信员常有不知如何通信之感，所以许多重要的某一时期的中心问题，不能经过通信员，把下面特别是连队的情形，很快的反映到红星上来，甚至有个别的通信还缺乏真实的内容，这是我们通信工作中的严重现象！

同样的弱点表现在通信的不及时，有的通信材料是在问题发生很久才写的，而且我们一般的通信是偏于说好的例子，或只是打铁锤。用自我批评的态度，说明许多的现象以及部队中提出了些什么办法来解决，这样的通信却是非常之少的。同时我们许多通信，只有头无尾，不能抓住这个问题通信到底，这也会减低我们报纸的领导作用。

至于如何经过我们的通信员去发展报纸的定户，检查发行工作，组织读报工作，即时将群众对红星的意见迅速告诉本报的编辑部，这个工作几乎没有开始。

我们在本报一周年的时候，提出这些错误与弱点，在改善本报的内容，提高本报的信仰与指导作用上，有重大的意义。我们的编辑正努力克服自己对通信工作的错误，要求我们的通信员能以同样的努力，我们的通信员不是第三者，而正是本报的主人翁！

我们向通信员的要求是：

一、每月每个通信员至少给我们两次通信，并力求迅速与实际；

二、担负起组织和领导读报的责任，随时将群众对本报的意见告知我们；

三、假使你调动工作时请快告知我们以新的地址。

同时我们要求各军团（独立师）政治机关，每月负责召集一次通信员会议检查通信工作并给通信员以具体的指示。

我们相信在我们编委与通信员共同努力之下，两岁的红星无疑的要比一岁时更丰满而坚实起来。我们是这样热烈的期待着！

通过这封信，我们似乎望见了邓小平那双对红星通信员寄予厚望的热切而诚挚的眼睛。

我们也体会到了他对工作极端负责，严格要求自己的高贵品质和优良作风。

《红星》报犹如战火中绽开的奇葩，在苏区大地上争芳斗艳，芬芳四溢，受到苏区军民尤其是红军指战员的热烈欢迎。它的发行量，1933 年仅在中央苏区就达 17000 余份，在苏区 100 余种报刊中名列第三，仅次于《红色中华》报和《青年实话》报。

3. "左"倾错误肆虐，苏维埃共和国被迫"大搬家"。邓小平口袋中装着《红星》"编辑部"，沉重踏上长征路

邓小平主编的《红星》报，在中央苏区出版到第 66 期，就暂时停办了。

这不是《红星》编委们的责任，更不是主编邓小平的责任。《红星》报在中央苏区停办，是"左"倾错误肆虐导致苏区第五次反"围剿"斗争失败的结果。

博古等"洋房子先生"们自到瑞金后，完全排斥了毛泽东对苏区党和红军的正确领导。他们的"左"倾错误路线和方针政策，在中央苏区得到全面贯彻执行。

这还不够。1933 年 9 月底，他们又从上海请来共产国际派来的军事顾问李德。这个黄头发、蓝眼睛、高鼻梁的日耳曼人，一到苏区，博古就将红军作战的指挥大权，拱手交给了他，使中央苏区第五次反"围剿"斗争形势越来越糟糕。

广昌苏区失守……

建宁苏区失守……

筠门岭苏区失守……

令人心焦的坏消息不断传来。终于，瑞金也隐约听到四面传来的隆隆炮声了。

邓小平主办的《红星》报，同样弥漫着第五次反"围剿"的硝烟。它不

停地为前线浴血奋战的红军将士们呐喊助威。前线的红军将士，也怀揣着沾满血迹的《红星》报，与敌人肉搏厮杀。然而，这一切都无济于事。尽管《红星》报依然每期都刊载红军胜利的捷报，却掩盖不住血写的事实：红军的第五次反"围剿"斗争失败了。

1934年9月下旬的一天，邓小平坐在窗前，着手编辑《红星》第67期的稿件。突然，他得到紧急通知：《红星》停止出刊，收拾行装，准备战略转移。

邓小平没有惊慌。这个结局，早在他预料之中。他对博古、李德的错误指挥，从一开始就十分忧虑，只是限于处境，不能公开流露出来。他估计到，让博古、李德他们折腾下去，中央苏区早晚会被丢失掉的。不幸的这一天，果然到来了。

这时的瑞金，笼罩着紧张、忙乱而又神秘的气氛。为避敌机轰炸，红军总政治部已从白屋子迁移到瑞金云石山乡的田心村。《红星》编辑部也一同迁到了这里。红军总政治部的领导告诉邓小平：《红星》编辑部工作人员，与红军总政治部一起，随军战略转移，编在中央第二野战纵队。第二野战纵队，代号又叫"红章纵队"。

邓小平的老战友贺昌，与项英、陈毅、瞿秋白等一起留在苏区。贺昌担任中央军区政治部主任，同时任中共中央分局委员。中共中央分局书记和中央军区司令员、政治委员，都由项英担任。陈毅任中央政府办事处主任。他们在主力红军转移后要坚持苏区的游击战争。1935年3月9日，贺昌在率队突围途中牺牲于会昌县天门嶂。

这是整个苏维埃共和国的一次大搬家。博古、李德命令：凡能搬走的东西，包括修造枪炮的机器、笨重的印钞机等等，坛坛罐罐几千副挑子，统统搬走，随军行动。

《红星》编辑部的行装却很简单。邓小平将来不及编发的稿件、一些必要的参考书籍和文房四宝，收拢整理，装入行军挎包，放在马背上驮着。《红星》报原在军委印刷所的印刷机器另外作了安排。他准备在突围转移途中出版

《红星》专号，而行军路上是不可能铅印报纸的，所以准备了两副装蜡纸、油墨、纸张等物资的报箱子，让人挑着行军。他还请求组织安排两个人专门负责刻写蜡纸和油印。

1934年10月10日黄昏，邓小平跟随突围转移的"红章纵队"，从瑞金县梅坑地区出发，踏上了突围转移的漫漫征途。

4. "邓书记，你们会回来吗？"

如血残阳，正落西山。

秋风飒飒，落叶飘飘。

突围转移的队伍，默默地、缓慢地朝于都方向移动。

按预定方案，部队要在于都河北岸集结补充，然后渡过于都河，经安远、信丰、赣县边界，突破设在信丰桃江一线的敌军第一道封锁线，再沿赣粤边境向湖南前进。按李德、博古的预想，整个突围转移的红军野战军，要经湖南突围转移到湘鄂西地区，与红二、六军团会合。

路旁挤满了前来送行的战友和乡亲。

有人从行军队伍中认出了邓小平。他们噙着泪水，高声地喊："邓书记，你们会回来吗？"

邓小平望着蜿蜒行进融没在苍茫暮色中的队伍，望着路旁挥泪送别的战友、同志和乡亲们，无言以答，只是默默地向人们挥手告别。

他心情沉重，思绪万千。

他知道，自己还是个"负罪"之人，现在能跟大部队转移，已经够幸运的了。毛泽东虽然被允许一起突围转移，却仍被排斥在中央的决策圈之外，没有发言权。如此浩大的突围转移行动，由博古、李德等人指挥，将会出现怎样的结局？他不敢设想。他在为苏维埃共和国的前途担心，为红军的前途担心。

为红军前途忧心如焚的，何止邓小平一人？

毛泽东的心情更为焦急。突围转移的队伍还没有走出赣南，他就利用行军宿营的机会，开始谨慎地、耐心地做王稼祥等人的工作。他要从狂风恶浪中挽救中国革命这艘随时可能沉没的航船。

腹部插着导流脓血的管子，躺在担架上被人抬着行军的红军总政治部主任王稼祥，征途中与毛泽东多次深谈。部队过湘江后，望着遭到惨败的队伍，他对李德、博古等人的专横统治，再也忍耐不住了，愤然提出：找个机会，将他们轰下台去！

曾是"左"倾营垒核心人物之一，在反"罗明路线"、批邓毛谢古时挥舞过"令旗"的张闻天，也从残酷的现实中幡然醒悟。他毅然从"左"倾营垒中冲杀出来，转而支持毛泽东。

李、博、周三人团成员中的周恩来，面对现实，也在痛苦地思索着。

于是，在党和红军生死攸关的时刻，遵义会议召开了。李德、博古终于被赶下了台。毛泽东在党和红军的领导地位开始确立。中国共产党和中国革命开始有了自己英明的领袖。

邓小平的命运也有了转变。遵义会议前夕，他离开《红星》报，受命接替邓颖超担任中共中央秘书长，接着，作为工作人员参加了遵义会议。此后，他以中央秘书长身份，多次参加中央政治局会议。

红军长征过草地时，邓小平调任红一军团政治部宣传部部长。

1936年夏，邓小平升任红一军团政治部主任。

毛泽东认为邓小平是个人才。1937年这一年之内，毛泽东连续三次推荐邓小平担任重要职务。红军总政治部副主任、八路军总政治部副主任等重任，相继落在邓小平肩上。

1938年1月，邓小平担任八路军第一二九师政治委员。

此后28年间，邓小平走过了从师政委到中共中央总书记的辉煌历程。

可是，谁也没有料到，1966年开始的一场"史无前例"的灾难，这位总书记一下子竟然成了"党内第二号走资派"，第二次被打倒，从"座上宾"变成了"阶下囚"！

中篇 →→→→ 在望城岗的日子 →→→→

第七章

望城岗 "将军楼" 的神秘住客

1. 林彪的 "第一号令" 将邓小平夫妇逐向江西

邓小平原是中共中央政治局常委、中共中央总书记、国务院副总理。"文化大革命"一场灾难，使他和刘少奇成了党内最大的"走资派"，被"炮打"、"火烧"、"罢官"、隔离、审查。

1969 年 10 月 17 日，刚在中共"九大"上当选为中共中央委员会副主席的林彪，以中苏边界紧张为由，在苏州作了《关于加强战备，防止敌人突然袭击的紧急指示》。10 月 18 日，总参谋长黄永胜等将此作为"林副主席第一号令"下达，宣布全军进入紧急战备状态。根据林彪的"第一号令"，北京大批机关、学校人员疏散搬迁到外地。为配合战备需要，中央决定将一些原中央领导，也包括"文革要犯"疏散到外地。其中：

朱德、董必武去了广州；

叶剑英去了长沙；

陈云、王震去江西；

聂荣臻、陈毅等到河北；

刘少奇被送往开封；

陶铸被送至安徽合肥；

邓小平自然在紧急疏散之列，被安排到江西。

周恩来总理负责老干部的疏散安排工作。他对疏散离京老干部的安全十分担心，连续不断地给各地打电话，提醒各省负责人要妥善安排好这批老干部。

邓小平和陈云、王震都被安排去江西。周恩来知道，江西省革委会主任程世清是紧跟林彪的，如果不具体地作出指示，去江西的三位老同志就会受到迫害，何况邓小平还是戴着"党内第二号走资派"的帽子下去的。

1969年10月18日林彪"第一号令"下达的当天，周恩来拨通了江西省革委会办公室的电话。接电话的是办公室主任程惠远。周总理有策略地问明了他的身份，了解到他并不是林彪线上的人，便如释重负地说：中央决定，中央首长要到下面去蹲点，接触实际，适当参加些劳动，向群众学习。到江西的有：陈云同志，有一个秘书和警卫员跟着；王震同志是夫妇俩人，他是全家去。他和你们比较熟悉。……他年纪大了，劳动也不行了。因为从北方一下到南方不习惯，望你们适当注意他们的生活，吃住是他们自己花钱，房钱不要太贵了。他们住到你们那里要很好地帮助他们。他们都是60多岁的人了，身体都不好，你们要帮助他们。

紧接着，周总理又具体布置了有关邓小平的安排，说：邓小平夫妇也要到江西去劳动。毛主席不是在九大上说过吗？邓小平的问题和别人不同，他下去是劳动锻炼，当然这些人不能当全劳力使，已是60多岁的人了，身体又不太好。收房费也要照顾一下。

程惠远接听周总理电话后，深知责任重大，也深深为总理在"文化大革命"这种特殊环境中对干部、对战友无微不至的关怀所感动。他立即将周总理的电话记录分送有关负责同志。与此同时，也有别的人打电话给程惠远，传达了林彪的"第一号令"，说：从北京疏散下来的"走资派"，在江西接受监督劳动，不日即到江西。程惠远深知斗争的复杂性，但又必须向程世清汇报。

程世清对执行林彪的命令是十分积极的，但慑于周总理的威望，不敢不执行周总理的指示，所以当即作出决定：我们坚决拥护中央的决定，坚决执行总理指示。在谈了对陈云、王震的安排后，程世清准备将邓小平夫妇安排在赣州。

周总理得知程世清要将邓小平夫妇安排到赣州，立即指示说，把邓小平安排在赣州不合适，那个地方离南昌市太远，是山区，交通不便利，条件很差。他已经是六十几岁的老人了，得个病怎么办？还是安排在南昌市郊为宜；并指示说要保证邓小平的安全，应该给他安排个两层小楼，楼上让他们夫妇住，楼下工作人员住。最好是独房独院，又能散散步，又安全……

总理的指示这么详细、具体，江西省委、省革委会领导讨论了老半天，也没有找到一个适合邓小平夫妇居住和劳动的地方。于是，只好等北京来人再作决定。

2. "将军楼"来了神秘住客

1969 年 10 月 22 日，邓小平、卓琳按照中央安排，被迫离开居住了 15 年的中南海含秀轩，前往江西。邓小平考虑到自己的继母夏伯根年老体弱，孤身留在北京生存困难，要求带着她同往江西，获得批准同行。他们的子女大都被下放到农村或疏散到外地去了，大儿子邓朴方胸部以下瘫痪还住在三〇一医院，只有二女儿邓林从乡下赶回来送行。邓林后来回忆当时的情景说："分离的时刻，我们不能叫一声爸爸、妈妈，不能和他们说一句话。看着爸爸、妈妈凄凉、无助的身影，心里难过极了！我有多少话想对他们说，哪怕只说一声：'爸爸、妈妈多保重！'可我什么都不能说，连哭都不能哭。我强忍着不让泪水掉下，扭过身去，不敢再看那离别的场面。""我陪着三位老人坐在一辆吉普车上。汽车呼啸着驶出了中南海。天空阴沉沉的，路程好像很远，很远……""我独自面对这三位即将远行的年迈的亲人。我哭了。妈妈和奶奶都哭了。爸爸依旧沉默着。""爸爸在危难面前，在痛苦面前，那么刚毅、顽强。他不屈服，不动摇，不回头；不哭泣，不抱怨，不诉苦。沉默着，却是高昂着头，承受着一切！"

邓小平就这样怀着深深的忧虑被赶出中南海，由中央"邓小平专案组"两个人护送，坐上了去江西的飞机。

当天，邓小平、卓琳和继母夏伯根乘坐的飞机降落在南昌市郊的向塘机场。

江西省革委会将邓小平一行人安排住在省革委会第一招待所（滨江招待所）。随同来赣的"邓小平专案组"二人由省里人员陪同，当日便开始为邓小平夫妇寻找居住和劳动场所。他们在南昌市转了两天，看了几个地方，都觉得不合适。第三天，他们来到南昌市郊新建县望城岗的福州军区南昌陆军步兵学校，看了原步校校长住的小楼，还有一个离步校二三里的新建县拖拉机修配厂，觉得这里挺合适。于是，就决定将邓小平夫妇安排在这里居住和劳动。

10月26日下午4时许，邓小平一家三人乘坐汽车前往居住地——原福州军区南昌陆军步兵学校。一同前往的还有江西省军区选派的管理秘书兼警卫黄文华。车驶出招待所进入八一大道（今阳明大道）。透过车窗，邓小平看到了大道两旁重重叠叠的大字报，自己的名字被惯用的符号涂抹着。这个曾经向国民党反动派打响第一枪的革命历史名城如今被乌烟瘴气笼罩着。汽车开出八一大道，驶过八一大桥，大约20分钟之后，南昌陆军步兵学校便到了。

南昌陆军步兵学校建在新建县望城岗，此处因地势较高，能鸟瞰南昌城，故名望城岗。步入校内，主干道两旁那高大的梧桐，给这座军校平添了许多威严和肃穆。原步校校长徐光友是解放军少将，他住的小楼被称为"将军楼"，位于办公楼后侧的一个小丘上。楼前几棵高大的桂花树，使小院变得青翠而温馨；小院外面是由高大的绿色冬青树环绕着的围墙；冬青树里面还有一层竹篱。这里的寂静与城市的喧嚣形成鲜明的对比，被软禁了多日的邓小平夫妇也顿感轻松了些。"将军楼"是一幢灰色砖木结构的两层小楼，邓小平夫妇被安排住在楼上，秘书兼警卫黄文华和另一名战士住在楼下，邓小平的继母

邓小平在江西新建县望城岗居住的"将军楼"

夏伯根也住在楼下。当时的江西省革委会对邓小平规定：不许随便外出；不许与外人接触。为保护邓小平的安全，也为监管邓小平，江西省保卫部安排一个班士兵在"将军楼"周边暗中警戒，在"将军楼"门口也安排有两名岗哨警卫。邓小平住在这里，实际仍然处于被"软禁"状态，成了"将军楼"的神秘住客。

3. 工人们决心百分之百确保邓小平安全

邓小平、卓琳是被放到江西"劳动锻炼"的。他们的劳动地点——新建县拖拉机修配厂，地处望城岗的省庄村，距离"将军楼"约一公里。这个修配厂的前身是一个拖拉机站，工人不足百人，专门修理拖拉机等农业机械，主要生产一些零配件。

周恩来总理对邓小平在江西劳动期间的安全提出了特别要求。江西省委、省革委会领导不敢大意。邓小平的劳动地点和住所确定下来后，江西省革委会副主任陈昌奉以及办公室主任程惠远便专程到新建县拖拉机修配厂，向厂革委会主任、党总支书记罗朋布置任务。

陈昌奉曾是毛泽东的警卫员，深知在这种情况下首要的是安全，因此到了厂里便开门见山，加重语气对罗朋说："你是厂里的主要负责人，现在省革委会经过研究决定，把一项重要任务交给你们厂。"

罗朋马上紧张起来，问："什么任务？"

陈昌奉说："中央决定把党内第二号走资本主义道路当权派邓小平放到江西劳动。省革委会决定把他安排在你们厂。具体任务有三项：一、确保安全，不是百分之九十九，而是百分之百的安全。他进了厂区，由你们负责，主要由你负责。如果在厂里出了事，首先唯你是问。邓小平不仅在国内有影响，而且在国外有影响。同时怕造反派揪斗他，怕坏人把他弄掉、弄死。如果出现这种情况，那就要你的脑袋。总之，毛主席、党中央什么时候要邓小平这个人，我们就要完好地交出。二、车间的劳动由你们安排，每天三四个小时。三、关于如何对待问题，中央对他未作什么决定。至于称呼，既不叫同志，也不叫名字，就叫一个姓，叫老邓。"最后，陈昌奉又特别强调："邓小平在此劳动，你们工厂知道就行了，不能告诉家属，要保密。有什么事，直接到保卫部找我。"

陈昌奉的布置严肃而认真，之后，他立即赶回市区，因为他还要与军区选派的管理秘书兼警卫黄文华谈话。在谈话中，陈昌奉明确地告诉黄文华，他的主要任务：一、安排邓小平一家的生活；二、保卫邓小平的安全，劳动要跟着他去，还要监督一下他的学习，实际上就是邓小平的管理秘书。

邓小平在"文化大革命"前是党的总书记，虽说被打成了"走资派"，但是并没有被开除党籍。放到江西新建县，这对新建县委来说，是一件关系重大的事。因此县委书记召开了常委会议，做出了几项规定：

一、邓小平去劳动的地方大家要保密，绝对不能出问题。

二、不要去干扰这个厂，不能你去他也去，更不允许造反派去揪斗。

三、生活上要照顾，县有关部门见了有"黄文华"落款的条子，需要什么东西就给什么东西，特别是副食品之类的东西，不能拒绝，这是纪律。

四、黄文华是省军区和革委会派到邓小平身边的管理者，今后任何人不要干扰邓小平，有什么事情一定通过黄文华，不许乱来。

省委、县委对邓小平的安排作了原则的指示，具体地执行和实际确保"老邓"安全的任务，落到了新建拖拉机修配厂领导人身上，落到了党总支书记罗朋的肩上。

凑巧得很，罗朋竟是20多年前邓小平的老部下。他是广东人，1938年赴延安参加革命，1939年入党，新中国成立后曾在公安部武装民警局任副局长。1959年因对"大跃进"、"人民公社化运动"提出过意见，在反右倾时被错划成"右倾机会主义分子"下放到青海省劳动。1962年调到江西，任江西蚕桑垦殖场党委书记。"文化大革命"时被作为"走资派"再次被打倒。"解放"出来后，调到新建县拖拉机修配厂任党总支书记兼革委会主任。罗朋在1945年担任晋冀鲁豫军区政治部教育科副科长时，多次聆听过刘伯承、邓小平的报告，对刘、邓首长十分爱戴。他万万没有想到相隔二十几年后会在这样的境遇中与邓小平老首长相逢。罗朋下决心要保护和照顾好邓小平夫妇。

接受任务的第二天，罗朋就与班子成员一起开始布置"防范"措施。他干过公安，知道保密是安全的最大前提。"邓小平要来"的消息，只能限于本厂，切不可向外泄露，否则就容易出麻烦。他召开全场职工大会，宣布了"邓小平要来"的消息，严格规定全场职工百余人谁也不能泄露，对老婆孩子也不能说，谁传出去就要严肃处理；还决定成立一个党员保卫小组，做好防范保护工作。当时，厂里有一位谁也惹不起的"造反派"，凑巧就在邓小平来厂劳动的前一天，这家伙竟然自己惹出了一件严重政治事故，罗朋抓住机会迅速将他调离了新建县，为确保邓小平安全清除了一个重大隐患。

这期间，新建县一位颇有身份的人可能已经得知邓小平要来厂劳动的消息，特意跑来厂里召开职工大会，在作报告时大批特批"刘邓修正主义路线"，并要工人提高警惕，要厂领导班子严厉监管邓小平。罗朋不好正面与此人顶牛，暗下决心：你说你的，我干我的，说什么也必须保护邓小平的安全。

将邓小平安排在哪个车间干活，才更有利于确保邓小平劳动时的安全呢？罗朋思来想去，决定将邓小平安排到厂党总支委员陶端缙负责的修理车间。他对老陶说："老邓放到我们厂来劳动，我们这里劳动条件和安全条件都差，你在车间是直接管理的，一定要认真负责，每个人的思想工作都要做好，要有可靠力量，这对保护好老邓有利。一位老人和工人一起劳动是困难的，你一定要处处关照他。政治上一定要设法消除他精神上的压力，我讲的设法就是要动脑筋，不要热在表面上，要多做细致工作，要有一批有觉悟的同志自觉爱护和关心老邓。生活上尽力让他觉得方便，让老邓自己感到和大家在一起放心，心情舒畅。在一些小事上也不要大意，比如喝水、洗脸虽是小事，可对老人来说是大事，比如要配个电扇，让他劳动时凉快一些。这里的条件对这位特殊的老人来说已经是够苦的了。你千万不要出差错，一定要知道坏人还是有的，出了差错你我都要受处分不说，而保护老邓的事情就要受挫折。"陶端缙掂出了肩上担子的分量，表示说："记住了，走进车间一切由我负责！"

为给邓小平夫妇在厂里劳动创造一个舒心、平静的环境，罗朋带着大家以打扫环境卫生为由，将厂里原先到处张贴的"打倒刘邓"等内容的标语和大字报，清理得干干净净。他们还专门腾出了一间房子，供邓小平夫妇劳动休息时使用。

一切准备妥当，就等邓小平夫妇来到厂里。

第八章

修配车间的老钳工

1. 初进车间

邓小平一家住进"将军楼"后，三位老人忙活了好些天，才将家基本安顿好。没顾得上好好休息，邓小平便于1969年11月8日对负责监管的黄干事提出："明天去劳动吧！"

黄干事说："好。"

邓小平问："几点？"

黄干事："八点半。"

邓小平说："好。"

为了便于劳动，邓小平和卓琳准备了深蓝色的卡其布中山装和军用胶鞋。11月9日这天邓小平夫妇早早用过早餐后，就走出"将军楼"，由黄干事护送着前往新建县拖拉机修配厂。厂领导将邓小平夫妇带到了陶端缙的修理车间。

给邓小平安排干什么活，心细的车间主任陶端缙颇费心思。后来他回忆说："当时邓小平是戴着全国第二号走资派的帽子到这里来的，可上面叫我保证他的安全。我是工人，我不管那么多，

邓小平在新建县拖拉机修配厂劳动的修理车间

既然是来劳动，又是 60 多岁的老人了，分配点轻活，能干多少干多少，这不犯法。于是我便对邓小平说，我们修理车间有 4 个班，其中 3 个班是修理班，一个是电工班。您就清洗清洗零件吧。"在陶端缙看来，清洗零件是个轻活。

邓小平点点头，迅速挽起袖子，把要擦洗的零件泡在盆子里，一个一个认真清洗起来。邓小平毕竟是 60 多岁的人了，再加上有腿病，蹲久了，双腿开始麻木，身子直起来很困难。陶端缙很快发现了这一情况，很内疚地赶快上前扶着邓小平坐到椅子上，商量着问：

"老邓，您的眼睛怎么样？"

"还行。"

"那以后您就看看图纸吧。"陶端缙想到看图纸省力气，也可以坐着。

"看图纸恐怕不行，线太细，看不清楚。"

"那您锉锉零件吧。"

"这个要得。"

"这可是个体力活。能行？"

"50 年前我干过钳工，累点没关系，可以出出汗。"

干什么活的事，就这样定了下来。卓琳是女同志，陶端缙安排她在电工班帮助拆拆电线头之类的轻活。

2. 钳工手艺"蛮结棍"

钳工活，对于邓小平来讲并不陌生。早年他到法国勤工俭学时就干过这个活，钳工手艺就是在雷诺汽车厂学的。车间主任陶端缙将邓小平的工作台安排在一个既安静、干扰少，又便于安全保卫的车间一角。邓小平来到工作台前，安上加工的零件，拿起锉刀，便一板一眼地干了起来。

陶端缙看他一招一式都很内行，便连连称赞："蛮结棍，蛮结棍！"

"蛮结棍"是南昌方言，意思就是蛮不错的意思，但邓小平听不懂，便问："你说啥子呀？"

陶端缙回答："我是讲您的钳工手艺不错。"

邓小平笑了，他想起了在法国勤工俭学的事。那是 1920 年秋，邓小平怀着"勤工俭学，学成回国"的愿望到法国。但是在那里做一个月的苦工赚的钱有时连饭都吃不饱，还要倒贴一百多法郎，因此求学的愿望就难以实现了，只好做工。

他做过扎钢工、钳工等杂活，饱尝了生活的艰辛。女儿毛毛说："资本家的压榨，工头的辱骂，生活的痛苦，使他本来十分单纯的心里，受到了不小的震撼。"这震撼使他认识了资本主义，了解了工人生活的状况，为他日后成长为一个革命者奠定了思想基础。在法国勤工俭学期间，他结识了周恩来、李维汉、王若飞等一批先进青年，接触到了一些马克思主义的书籍，思想逐渐发生了变化。1923 年，他在法国加入了旅欧中国共产主义青年团，成为一个马克思主义者。1924 年转为中共党员，从此成为一名职业革命家。但是半个世纪后，邓小平又从一个职业革命家成为一个钳工，又重新干起了他旅法时干过的活计。

车间分配给邓小平的活主要是加工拖拉机上的轮带螺丝。他的活干得精

邓小平在新建县拖拉机修配厂修理车间使用的工作台和工具

到，厂里的工人们赞叹说，起码够个四级钳工。但是邓小平觉得自己还是手生疏了，因此在劳动中非常注意向工友学习，钳工技术也在工人们帮助下日益娴熟。

有一次，车间分配邓小平修理拖拉机的花键轴。花键轴上面有6个瓣，有套子，不标准，老对不上。工人梁永刚发现了，便走上前来告诉邓小平该怎么锉，并示范了一个给他看，结果套上去，试了一下，对上了。邓小平说："好！我来试试看。"结果干起来顺当多了，速度也快多了。邓小平高兴地说："还是熟能生巧。"梁永刚每逢说起此事都很激动。他说："老邓能打仗，又会管理国家，又会做工，对工人又那么平易近人，我们打心里佩服和敬重。这样的人窝在这里真是太可惜了。"

现在，原新建县拖拉机修配厂修理车间成为人们了解邓小平、了解"文化大革命"动乱岁月的好场所。厂里建起了一个陈列室，邓小平在修理车间劳动的成品、使用过的工具，都陈列在那里，件件物品都在向人们诉说着邓小平的故事、邓小平的品格。

3. 老邓尊重工人，工人爱护老邓

邓小平把劳动当作可以锻炼身体和意志的途径。他很尊重工人，每天到车间以后，总是很有礼貌地与工人打招呼，之后就埋头干活。车间主任陶端缙说："邓小平与工人在一起，冬天顶着刺骨的寒风，从不迟到，从不无故请假。进车间必问'同志们好！'走时必说'明天见！'对工人很尊重。我们心想这么大年纪了，能做多少就做多少。可他不，是真干、真劳动。每天一到车间脱下外衣卷起袖管便干，很少说话。虽说这种活劳动强度不是太大，但他经常干得满头大汗。毕竟是近70岁的老人了。师傅们劝他休息，他说：'出出汗好！'工人看到老人家这样，很是同情，更加尊重，因此我们也更加处处关心他的安全，尽量为他提供方便。这不仅是出于厂领导的指示，而是发自内心。"

邓小平夫妇在厂里确实得到干部职工们的真诚爱护。厂党总支书记、革委会主任罗朋，不仅对邓小平在修理车间的劳动生活作出精心安排，平时也处处留心关照。邓小平到厂里后，他就悄悄地对邓小平说："我在晋冀鲁豫军区工作过，曾是你的部下。"言下之意，他对邓小平仍怀有部下对老首长的敬仰之情，请邓小平放心。邓小平听了以后微微地点点头，脸上露出了不易被人察觉的微笑。邓小平问："这个厂有没有红卫兵？"罗朋告诉他："厂内老工人多，一心搞生产，没有红卫兵。你劳动的车间也是老工人多，他们都很守纪律，你在这个车间劳动可以放心，不要太累了，要多注意休息。"罗朋还对邓小平说："有间房子在我对面，原来是办公室，现在专门腾出来给你们用。劳动累了，或者不舒服时就到里面休息。我在对面，有什么事要我处理就及时联系。"邓小平对罗朋的关照暗自感谢，内心得到些许抚慰。

一天，有几个人在厂子周围转来转去，鬼鬼祟祟地问工人："听说邓小平在你们厂劳动？"工人回答说："不知道。"工人的敏感性很强，回厂后马上将这一情况向罗朋汇报。罗朋立即召开了厂保卫小组会议，说："最近有些来历不明的人在打听邓小平的下落，要提高警惕。绝对保证邓小平的安全，这是总理的指示，要把它作为政治任务不折不扣地执行。保卫小组的人回去一定要告诉工人，不管什么人问邓小平的下落，一句话，不知道。这是一条纪律，任何人不得违反。"

但是，要做到绝对保密是很难的，尤其是对当地的造反派保密，就更困难了。有一天，突然开来几辆大汽车，车上站着耀武扬威的造反派。领头的跳下车，气势汹汹地说："我们要见邓小平！"

"你们不能进！"把门的老党员站在车前理直气壮地说。

"你算老几？邓小平是全国第二号走资派你们还要保护他，你们的立场站到哪里去了！"造反派头头不可一世地说。

造反派与门卫短兵相接的情况很快有人报告给了罗朋。他闻讯赶来斩钉截铁地说："没有江西省革委会核心领导小组和省革委会保卫部的指示，任何单位的汽车，都不能进厂。"

"你们这是包庇刘邓资产阶级司令部，是严重地丧失立场！"造反派有恃无恐地吼叫着。

"保护邓小平的安全是周总理的指示；不准任何人揪斗邓小平是省革委会领导小组的明确规定。如果你们要揪斗邓小平，就拿出省革委会核心小组的证明信。没有证明信口说无凭，什么人来，我也不能交出邓小平。我这是执行上级的指示，没有错！"罗朋毫不退让。

造反派灰溜溜地走了。但是他们并不死心，又通过新建县革委会副主任、原江西师范学院井冈山战斗兵团和江西省大中学校红卫兵司令部的一位头目，联系揪斗邓小平。这位副主任摆出一副对任何人、任何规定都不屑的气势，带着人马向修配厂奔去。他不顾门卫的阻拦，硬闯进了工厂，闯进了车间。车间主任陶端缙急忙上前阻挡住他。这位副主任哪把这小小的车间主任放在眼里，二话不说就硬要往里冲。陶端缙后来说："我当时真是紧张，我是立了保证的，老邓在车间一切由我负责。我再回头看看邓小平，只见他很镇静，仍然在那里一板一眼地锉零件，毫不慌张。真不愧是见过大世面的。"

富有经验的罗朋马上赶到车间沉着应对。他以要向省革委会领导小组打电话汇报为由，把这位副主任引到了办公室。这位副主任虽觉得理屈词穷，还是嘴硬地说，你打吧，揪走资派没有错！罗朋给县委书记和省保卫部陈昌奉汇报了此事。

这位副主任率人揪斗邓小平的计划破产了。新建县委请示省里同意，给擅自闯进厂里干扰邓小平正常劳动的副主任以纪律处分。

工人从邓小平危难之际处变不惊的大将风度中，感受到了伟人的气质。他们对这位身经百战，运筹帷幄的邓小平又增添了几分崇敬和热爱。与这种敬仰相伴而来的是对邓小平安全的更好关照。

罗朋对邓小平的保护，不仅有主见，有魄力，而且十分注意方法。他发现管理秘书坐在老邓身边，气氛很不好，显得较为紧张，因此便对车间主任陶端缙说，黄文华之所以这样做，是因为他不了解我们，所以就不放心我们。我们要让他了解，让他放心，这样才能合作好。要让老邓松快工作，必须做好黄文华的工作。为此，罗朋与老陶商量，在全厂开展学习活动，请黄文华搜集学习材料，谈学习心得。这样，既可以将他从老邓身边调开，又可以调动他的积极性。实践证明，这种做法很好，增加了黄文华与厂里的相互信任，彼此之间说话也随便了，消除了你怕我、我怕你的紧张气氛，对保护邓小平起到了很好的作用。

工人们还通过生活上的一件件细小事情关心邓小平。

邓小平刚到车间的时候，一天快下班时，一位工人给他送来了半桶热水，说："老邓，洗洗手吧！"说着还把肥皂递给他。邓小平将手泡在温水中，顿时一股暖流涌上心头。

车间主任陶端缙特地在车间边上新建了一个小便池，一方面是为不让邓小平走太远的路，另一方面是防止造反派的纠缠。小便池修好后，邓小平很高兴。为保证便池清洁，陶端缙经常去洗刷。他说："老邓是党和国家的领导人，我们这里条件差，但是弄干净是我能做到的。委屈了他老人家我心里不安。"为了确保邓小平劳动的安全，陶端缙每天都要提前20分钟上班、晚20分钟下班，为的是把邓小平工作台的周围检查一遍。他说："万一有人安放炸弹，就先把我炸死。"

1970 年 6 月，邓小平到新建拖拉机修配厂劳动之后迎来了第一个端午节。江西人向来看重端午节吃粽子。和卓琳一个班组劳动的工人程红杏是个细心、热情的姑娘。她知道卓大姐不懂得包粽子，便对卓大姐说："你家过节的准备工作由我包了。"她说到做到，前往菜市场购买了包粽子的糯米、红豆等食材，来到"将军楼"。她帮卓大姐淘洗好糯米、红豆后，便拈起一片粽叶耐心地告诉卓大姐如何卷粽叶，如何装米，如何包扎，一边讲一边示范。小程包粽子动作娴熟麻利，卓琳一边称赞、学习，一边给小程讲端午节的来历，讲楚国伟大的爱国诗人屈原的故事，整个"将军楼"顿生欢乐的节日气氛。待邓小平从菜地劳动回屋时，"将军楼"已经散发出阵阵粽子的清香。

4. 特殊的"小道"、"救护车"

在望城岗"将军楼"与新建县拖拉机修配厂之间，有一条"小道"，是拖拉机修配厂工人专为方便邓小平、卓琳上下班行走而开辟的特殊小道，现在人们都称之为"小平小道"。

拖拉机修配厂与邓小平夫妇居住的"将军楼"虽相隔不远，但中间隔着一片田垄。邓小平夫妇到拖拉机修配厂上班，从"将军楼"出来要上大马路，中间还要经过一个长途汽车站，需要行走 40 多分钟才能到达厂里。这不仅让两位老人多走路，而且很容易遭造反派或居心不良者半路堵截，增加不安全因素。厂领导罗朋和车间主任陶端绪经过察看，发现可以在他们居所靠田垄一侧的围墙中间开个小门，从这里出来沿山坡走田间小道到工厂。这条小道虽然难走，但可缩短距离，又因偏僻不引人注意，利于邓小平的安全。他们向邓小平的管理秘书黄文华说了这个意思，得到黄文华的同意。于是，工厂便组织工人很快开辟了这条小道。

走小道上下班，路是更近了，却不平坦，尤其是下雨天更是泥泞难走。一次，邓小平不慎被坑洼不平的路面绊倒，卓琳赶紧上前扶起。邓小平摆摆手，连说"不要紧"，又继续前行。

工人师傅们听说邓小平跌倒了，心中很是不安。厂领导与工人们商量将小道整修一下。大家提出可以搞些煤炉渣铺设在路面上，这东西家家都有。于是，工人们有的用脸盆装，有的用铁桶提，都把家中的煤炉渣收集来，送到小道上。很快，整条小道都铺上了煤炉渣。工人们又找来洋锹、铁铲

工人们为方面邓小平夫妇上下班修建的通往"将军楼"的小道

拍打路面，使小道更加平整、结实。从此，邓小平夫妇每天相互搀扶着行走在这条用煤渣铺就的小道上下班，心中对工人师傅们充满感激。

为国为民过度操劳，让邓小平患上了低血糖症。一天劳动时，他突然昏倒在工作台前。陶端缙回忆说："当时我们都慌了，只见邓小平的脸色苍白，额头上沁出许多汗珠。我赶忙将他扶起来，坐在椅子上。"卓琳闻讯赶来，望着脸色煞白的邓小平，眼泪扑簌簌往下掉。她了解邓小平的身体状况，知道是因低血糖引起的，只是几年没犯了，这次可能是因小儿子飞飞前来探亲期满归去有关。她用手摸摸邓小平的头，看了看瞳孔，问身边的程红杏："小程，有开水吗？"

"有！"

"你家有白糖吗？"

"有！"

"你赶快去冲一杯糖开水，越快越好！"

小程很快从家里端来一杯浓浓的糖开水。卓琳马上将糖开水喂到邓小平的嘴里。过了一会儿，邓小平醒了，工人们随之也松了一口气。卓琳感激地对大家说："谢谢，谢谢了！"工人们还是不放心地问："到底是怎么回事？"

将生病的邓小平送回"将军楼"的拖拉机

卓琳说:"邓小平过去身体很好,但是在苏联莫斯科和赫鲁晓夫谈判时,一谈就是一天一晚,斗争十分激烈。邓小平很少休息,就是从那时得了这个病。但每次只要喝上一杯糖水就会好的。谢谢了。"

邓小平虽然醒过来了,但是走路还困难。厂子小,没有车,向县里要车又来不及。陶端缙对卓琳说:"我开拖拉机送你们回家吧。开慢一点,保证不颠簸,绝对安全。"

卓琳表示同意。程红杏等人赶快扶着邓小平一步一步地从车间慢慢向停在院子里的拖拉机走去。这是一台拖拉机的机头,现在变成了一辆特殊的"救护车"。陶端缙驾驶拖拉机的技术在全厂虽数一数二,但他还是小心又小心,稳重又稳重,生怕路上的颠簸让邓小平不舒服。从厂区到"将军楼"只有几里路,足足行驶了20分钟,才将邓小平夫妇送回到家。

第九章

苦难见真心

1. 笑对苦难

1984 年 3 月 25 日，日本首相中曾根康弘在与邓小平会见时，曾问邓小平："在你个人的经历中，你觉得最高兴的是什么？最痛苦的是什么？"邓小平回答说："我一生最痛苦的当然是'文化大革命'的时候。其实即使在那个处境，也总相信问题是能够解决的。前几年外国朋友问我为什么能度过那个时期，我说没有别的，就是乐观主义。所以，我现在身体还可以。如果天天发愁，日子怎么过？"

"文化大革命"时期是邓小平最痛苦的时候，而落难望城岗，在新建县拖拉机修配厂劳动这三年，是邓小平最难熬的三年。在中央苏区第一次被打倒时，他也曾下放到宁都县农村"劳动改造"过，当时甚至连饭也吃不饱。可那毕竟只有两三个月时间。这一次被打倒"劳动改造"，那是整整三年呐！邓小平熬过这三年，他的法宝，就是他自己所说的"乐观主义"，笑对苦难。

靠"乐观主义"笑对苦难，说说容易，可真正要做到，该要有多坚强的意志、多大的毅力！邓小平就具有这种伟大的品格。在望城岗，管理秘书黄文华有一天问他："老邓，你来劳动三四个月了，身体坚持得了吗？"邓小平回答："先做第一个五年计划，不行再加五年。估计我这个身体坚持十年还是可以的，绝不是下乡镀金论。"说完大笑。准备吃苦，五年不行再加五年，相信苦难总会过去，光明一定会到来。这就是信念、意志和毅力！

靠"乐观主义"笑对苦难，还必须有强壮的身体。邓小平敢说自己的身体"坚持十年还是可以的"，当然是因为长期艰苦的革命生涯使他的身体得到磨砺。他不管高温酷暑还是天寒地冻，长期坚持冷水浴就是例证。在望城岗居住和劳动期间，他仍然坚持锻炼身体。他将在工厂劳动出汗当成是锻炼身体的一种方式，而不是把它当成一种负担或惩罚；把在家中干提水、劈柴、开荒种菜等体力活当成是尽男人义务外，也把它当成是锻炼身体的手段。除此之外，在当时那种环境中，他认为锻炼身体最好、最便当的方式，就是步行。他每天都要坚持步行一万步左右。上下班行走三四里路，约有五千步。回到"将军楼"，每天傍晚绕着"将军楼"院墙，他也要步行半个小时左右，大约也有五千步。院内绕围墙原本杂草丛生。他走呀走，日复一日，年复一年，原本没有路的地方，硬是被他走出了一条小道。

靠"乐观主义"笑对苦难，还需要泰然面对物质生活方面的困难。尽管在邓小平来望城岗之前新建县委就作出规定，在生活上对邓小平要给予照顾，要求县有关部门见了有"黄文华"落款的条子，需要什么东西就给什么东西，特别是副食品之类的东西，不能拒绝。可这需要钱买呀。邓小平的工资原是行政4级每月404元，卓琳是行政12级每月120元。两人加起来每月有520余元，他们刚到江西时，每月还能收到这么多钱。可从1970年1月起，中央办公厅将发放工资改为发放生活费，每月只有205元，比原来减少了一大半多。这些生活费，除供他们三人（包括继母夏伯根）开支外，还有他们的5个子女以及卓琳姐姐的一个孩子需要供养，一共是9口人。1970年2月9日，邓小平写信给汪东兴说："除邓林已有工资外（她本人病多，最多只能自给），我的大儿子邓朴方在医院每月需三十五元左右（吃饭二十五元是医院规定的，抽烟及零用约十元），两个大学生每月三十元左右，三人即需约九十至一百元，我们在南昌的三个人，只有一百元的开支。此外，我的小女儿毛毛、小儿子飞飞在公社劳动所得，只够吃饭，其他需用也要适当补贴。再者，我们还要积点钱作为孩子们回家的路费（路远，每人来往约需一百元左右）和回来的伙食费（回家来总要改善一点伙食），以及每年总要补充一点衣物日用品。这样算来，当然是紧的。"怎么办呢？他在信中表示说："党既作了这样统一的规定，我们没有理由提出额外的请求，自当从我们自己用的一百元中，每月节省二三十元，积起来作为他们每年回家一次的路费。新的生活总会习惯的！"①

怎么习惯这新的生活呢？毛毛在《我的父亲邓小平："文革"岁月》一书中写道："首先，父母亲在平时就已相当节俭的生活开销上，进一步节省。肉，儿女在的时候，要吃。儿女不在，尽量不吃。再多养几只鸡，可以有鸡蛋，又可以吃鸡肉。每顿如有剩饭剩菜，留着下顿再吃。还有，就是从父亲多年的生活习惯中节省，茶叶，太贵，以后不喝茶了。酒，就只买江西本地出产的便宜的三花酒，而且只在劳动回来的午饭喝一小杯。烟，抽了几十年了，一下子戒不了，但可以减量。省革委会可以帮助买平装无过滤嘴中华烟，每月最多只买一条，控制三四天抽一包。上午去工厂一根不抽，午后和晚上抽几根，按时按量，绝不多抽。"

除了节流，还要"开源"。邓小平一家的办法是在院子里的空地上开荒种菜。毛毛在书中写道："爸爸妈妈开荒种菜，我和飞飞插队学过农活，正好派上用场。飞飞有劲儿，自称'种庄稼的老经验'，'开荒'自然是他的事儿。他把草绳子往腰上使劲一扎，故意把锄头抢得老高，一副从'大寨队'出来的壮劳力的样子。他一边使劲地挖，一边嘴里不停地说：'我们大寨队，就

---

① 毛毛：《我的父亲邓小平："文革"岁月》，中央文献出版社 2000 年第 2 版，第 169—170 页。

得这样把地挖得深深的！'看着他挥舞锄头，土坷垃四溅的样子，奶奶在一旁急得直说：'哪用挖得那么深，不就种几样菜嘛！'没多久，地就挖好了，爸爸用锄头把地修成垄分成畦。妈妈搬个小凳，坐在地上一点一点往外捡石头砖头。奶奶再把涮锅涮碗的水，全都倒在地里。全家合力，院子前面一大块地不久就开好整好了。战士小贺帮我们买了些菜籽，有辣椒、蚕豆、豇豆、西红柿、茄子、小白菜等等。我们挖好小坑，撒上菜籽儿，一畦一样，盖上土，再浇上水。新开出的菜地，散发出阵阵泥土的清香。在院子后面的小柴房前，我们也开出一小块地，种上了丝瓜和苦瓜。新买来的几只小鸡，跟在大母鸡的身后，叽叽叽叽叫得欢，原来空旷的院子，顿时充实生动起来。"①

邓小平就是这样，带领一家人笑对苦难，将日子过得有滋有味。

2. 崇高父爱

邓小平夫妇共育有 2 个儿子邓朴方、邓质方(飞飞)和 3 个女儿邓林、邓楠、邓榕（毛毛）。"文化大革命"爆发后，5 个孩子 3 个正上大学，2 个上中学，因而都不同程度卷入其中。邓小平被打倒后，孩子们自然遭受牵连，问爸爸，我们该怎么办？邓小平没有正面回答，只有 6 个字："你们自己考虑。"孩子们深信自己的父亲不是"走资派"。当造反派批斗邓小平时，全家人的心情并没有低落不堪，只是更少出去，尽量多呆在家里。当孩子们的行动出现偏差，或者运动发展失控的时候，邓小平则极其认真地批评，及时指点。运动中，曾一度抄家、揪斗、打砸抢成风。这时，邓小平便将在中学的两个孩子叫回家，严格管束，明确规定："不许参加任何抄家揪斗行动。"

邓小平被逐出北京发配到江西之后，最让他牵肠挂肚、内心隐痛的，是子女。因为受他的牵连，孩子们的处境艰难。

---

① 毛毛：《我的父亲邓小平："文革"岁月》，中央文献出版社 2000 年第 2 版，第 170—172 页。

邓小平全家福

　　长女邓林出生于抗日战争最艰苦的 1941 年，出生后 7 天便被托付给根据地内一个非常贫困的农民家庭抚养，因营养不良得了多种不知名疾病。后虽被接回到父母身边，但不多久又被送进了延安保育院。先天的不足使她身体不好。"文化大革命"中，造反派全然不顾及这些，将她关在中央美术学院，经常让她在批斗会上"陪斗"，还要她负责打扫学院内的所有厕所。

　　邓小平被逐到达江西后，专案组的同志返京前问他有什么要求时，邓小平说："有一件事，就是我大女儿今年二十八了，为她个人的事我有点担心。"1970 年 2 月 9 日，邓小平在写给汪东兴信中，又一次提到大女儿邓林的事，说："我的大女儿邓林来信说，他们学校即将分配工作，她已向领导请求改行（即不做美术方面的事，因她本人搞美术是不行的），要求分配到一个工厂中工作。我们对她也是这样希望。加之她已有二十八岁了，本身条件差，至今还没有对象，本人一身是病，所以在农村是很困难的，即在工厂顶班劳动八小时，也似有困难。如能分配一个技术性的工作，如收发、文书、保管之类，对她的身体比较合适。这件事，在北京时曾向你说过，如有可能，恳请予以帮助，至为感激！再，如能将她分配到同我们靠近些（如果我们长期在南昌的话），则更是我和卓琳的最大奢望了。"①邓小平为女儿事所提的这些要求，再普通不过了。为此他放下身段恳求别人帮忙，只有具有崇高父爱的父亲才能做到。

真正让邓小平夫妇操碎心的，是帮助和护理在艰难中煎熬的大儿子邓朴方。

"文化大革命"开始时，邓朴方是北京大学技术物理系四年级高材生、团支部书记、中共预备党员。邓小平被"打倒"后，林彪、江青一伙为置邓小平于死地，授意北京大学造反派将在北京大学学习的邓朴方、邓楠兄妹俩从家中抓回学校，关押审讯，逼他们"揭发"邓小平的"罪行"。兄妹俩对"文化大革命"不理解，特别是对父亲的问题不理解，而造反派又非让他们讲。邓朴方被逼得没办法，便跳楼以示抗议，造成第十一、十二胸椎和第一腰椎压缩性骨折，下肢瘫痪，负伤后又没有得到抢救治疗，结果从胸部以下全部失去知觉，高位截瘫。三年后，邓小平才得知儿子瘫痪，极为难过，不得不给毛泽东写信请求帮助。经中办主任汪东兴联系，邓朴方被转至三〇一医院始获治疗，病情略见好转。

1970年10月，组织上认为邓朴方病情有所好转，决定让他出院，由一护理人员送来南昌与父母同住。突然接到这一通知，邓小平夫妇毫无准备。他们不知儿子的病情好转到什么程度，是否还需要继续治疗，送来南昌后三位老人能否照顾好他，都是未知数。无奈之下，邓小平只有写信给汪东兴，向中央求助。他写道：

从邓林那里得知，邓朴方治疗确有进步，已可以自己小便，虽还很

---

① 毛毛：《我的父亲邓小平："文革"岁月》，中央文献出版社2000年第2版，第169页。

困难,但勉强可以自己大便。但是据我们揣想,他下半身还是完全瘫痪的,一切行动还要人搬动,不会好的这样快。如果邓朴方还是瘫痪的,行动必有人帮助,来到我们这里,我们又有什么办法呢?我们现在是三个老人,我的继母七十几岁了,我六十七岁了。卓琳虽只五十五岁,病很多,身体还不如我们,高血压较严重(最近低压又由一百上升到一百一十六,高压一百八十几),心脏病也在发展。我们是没有能力照顾他(朴方)的。更严重的是,我们深切地期望,邓朴方能够治好。现在病情既有好转,如可继续治疗下去,必能渐见大效。所以,我们恳切地希望他能在现在的医院里继续治疗下去。在我们现在的条件,不知如何是好,只能要求你的帮助,要求党的帮助。[①]

信经江西省委发出去后,邓小平焦急地等待着,但却毫无回音。事实上,在1971年春节前的一个礼拜,邓朴方便被北大的人强行从三〇一医院逐出,遣送到北京清河社会救济院,与那里的被收容病友一起生活。救济院条件十分不好。病人每月要付21元生活费,其中8元是伙食费,其余为治疗等费用。伙食很差,早晚是粗粮咸菜,中午吃细粮,过节才有肉吃。院内房屋设备都很陈旧,卫生条件更差。邓朴方是高位截瘫,躺在床上没有地方借力,又没有人帮忙,翻身、吃饭、大小便都很困难,一次不小心大腿磨破了一块皮,好久都未长好。对这些情况,邓小平夫妇毫无所知。春节期间,邓小平的妹妹邓先群从天津回北京过年。初一,邓先群和丈夫提着东西前往探望侄儿,辗转得知邓朴方已被送到救济院,二人赶紧赶到清河,在那里见到了邓朴方。看到侄儿境况,二人都很心痛,回家后立即写信将侄儿情况告诉哥嫂。邓小平一家了解到朴方竟如此凄惨,悲愁交加。他和卓琳决定将儿子接到自己身边生活。当日,邓小平提笔给汪东兴写信:

---

① 毛毛:《我的父亲邓小平:"文革"岁月》,中央文献出版社2000年第2版,第186页。

　　东兴同志：又为我的大儿子邓朴方的事麻烦你。邓朴方现在的情形，我的妹妹邓先群最近去看了他，把情形写信告诉了我们。现将她的来信附上，不赘。我上次给你写信，希望邓朴方能够继续治疗。现在既然无法继续治疗，清河疗养院的条件又是如此，我们做父母的，在情感上不能丢去不理。所以我和卓琳再三考虑，觉得还是把邓朴方接到我们住地，同我们一块生活较好。当然，把他接回来，我们三个老人在护理上是有困难的，因为他上下床都要人帮助搬动的。如果组织上能批准我们，有一个人帮助我们买买东西，做些什务，同时护理一下邓朴方，那我们是非常感激的。如果组织上认为这个要求不合理，那我们夫妇也愿意自己料理邓朴方，因为这是我们不应回避的事情。不管领导上是否批准有一人帮助我们，我们决心请求组织上照上次决定，派人把邓朴方送来南昌，恳请领导批准。如果领导上批准，请早点告诉我们，好做准备，免得临时仓促。静候你的指示。①

　　求助信发出后便石沉大海。邓小平夫妇焦急难熬，直等到 6 月的一天，北京方面才决定把邓朴方送到江西。邓小平夫妇将邓朴方安排住在楼下的一间房子，并请拖拉机修配厂师傅帮助做了一副带有支架、便于他自主翻身的大木板床。三位老人担负起了照料邓朴方的重任。帮助儿子翻身、擦澡等重活，由邓小平承担；为儿子倒屎倒尿、换洗衣服等脏活，卓琳负责；奶奶做饭送饭，并协助卓琳洗洗衣服。每天上午，邓小平、卓琳照常上班。他们实在忙不过来，就把邓榕从插队的陕北叫了回来，照顾哥哥。邓榕与弟弟飞飞上大学后，邓小平请求组织批准同意，请了一位叫缪发香的阿姨到家来协助照顾邓朴方。在家人的精心照料下，特别是在爸爸崇高父爱和坚强意志的鼓励下，

①　毛毛：《我的父亲邓小平："文革"岁月》，中央文献出版社 2000 年第 2 版，第196 页。

邓朴方增强了战胜病魔的勇气和毅力，身体逐渐壮实起来，精神状态也越来越好，后来竟然能够在别人帮助下乘坐手摇轮椅出到院子里活动。邓小平看到儿子的变化，心里也高兴了起来。

3. 不改初心

1920 年，年仅 16 岁的邓小平就离开家乡广安前往法国勤工俭学，为的是寻求救国救民的真理；1922 年 18 岁加入中国旅欧少年共产党，1924 年转入中国共产党，是因为他从马克思主义理论中找到了拯救中国的道路和方式。从此，他决心将自己的一生都贡献给自己心爱的祖国和人民，在 40 多年漫长的革命生涯中，走过了从一个幼稚少年到中国共产党总书记、中华人民共和国国务院副总理的辉煌历程。不料"文化大革命"中他被打倒，成为"党内第二号走资派"，在中共扩大的八届十二中全会上被宣布撤销党内外一切职务，一下子跌落到政治生涯的谷底。幸好由于毛泽东的坚持，他的党籍被得到保留。

邓小平在苏区时期就被"打倒"过一次，对于自己在政治上的沉浮，他看得并不十分重要。真正让他难过的是被剥夺了为党、为人民工作的权利和机会。当他知道自己的党籍得以保留，便意识到自己还有可能努力争取再为党、为人民服务，对此他抱有信心。所以，当他被逐出北京时，他没有过多的埋怨和一丝颓废，临行前他给汪东兴写信，表示将以一个普通党员的身份尽力工作和劳动，并希望将此意转达毛主席和党中央。到江西后，护送的专案组人员与他谈话时，他说："我同意中央对我的安排。我到江西来了，但我还会出来工作的，我还能为党工作十年。"

为此，他一方面忠实履行自己的诺言，尽力工作和劳动；另一方面，他也非常珍惜自己与中央保持联系和沟通的渠道——给中办主任汪东兴写信。他在给汪东兴的信中，总是首先如实报告自己劳动与学习情况，然后才会提出一些需要组织帮助解决的合理要求；并且每次提出合理要求后都表示，如组织认为不能帮助解决，他也表示理解，没有意见。1970年8月中共九届二中全会（庐山会议）上，毛泽东及时揭露和严厉批评了林彪集团妄图篡党夺权的阴谋。邓小平通过广播得知这一消息后，也在信中表示自己的态度。邓小平给汪东兴写的信，有的能转达至毛泽东处，有时还会经毛泽东批示转其他中央领导人传阅。这样，就使毛泽东能够了解邓小平的一些真实情况和思想状况，为以后能争取再为党工作创造条件。毛毛在《我的父亲邓小平："文革"岁月》中写道：

> 在"文革""这样复杂险恶的政治环境中，邓小平本人，则无论处境怎样恶劣，都没有意气用事，没有情绪消沉，没有放弃哪怕是最后的一线希望。在保持人格、保持一个共产党员应有的原则和气节的前提下，他向毛泽东作检讨，作自我批评，就是为了保存这政治上的最后防线。当然，在逆境中，他不可能做任何无谓的幻想，但是，却从来没有放弃希望和努力。作为一个为革命事业奋斗了一辈子的共产党员，看到政治混乱，看到恶人当权，看到社会动荡，看到人民受难，他怎能不耿耿于怀，怎能够无动于衷！在被批斗中，在羁押中，他没有放弃希望，也没有停止思索。"[1]

这正是真实的邓小平！

1971年9月13日，林彪叛党叛国，因飞机失事摔死在蒙古国温都尔汗。11月6日，邓小平夫妇在劳动的拖拉机修配厂职工食堂里，听到了关于林彪叛逃事件及其罪行的中央文件传达。邓小平的兴奋和激动在厂里并没有表露在外，回到家后，面对家人的兴奋和激动，他终于抑制不住地说："林彪不死，天理难容！"

---

[1]　毛毛：《我的父亲邓小平："文革"岁月》，中央文献出版社2000年第2版，第208—209页。

邓小平夫妇在新建县拖拉机修配厂听关于林彪自我爆炸及其罪行的中央文件传达的会议地点——厂职工食堂

　　两天后，邓小平提笔给毛泽东写了一封信。他写道："在传达前，我对林彪反党叛国集团的事一无所知，只是感觉到陈伯达出了问题，对林彪则是非常突然的，所以，在听到林彪集团那些罪该万死的罪恶行动时，感到十分的震惊和愤慨！"他表示坚决拥护中央关于林彪反党集团的决定，写道："林陈反革命集团这样快地被揭发被解决，真是件值得庆幸的大事。如果不是由于主席和中央的英明的领导和及早的察觉，并且及时地加以解决，如果他们的阴谋得逞，正如中央通知所说，即使他们最终也得被革命人民所埋葬，但不知会有多少人头落地，我们社会主义祖国会遭到多少曲折和灾难。现在终于解除了这个危险，我和全国人民一道，是多么的高兴呵！"①

　　邓小平这次直接给毛泽东写信，既是对林彪集团覆亡重大事件向中央表

---

　　① 毛毛：《我的父亲邓小平："文革"岁月》，中央文献出版社 2000 年第 2 版，第 207—208 页。

明自己的态度，也意识到这是自己争取再为党为人民工作的重要时机。所以，他在信中除了向毛泽东汇报自己到江西后劳动的情况外，还写道："我个人没有什么要求，只希望有一天还能为党做点工作，当然是做一点技术性的工作。我的身体还好，还可以做几年工作再退休。报上每天看到我们社会主义祖国在国内建设的突飞猛进和国际威望的空前提高，都使我的心情激动起来，想做点事，使我有机会能在努力工作中补过于万一。"[1]

毛毛在《我的父亲邓小平："文革"岁月》书中的如下一段话，很好地说清楚了邓小平抓住机会直接向毛泽东请求重新工作的动机。毛毛写道："林彪倒台以前，他的目的明确，就是保留政治上的最后防线。现在，林彪自爆了，他的目的就更加明确了。他要利用一切机会，争取复出，为党和人民再做工作。在这历尽坎坷的五年之中，对于中国的社会主义发展道路，他作过很多的思考，心中已经沉淀下足够的准备。如果有这么一天，能够复出，他就要以自己的赤诚之心，要以在几十年革命风浪中所取得的经验和智慧，挽狂澜于既倒，报效他所深爱着的祖国和人民。"[2]

邓小平等待着这一天，中国人民也在等待着这一天的到来！

---

[1]　毛毛：《我的父亲邓小平："文革"岁月》，中央文献出版社 2000 年第 2 版，第 210 页。

[2]　毛毛：《我的父亲邓小平："文革"岁月》，中央文献出版社 2000 年第 2 版，第 209 页。

下篇 →→→→ 老区行 →→→→

第十章

首上井冈感慨多

1. 柳暗花明，毛泽东准备让邓小平复出

邓小平自 1971 年 11 月 8 日给毛泽东写信后，便怀着希望等待着北京的信息。

林彪仓皇出逃坠机死亡后，毛泽东通过反思，开始意识到"文化大革命"存在某些不妥，着手纠正一些明显错误。陆续"解放"一批在运动中被"打倒"的老同志，恢复或重新安排他们的工作，便是重要举措之一。对于邓小平，毛泽东也开始释放有意让他复出的信号。1972 年 1 月 6 日，陈毅元帅在北京不幸逝世。1 月 10 日，毛泽东在事先未打招呼的情况下，突然驱车出现在陈毅元帅追悼会会场，在陈毅遗像面前深深地三鞠躬，沉痛悼念自己的老战友、老部下，并在同陈毅元帅夫人张茜的谈话中，对陈毅革命的一生给予了充分肯定。谈话中，毛泽东有意提到邓小平，说邓小平的问题是人民内部矛盾。

在场的周恩来听了毛泽东的谈话，敏锐地意识到这是毛泽东释放的一个关于邓小平的新信号。他向陈毅的亲属建议将这

一重要信号传播出去。1月下旬，周恩来在接见一个外地代表团时，当着江青、姚文元等人，明确提到邓小平的问题。他说，在揭批林彪的过程中，一定不能混淆两类不同性质的矛盾。林彪这伙人就是要把邓小平搞成敌我矛盾，这是不符合主席意思的。

这些信息开始在社会上一定范围内传播开来。在这种氛围中，邓小平及其家人开始感受到政治和生活环境逐渐在发生改变：

1972年2月，中央决定恢复邓小平参加党组织生活。新上任的中共江西省委领导白栋材、黄知真，前来步校看望邓小平，当面向邓小平传达了中央的这个决定。

1972年4月初，江西省革委会根据中央指示，决定安排邓小平的小女儿邓榕（毛毛）进江西医科大学学习，安排邓小平小儿子飞飞（邓质方）进江西理工科大学学习。

1972年6月，中央决定按原标准给邓小平、卓琳恢复发放工资。

1972年8月1日，邓小平在新建拖拉机修配厂第四次听关于林彪反党集团阴谋叛乱罪行报告的传达。8月3日，邓小平提笔再次给毛泽东写信，实事求是地检查了自己的错误和应承担的责任，并再次向毛泽东提出了工作的请求。他写道："在去年（1971年）11月我在呈给主席的信中，曾经提出要求工作的请求。我是这样认识的：我在犯错误之后，完全脱离工作，脱离社会接触已经五年多快六年了，我总想有一个机会，从工作中改正自己的错误，回到主席的无产阶级革命路线上来。""我觉得自己身体还好，虽然已经六十八岁了，还可以做些技术性的工作（例如调查研究工作），还可以为党、为人民工作七八年，以补过于万一。我没有别的要求，我静候主席和中央的指示。"①

毛泽东很快看到了邓小平的这封信。1972年8月14日，毛泽东对这封信作出批示："请总理阅后，交汪主任印发中央各同志。邓小平同志所犯错误

---

① 毛毛：《我的父亲邓小平："文革"岁月》，中央文献出版社2000年第2版，第234—235页。

是严重的。但应与刘少奇加以区别。（一）他在中央苏区是挨整的，即邓、毛、谢、古四个罪人之一，是所谓毛派的头子。整他的材料见《两条路线》《六大以来》两书。……（二）他没有历史问题，即没有投降过敌人。（三）他协助刘伯承同志打仗是得力的，有战功。除此之外，进城之后，也不是一件好事也没有作的，例如率领代表团到莫斯科谈判，他没有屈服于苏修。"这些事我过去讲过多次，现在再说一遍。"①

周恩来在看到毛泽东批示的当天，立即将这个批示印发给了中央政治局全体成员。

邓小平当然没有看到这个批示。但他从自己境遇不断改善的情况中，清楚地意识到自己的问题将很快会得到解决。于是，在1972年9月下旬，他向江西省革委会提出，请示一下中央，能不能在江西省内，到井冈山、赣州老区走一走。9月底，中央批准了邓小平的这一要求。根据中央指示，江西省革委会作出了去井冈山地区的具体安排。省里规定：邓小平这次出去，按省级干部对待，由省革委会派出伏尔加轿车，凡所去之处，均由省里先打招呼，以便地方安排接待。

2. 首站樟树：一张发票显清廉

1972年11月12日，邓小平偕夫人卓琳开始了他复出前的井冈山参观考察之行。江西省革委会派出一名警卫人员随行，坐在副驾驶座。黄文华干事自然必须"陪同"，与邓小平夫妇一起坐在后排。清晨，他们用过早餐后就从望城岗出发，上午10时许抵达此行首站清江县（现樟树市）革委会招待所。

负责接待邓小平的原清江县委副书记陈祉川，"文化大革命"一开始，即被以"刘邓路线的忠实执行者"罪名遭批斗，被打倒，前不久才进县革委

---

① 毛毛：《我的父亲邓小平："文革"岁月》，中央文献出版社2000年第2版，第235页。

会当一名管生产的副主任。

陈祉川介绍县里的情况时，有意三言两语地略述了"文化大革命"以来思想政治领域的"大好"形势，只具体说了些工农业生产上的事。

陈祉川的心意，很快为睿智的邓小平所理解，他莞尔一笑，静静地注视着陈祉川。

听到偌大的清江县当年工业产值仅有 2600 余万元，邓小平眉头微微一蹙，意味深长地对陈祉川说，看来，你们县的潜力还很大的嘛。言下之意是工业基础太薄弱了。简单谈完县里的情况，陈祉川随即陪同邓小平夫妇去参观县城南郊的江西盐矿。

出乎邓小平意外的是，在盐矿他受到五六百名工人的欢迎。原来，头天傍晚，矿党委书记齐志亭、矿长王海清接到关于邓小平次日要来盐矿看看的电话通知后，这两位在新中国成立前参加革命的老共产党员，兴奋之下，居然忘了上面有关保密的指示，马上将邓小平要来矿的喜讯，告诉了矿里职工，并亲自拿起扫帚，带领大家奋战半夜，把整个矿区打扫得干干净净。第二天上午轮休的职工，不到 10 点钟就来到厂区，等待邓小平的到来。

看到矿里这么多人来迎接自己，邓小平深为感动。他赶紧下车，向簇拥在自己周围的神情激动的工人们不断点头，微笑，打招呼，表示真诚的感谢。

邓小平先后看了盐矿的卤水库、平锅熬盐、盐仓和真空制盐车间。江西盐矿建于 1970 年，生产条件简陋。邓小平看到工人们在简易车间（工棚）中挥汗如雨艰苦劳作、努力生产的情景，禁不住上前握着一双双工人的手，动情地说，你们的精神太值得学习了！大家现在的工作很辛苦，以后实现了机械化，就好了。又说，过去江西缺盐，红军在井冈山时，就没有盐吃，如今有盐了，这非常好！

邓小平离开盐矿时，齐志亭代表全矿职工送给他数小包精制食盐作纪念。

从盐矿回到县招待所后，邓小平的心情比来时好了许多。

在招待所午餐时，邓小平还提到了樟树的药。他说，樟树的药很有名。三十年代，我在苏区时，便听说过"药不到樟树不齐，药不过樟树不灵"这句话。

老祖宗传下来的宝物，可不能失传啊！

饭后，邓小平不顾陈祉川等人的再三劝阻，执意按规定交了伙食费和粮票。1994年，樟树市政府招待所在一个偶然的机会找到了当年邓小平交伙食费的发票存根。只见上面写着：邓小平等2人，交来伙食费0.64元，粮6两。发票存根上的时间：1972年11月12日。

这张20多年前的发票存根，纸张已略略泛黄，但字迹仍然清晰。它是邓小平这位伟人清正廉洁高尚情怀的最好见证！

3. "历史还是历史，历史不能篡改。那是'左'的路线"

在清江县招待所吃过午饭，也没有休息，邓小平一行就往吉安赶，下午4点左右便到了井冈山地区（后改吉安地区，即今吉安市）革委会所在地吉安城，受到当地负责人的热情欢迎。邓小平夫妇被安排住在地区交际处毛泽东在1965年曾经住过的一号楼。

当晚，井冈山地区革委会主任吴平和井冈山军分区副政委白水旺向邓小平汇报情况。当听到林彪一伙企图篡改井冈山斗争历史时，邓小平说："这是不可能的，历史还是历史，历史不能篡改。那是'左'的路线。"

林彪在井冈山时期就曾提出过"红旗到底能打多久"的疑问；到赣南、闽西游击后，他又不赞成毛泽东提出的"一年争取江西"的战略计划，认为是放空炮。他的享乐思想也比较严重，每到一地，他都要手下的人为他弄鸡吃，所以他主张红四军在闽、粤、赣三省走州过府，而不想在三省边界的偏僻农村做建立根据地的艰苦工作。在1929年5月18日晚在瑞金壬田镇召开的红四军前委扩大会上，他就说过："一年争取江西，这是高调，我不同意。""我的主张还是要把队伍分散了去打游击，看一个时候，看一个很长的时候，看有没有希望。"林彪参加了1929年12月底召开的红四军党的九大，即古田会议，但在会上没有发表什么意见。会后，他觉得自己的想法在红四军中越来越没有市场，需要改变态度。他趁过年之机，便分别给毛泽东、陈毅写了一封信，要求召开会议对他进行帮助。

毛泽东早就想要好好地帮助一下林彪。但是，古田会议召开之前和会议期间，他主要精力放在解决红四军军内党的争论问题，来不及对林彪的错误思想进行深入分析。同时，他也感到林彪所暴露出来的错误思想，涉及中国革命的理论问题，对于这个问题，不仅林彪没有解决好，红四军内部乃至全党许多同志，都没有解决好。他决定趁林彪给自己写信的机会，好好地帮助一下林彪，也帮助大家。于是，他在昏暗的灯光下，铺开信笺，提笔疾书，给林彪写信："林彪同志：新年已经到来几天了，你的信我还没有回答。一则因为有些事情忙着，二则也因为我到底写点什么给你呢？有点什么好点的东西可以贡献给你呢？搜索我的枯肠，没有想出一点什么适当的东西来，因此也就拖延着。现在我想得一点东西了，虽然不知道到底于你的情况切合不切合，但我这点材料实是现今斗争中一个重要的问题，即使于你的个别情况不切合，仍是一般要紧的问题，所以我就把它提出来。"紧接着，毛泽东写道："我要提出的是什么问题呢？就是对时局的估量，和伴随即来的行动的问题。我从前感觉今仍有些感觉，你对时局的估量比较的悲观的，去年五月十八日晚上瑞金会议席上，你这个观点最明显。我知道你相信革命高潮不可避免的要到来，但你不相信革命高潮有迅速到来的可能，因此在行动上你不赞成一年争取江西的计划，而只赞成闽粤赣交界三区域的游击；同时在三区域也没有建立赤色政权的深刻观念，因之也就没有由这种赤色政权的深入与扩大去促进全国革命高潮的深刻的观念……"①毛泽东在信中深刻地指出林彪产生这些错误思想的根源，主要是脱离了中国革命的实际。

林彪得到毛泽东的复信，细细阅读，受到了深刻的教育。此后，他在毛泽东和朱德的领导下，为创建中央革命根据地作出了自己的贡献。可是，事过18年后，林彪对毛泽东的批评，却企图抵赖。1948年他给中央写信，希

---

① 中央档案馆：《中共中央文件选集》第 6 册，中共中央党校出版社 1989 年版，第 553 页。

望在公开刊行这封信时不要提他的姓名。毛泽东同意了林彪的请求。在编辑出版《毛泽东选集》第一卷时，毛泽东将这封信改题为《星星之火，可以燎原》，对信中指名批评林彪的地方作了删改，还删去了某些段落。1969年9月，向来不填词作赋的林彪又授意他人代笔填写《西江月·重上井冈山》词一首，其下半阕曰："四十年前旧地，万千往事萦怀。英雄烈士启蒿莱，生死艰难度外。志壮坚信马列，岂疑星火燎原。辉煌胜利尽开颜，斗志不容稍减。"林彪在这里竟公然否认毛泽东批评他这件事。

井冈山斗争时期，红四军军长朱德经常与战士们一起从山下挑粮上山。为了不让别人拿走自己挑粮的扁担，朱德特意在扁担上写上"朱德"二字。"朱德的扁担"故事，早已广为流传，深入人心。"朱德的扁担"也在井冈山革命斗争历史陈列馆公开展出。可是，"文化大革命"中林彪为了抬高自己，竟然授意别人编写"林彪挑粮上山"故事，大肆鼓吹；公然将井冈山斗争历史陈列馆中"朱德的扁担"，改成"林彪的扁担"。林彪还篡改"朱毛会师"历史为"毛林会师"，真是厚颜无耻，胆大妄为！可是，正如邓小平所说："历史还是历史，历史不能篡改。那是'左'的路线。"林彪偷朱德的"扁担"，成为历史笑柄。

邓小平不愧为坚信历史唯物主义的真正马克思主义者。他非常尊重历史，敬畏历史。无论是回顾和评价自己的历史，还是对待党的历史、中国革命的历史，以至对每个历史人物的评价，他都坚持实事求是，从当时的历史环境出发，客观地、公正地给予评判，对就是对，错就是错，毫不含糊。在自己还没有完全解除禁锢的情况下，他敢于说出"历史还是历史，历史不能篡改。那是'左'的路线"这一真知灼见，该多么令人钦佩！

4. 要好好保护革命旧址，因为它是"历史的见证"

11月13日早餐后，邓小平夫妇从吉安出发抵达永新县城。

1927年9月底，毛泽东领导湘赣边界秋收起义部队在永新县三湾村进行了著名的"三湾改编"，整顿部队，更改番号，调整领导，建立士兵委员会，将民主制度引入军阀习气较浓的军队，决定将党支部建在连上，确立了党对军队实行绝对领导原则。1931年春，邓小平亲手创建的红七军从广西右江千里转战江西，走在后面的第五十八团和军直属队因在粤北渡江受阻，由张云逸率领进抵永新县，与湘赣边红军部队胜利会师。邓小平早就想来永新县看看，这次遂了心愿。

在永新县招待所稍事休息后，邓小平一行便沿着县城通往三湾的沙石公路，七弯八拐，左盘右旋，中午12时过后才来到三湾招待所，受到在这里等候的永新县革委会常委兼县人武部部长和县外事办主任等人的迎接。

邓小平对毛泽东领导三湾改编的历史，当然熟悉。他下车后在三湾招待所落座后，就与接待人员谈起了三湾改编情况。他感慨地说："三湾改编很重要，秋收起义部队受挫，甩掉了追赶的敌军来到三湾，在这个清静的地方采取果断措施，对这支面临崩溃的部队进行改编，这是毛泽东同志的一个创举。三湾改编与古田会议一样重要。"

三湾枫树坪

在三湾招待所午餐后，邓小平和夫人卓琳在接待人员陪同下，一一仔细地参观了三湾村的毛泽东旧居、工农革命军第一师第一团团部旧址、工农革命军第一师第一团士兵委员会旧址、毛泽东在三湾枫树坪向工农革命军第一师第一团官兵发表重要讲话的遗址等革命遗迹。当他得知这些旧址曾被敌人烧毁，如今看到的是按原貌重新修复的情况后，特地嘱咐当地领导要好好保护这些旧址，他说，这是"历史的见证"，可以教育我们的后代，让他们了解我们的党和军队是怎样发展壮

三湾改编后工农革命军第一师第一团团部旧址

大起来的，我们党的建设的成功经验和优良制度是怎样形成完善的。

邓小平这次来三湾参观，为了保密，特意通知旧址工作人员只说是有"东南亚外宾"前来参观。当邓小平夫妇出现在大家面前时，人们才发现昨天通知要来参观的"东南亚外宾"，原来是邓小平！"邓小平来三湾了！"消息不胫而走，人们奔走相告，许多人自发地从四面八方聚集到三湾招待所大门口，等候邓小平的出现。参观完革命旧址的邓小平，乘车驶出三湾招待所，在人们期望好奇的目光注视下离开三湾，继续前往宁冈县茅坪参观。

5. "井冈山精神是宝贵的，应当好好发扬，传统丢不得"

中共宁冈县委是在 11 月 12 日接到上级通知，说 13 日有重要领导来宁冈参观。根据上级指示，宁冈县委指定当时任县革委会副主任兼管外事接待工作的刘步文，做好接待准备工作。但到底接待的是哪位"重要领导"，上级通知中没有说，县里也不便问。

13 日午后，刘步文带着工作人员冒着寒风细雨，乘坐吉普车来到宁冈与永新县交界处中江坪等候。下午 2 时半许，待从永新方向驶来的一辆伏尔加轿车和吉普车近前停下，刘步文才一眼认出下车来的"重要领导"，原来是邓小平！

刘步文迎上前热烈欢迎邓小平夫妇来宁冈参观。寒暄过后，刘步文等乘坐的吉普车，引领着邓小平夫妇乘坐的轿车，直接来到茅坪村的谢氏慎公祠前停下。

茅坪村坐落于井冈山北麓。1927 年 10 月 7 日，毛泽东率三湾改编后的工农革命军第一团应宁冈共产党员、农民赤卫军首领袁文才之邀，从三湾经宁冈县大苍、砻市等地进驻茅坪，在这里安家扎营，开始了创建井冈山革命根据地的艰苦斗争。当时，毛泽东住在村中八角楼（村中老中医谢慈俚家），在攀龙书院建立了工农革命军的后方医院，在象山庵建立了工农革命军后方留守处。当晚，毛泽东参加了宁冈县党组织在攀龙书院召开的党员大会并讲话，还在住地八角楼接见了永新、莲花两县在茅坪藏匿坚持斗争的共产党员贺敏学、王怀、刘作述、刘仁堪、贺子珍等人。几天后，毛泽东即率工农革命军开始沿湘赣边界游击行动。11 月初，毛泽东率部返回茅坪，以前委书记

茅坪村

茅坪中共湘赣边界第一次代表大会会址——谢氏慎公祠

身份，集中主要精力指导边界建党、建政、发展革命武装、扩大红色区域。1928年4月下旬，朱德、陈毅率南昌起义军余部和湘南起义农军来到井冈山，与毛泽东领导的工农革命军胜利会师。4月24日，毛泽东在宁冈砻市的龙冈书院与朱德、陈毅等会面，决定两支队伍合编成立工农革命军第四军（后改称中国工农红军第四军），朱德任军长，毛泽东任军党代表、军委书记，王尔琢任军参谋长，陈毅任教导大队长兼军士兵委员会主任。1928年5月20日至22日，在茅坪的谢氏慎公祠，毛泽东主持召开中共湘赣边界第一次代表大会，选举成立了湘赣边界地方党的最高领导机关——中共湘赣边界特委，毛泽东任书记。在这次会上，毛泽东回答了"红旗到底打得多久"的疑问。红四军的组建和中共湘赣边界特委的成立，标志井冈山革命斗争进入一个新阶段。

　　邓小平夫妇乘坐轿车停车的地方——谢氏慎公祠，就是当年毛泽东主持召开中共湘赣边界第一次代表大会的会址。邓小平走下汽车，转身仔细环顾茅坪村周围的环境。刘步文介绍说：井冈山斗争时期，毛委员、朱军长经常住在这里，在指挥战斗之余，他俩常在祠前大枫树下的石头上看书，和当地

八角楼毛泽东卧室兼办公处

群众谈话。1929 年 1 月，毛委员、朱军长带领红四军向赣南、闽西进军，国民党军打回来，烧毁了许多房子，有的村庄被全部烧光杀绝，茅坪乡工农兵政府秘书、村党支部书记谢开甲被敌人砍成三截丢进河里。邓小平一边听，一边沉思着。

登上毛泽东居住的八角楼，在毛泽东当年的卧室兼办公室里，邓小平仔细看了床、桌、砚台、油灯，然后坐在毛泽东坐过的凳子上，说：当年干革命真辛苦，井冈山精神是宝贵的，应当好好发扬，传统丢不得。当讲解员讲到林彪将"朱毛会师"篡改为"毛林会师"时，邓小平插话说："假的就是假的，真的就是真的。"对林彪的龌龊行为嗤之以鼻。

从八角楼出来，邓小平又步行来到攀龙书院，参观前委、特委及红军医院旧址，仔细听了讲解员的讲解后，又走进红军伤病员住房，看着当年红军伤病员睡的地铺和极端简陋的医疗器械时，又感慨万千地说：革命的胜利都是靠他们流血奋斗换来的，真不容易呀！临了，他又再次嘱咐大家：井冈山精神丢不得。

6. "我们的党是好的，是有希望的。我们的人民是好的，是有希望的。我们的国家是好的，是有希望的"

在茅坪参观过程中，卓琳问刘步文当地群众生产、生活的情况。刘步文回答：群众生活还很苦，每个工分值只有 3 分到 1 角，人均年收入只有

30～50元，还有不少倒欠户，人均口粮只有350～400斤，猪、鸡、鸭、鹅也养得不多。

刘步文给卓琳介绍的这些情况，邓小平听了，心里感觉很不是滋味。他知道，现在不仅农民生活很苦，工人的生活也好不到哪里去。在望城岗，他为给邓朴方找点事情干解解闷，曾问拖拉机修配厂的陶端缙：你们家有没有收音机呀，如果坏了可以让他修修。老陶很遗憾地告诉邓小平："不瞒你说，我家只有四五十元收入，小孩有四个，最大的才读小学，还有老人，生活蛮难的，哪有钱去买收音机呀！"邓小平听了，当时心里就很难过——不是为没能给邓朴方找到活干，而是为工人生活的艰难。在离开三湾时，他也看到前来送行的老表们衣着破旧，有的人大冷天还只穿一条单裤，就知道老区百姓的生活还很艰苦。在茅坪参观过程中，他也细心地对村里的情况进行观察，知道刘步文介绍的群众生产生活状况是真实的。但是他想，在共产党的领导下，只要有好的政策，全国人民齐心奋斗，这些困难都是可以克服的。所以，他在八角楼参观时，对陪同的接待人员说："我们的党是好的，是有希望的。我们的人民是好的，是有希望的。我们的国家是好的，是有希望的。"

邓小平说得是那样地肯定。陪同人员听了，也更加坚定了对党的信心和希望，坚定了对国家前途的信心和希望。离开茅坪时，邓小平再次对接待人员说："你们在这里很辛苦，过去毛主席在这里干革命时很穷，现在还是穷，以后会好的。"

邓小平一行离开茅坪后，翻越黄洋界，当晚入住茨坪的井冈山宾馆。

7. "没钱能干什么？"

11月14日，邓小平和卓琳乘车登上黄洋界参观。

黄洋界，海拔1300米，山高壁峭，谷深万丈，是井冈山著名的五大哨口之一，也是革命时期湖南敌军进攻井冈山的必经隘口。1928年8月30日，湘、赣两省国民党军各一部共 4 个团兵力，乘红四军主力在湘南欲归未归之际，向井冈山根据地进犯。留守井冈山的红军主力只有红四军三十一团一营和特务连，由三十一团团长朱云卿、团党代表何挺颖指挥。朱云卿、何挺颖将三十一团一营的 2 个连重点布置在黄洋界，迎击湘敌进攻。红军凭借黄洋界天险，与进攻之敌展开激战，一次又一次地打退敌军疯狂的进攻。至 30 日下午 4 时，红军将留在茨坪修械厂的一门较好的迫击炮抬上黄洋界，朝敌军接连发射三发炮弹，第三发正落在敌军指挥所驻地爆炸。进攻之敌看到山上红军开炮，以为红军主力回山了，吓得魂飞魄散，当夜便乘着浓雾逃之夭夭，撤回鄜县境内。赣敌王均部 1 个团闻听黄洋界上炮声隆隆，也匆匆后撤，退回永新去了。黄洋界保卫战大捷，胜利地保卫了井冈山根据地。毛泽东率红四军主力从湘南返回井冈山后，得知黄洋界保卫战捷报，兴奋地填写《西江月·井冈山》词一首：

> 山下旌旗在望，山头鼓角相闻。敌军围困万千重，我自岿然不动。早已森严壁垒，更加众志成城。黄洋界上炮声隆，报道敌军宵遁。

邓小平登上黄洋界，眺望远方，仿佛听到了当年黄洋界保卫战那隆隆炮声和红军杀敌的呐喊声。

"首长，这碑文上毛主席的手迹《西江月·井冈山》，不是主席 1965 年重上井冈山时写的，而是郭老来井冈山后，在武汉东湖请毛主席手书，立碑时按主席手迹临摹的。"讲解员指着黄洋界纪念碑上毛泽东的《西江月·井冈山》词，解说道。

"哦。"邓小平将目光转向纪念碑。

"首长，1969 年林彪到井冈山时，他也题过词。叶群跟着他也题词。"

邓小平听到叶群居然也为黄洋界题词，以不屑的口吻说："她不在！"

看了黄洋界，又看八面山哨口。爬坡时，一位细心的工作人员看到邓小平腿有些不便，便机灵地砍了一根小竹竿给他。邓小平高兴地接过小竹竿，

"黄洋界上炮声隆"

敲敲腿，风趣地对大家说："我这一身零件除了这条腿，其他都是好的。"

在前往双马石哨口的小路上，一位年轻人在路旁拔了一株桔梗，向邓小平介绍说当年红军在井冈山经常吃这个。邓小平接过桔梗在鼻子前闻了闻，说："是的，这种草全国都有，红军长征时也是吃这个，有些麻口，这个可以充饥，又可以解渴。"他是在长征路上亲口尝过这个野菜，才知道它的味道。年轻人用钦佩的目光望着面前的革命长辈，有些人听后情不自禁地采下桔梗放进嘴里细嚼，品尝其甘苦之味。

当晚，井冈山方面招待看电影，看的影片是京剧样板戏《红灯记》。看到由浩亮扮演的李玉和出场时，邓小平笑道："这个浩亮姓钱。'文化大革命'了，钱也不要了，就叫浩亮。"还说："没钱能干什么，国家穷，人穷，不就没有钱嘛！"

邓小平说出了大家郁积心头多年但不敢说的话。电影放完了，陪同观影的井冈山方面的负责人程世茂送邓小平回住处，边走边对邓小平说："老首长，您今天的话说得实在。老区本来就穷，现在乡亲们更苦了。"

"嗯，我知道。"邓小平心情沉重地回答。

是的，邓小平非常清楚地知道，有钱就意味着富裕，没钱就意味着贫穷。

要有钱，要富裕，就得发展生产，就得干，就得奋斗，就得发展科学技术，就得讲按劳分配。邓小平复出工作后，他为让全国人民都有钱，都走上真正富裕的道路，倾注了全部心血。改革开放后逐渐富裕起来的中国人民，无不感激邓小平的英明领导！

8. "农业机械化是个方向，你们还要研究农业机械化"

从 14 日到 16 日，邓小平夫妇在井冈山茨坪住了三天，参观了山上大部分革命旧址、遗迹。17 日早餐后，他们从茨坪出发，下山前往泰和县参观考察。

泰和县当时建有一个手扶拖拉机厂，生产小型手扶拖拉机。就在前不久，全国农业机械化南方片现场会在泰和县刚刚结束。邓小平此次到泰和县，主要想看看这个县生产的手扶拖拉机，了解当前农业机械化方面的情况。

在泰和县手扶拖拉机厂，邓小平与厂里的干部交谈，询问小型拖拉机的生产情况。他从木模、翻砂、刨、钳、金工、装配等一个个车间、一道道工序都仔细地看了一遍。随后，他又去泰和县上田观看农用水田插秧机操作表演。他踩着泥泞小道，特意走上田埂，就近观看插秧机表演。邓小平一边观看一边说："插秧机这个问题，世界都没有解决，连日本都没有解决好，关键的问题是分秧不均。"他说得非常内行。

回到招待所后，陪同参观考察的泰和县委书记刘步山，询问邓小平看了农田插秧机操作后有什么意见。邓小平说："农业机械化是个方向，你们还要研究农业机械化。"当听说扩大规模难，邓小平又说："一件事总是由难到易。"还说："我也当过县委书记，当县委书记难。"这是邓小平发自内心的感慨，也是对地方领导干部实际处境的体谅。

9. "'文化大革命'是'左'了，被坏人钻了空子"

17 日晚，邓小平住在泰和县委院内的小招待所。当时同住在小招待所另一端的还有位老红军，名叫池龙。

池龙原籍江西省兴国县崇贤乡贺堂村罗家地，新中国成立后家乡划归泰和县管辖。他在1929年刚满10岁就担任了村儿童团团长，1932年参加红军，1933年加入中国共产党，曾任中央苏区红军教导团青年干事，1934年10月随中央主力红军长征。抗日战争和解放战争时期，曾任晋察冀军区电台区队区队长、冀察热辽军区前方指挥所三科副科长、第四野战军十三兵团司令部

老红军池龙

三科副科长等职。新中国成立后，曾担任中南军区空军司令部通信处处长、空军司令部通信处副处长、空军司令部通信兵部副部长等职。"文化大革命"开始不久，他因在一次例行通讯设备检查中偶然听到了林彪死党、空军司令员吴法宪与林彪的通话，被打成现行反革命，遣送到山东劳动改造，身心备受摧残。厄运当头的池龙为使其儿女免受牵连，便将3个孩子送回原籍，托付给当地政府。1971年"九一三"林彪垮台后，他获准回京治病，身体稍有好转，就风尘仆仆回到家乡探望孩子，同时感谢县里对他孩子的关照。县委热情地接待了他，把他安排在小招待所西头住下。

池龙是位老军人，看到县里对招待所东头的客人派岗增哨，警戒森严，军人的敏感性让他意识到那位客人一定是位重要人物。18日午餐后，当他从县委书记刘步山处得知那位"重要人物"就是邓小平时，感到十分惊喜，迫不及待地提出："我要见他，我熟悉他。"

要见邓小平，刘步山做不了主，因为邓小平会见任何人，必须征得随行的管理秘书黄文华的同意。果然黄文华一听有人要见邓小平，便面有难色地说："恐怕不好交代。"所谓"不好交代"，是违反了省革委会原先的规定。刘步山体谅黄文华的难处，但还是说："都在一栋楼里住着，见一面，外人又不知道。我就在现场陪着，要真出了什么事，我负责！"黄文华沉思了一会，最后还是答应了，但说"时间不能太长"。刘步山抓紧机会，当日午休后趁

邓小平正在小客厅看书，便进去将池龙想见老首长的事告诉了邓小平。邓小平听说后，脸上露出了少有的兴奋，连声说："可以，可以，快让他来。"

坐在旁边的卓琳巴不得邓小平能有与人谈话交流放松的机会，她机灵地提出要去逛街，以便引开时时关注邓小平一举一动的黄文华。黄文华也很"知趣"，真的陪着卓琳出去了。

池龙如愿地见到了邓小平。他十分激动，立正敬礼后，上前紧紧握住邓小平的双手，大声说："首长，我是红一方面军的，在长征时经常看到你，当时我是通讯兵。"邓小平仔细端详着池龙，说："哦，记起来了，是有这样一位小伙子。"遵义会议后，邓小平担任了中央秘书长，担任通讯兵的池龙确实能经常见到邓小平。

两个人相谈甚欢，从长征到抗日、解放，一谈就是两个钟头。谈到"文化大革命"，池龙抑制不住情感，指着身上被打的斑斑伤痕悲愤地控诉林彪集团的暴行。邓小平听了，对池龙说："这帮人整人是不择手段的。'文化大革命'是'左'了，被坏人钻了空子。"谈到毛主席和周总理时，邓小平说："毛主席是个伟人。总理吃了很多苦。很多老干部，包括军队的老同志，都是总理保护的。"对于林彪，邓小平说："林彪这个人不能说没本事，但是个伪君子。利用毛主席的威望发布一号命令，贬低毛主席，抬高自己。"接着，他又说："林彪垮台了，我们党的日子会好点。就是有那么几个书生在胡闹。"

对于上述与池龙的交谈，毛毛在《我的父亲邓小平："文革"岁月》书中写道："这是六年来，父亲第一次对'文革'事物发表这么多的谈论。他谈了毛泽东，谈了周恩来，谈了林彪，谈了中央'文革'的'书生'们，对'文革'中中国政坛上的政治人物进行了评论。其实，这些想法在他心中早已形成定论，只是他为人严谨，从来不轻易议论。这次，政治环境已经改变，又在革命圣地与革命同志相遇，便将心中蕴藏了多年的想法说出，一吐为快。"①

---

① 毛毛：《我的父亲邓小平："文革"岁月》，中央文献出版社 2000 年第 2 版，第 246 页。

交谈中，邓小平见池龙有怨气，劝慰他要正确对待个人遭遇，不要纠缠于个人的恩怨，要振作精神，把眼光看远点。池龙被邓小平的广阔胸怀和崇高精神境界所感动。他铭记老首长的教导，将个人恩怨放在一边，盼望着"文化大革命"早日结束。粉碎"四人帮"后，池龙于 1977 年担任民航总局副政治委员，1980 年任空军学院副政治委员，1983 年 3 月以副兵团职离休。

邓小平与池龙交谈时，刘步山端起一张椅子坐在门口，警惕地注视着周围，防止别人来打断他们的谈话。傍晚，黄文华陪卓琳逛街回来了。征得黄文华的同意，刘步山安排池龙与邓小平共进晚餐。

10. 看猪场，察稻田，了解农业发展情况

11 月 19 日上午，邓小平与夫人卓琳由泰和县抵达吉安市郊区的禾埠公社军民大队，他想了解农业发展情况。

在小会议室，邓小平饶有兴趣地听取了市、社和大队领导的介绍，当听到军民大队第二生产队的粮食亩产是 780 斤，副业有养猪和加工米粉时，他高兴地说："这个小队不错，副业搞得不错，农业也不错。"

听完介绍，邓小平提议到军民二队的养猪场和田里看看。在市、社领导陪同下，邓小平夫妇踏着 500 米长的田间小道步行前往军民二队。来到养猪场，邓小平问饲养员："有多少头猪？"饲养员回答说一共 101 头。邓小平不顾气味重，一头钻进猪舍，一个栏一个栏，一头猪一头猪地数着过去，当发现猪栏里只有 92 头猪时，他转头问村支书："怎么还差 9 头猪呢？"旁边的饲养员解释道："还有一头母猪带着 8 只小猪在外面晒场上。"邓小平听后说："这还差不多。"然后满意地笑了起来。这生动的一幕，在场的干部群众都看在眼里，无不对他那种实事求是、认真细致的思想作风敬佩不已。

从养猪场出来，邓小平又穿过一条小巷，径直来到稻田的一条田埂上。连片成熟的晚稻，在微风吹拂下轻轻摇曳，泛起层层金波，一片丰收景象。村支书向邓小平介绍说："村里已经一季跨纲要了。"邓小平弯下身子用手拍

拍串串饱满的稻穗，对村支书说："很好，像这种收成，完全可以达到跨纲要水平。"邓小平多么希望，全国各地的农村都能像这个地方一样充满希望啊！

邓小平离开军民二队时，村民们聚集在村头，向他投去依依惜别的目光。他朝大家摇了摇手，返身健步离去。

邓小平原本想继续前往赣南老区走一走，两天前刚从井冈山下来就得到消息，二女儿邓楠在南昌解放军九四医院生下了一个女孩儿。得知自己做了爷爷，邓小平十分高兴，决定先回南昌看望女儿和小孙女，赣南之行稍稍搁后再说。因此，19 日离开吉安后，傍晚六点半就匆匆赶到南昌九四医院。医护人员告诉他们，邓楠已带着孩子出院回家啦，母女二人都很好。邓小平夫妇谢过医护人员，晚上八点左右心情愉快地回到了望城岗的家中。

第十一章

重返赣南情悠悠（上）

1."小平同志来啦！"

邓小平夫妇从吉安回到望城岗后，中办给江西省来电话，正式批准邓小平夫妇可以外出参观访问，去哪里不受限制，待遇和接待规格可以提高。休整并陪伴大女儿和小孙女半个月后，邓小平夫妇俩决定继续前往赣南老区参观考察。这次江西省派出两辆车，邓小平夫妇乘坐的仍然是伏尔加轿车，江西省公安厅派出的警卫李树林随车同行，并单独给黄文华派了一辆吉普车。关于邓小平此行的接待问题，当时在南昌的赣州地委负责人已得到江西省委副书记黄知真的当面指示，并已电话向在赣州主持地委工作的地委副书记、军分区司令员李鑑琛作了传达和布置。李鑑琛专门召开会议研究制定了周密的接待方案，等待邓小平夫妇的到来。

1972年12月5日早晨，邓小平夫妇乘车驶出新建县望城岗寓所，坐在车上的邓小平巴不得早点到赣南。谁知下午4时许在快要进入赣南境内时，却因公路塌方给堵住了，而且一堵就是近两个小时。随行的黄文华不让他下车，他只好坐在车内闭目沉思……

"嘀嘀——"

前头响起汽车喇叭声，惊醒了沉思中的邓小平。站在车旁警卫的省公安厅警卫处干部李树林，将脸贴近车窗告诉他："路通了，可以走啦！"

快到下午 5 时了，离赣州还有 70 多公里。汽车加快速度朝前驰去……

夜幕降临，赣州城内早已灯火阑珊。

赣南宾馆一号楼前，赣州地区在家的党政军领导李鑑琛、崔永明、许长江、徐从忠、王治中等同志，以及赣南宾馆的负责人，仍在焦急不安地等待着。他们从下午 4 时起，就在宾馆一号楼前等待邓小平夫妇的到来，已经等了近 3 个小时。

负责邓小平夫妇在赣南参观期间安全警卫工作的黎新泉，心中更是焦急。昨天，他奉命紧急出动，赴于都、瑞金、会昌等县布置接待任务，清晨才赶回赣州。他生怕误事，对邓小平夫妇下榻的宾馆一号楼周围的安全和房内设施，检查了一遍又一遍。

大约下午 7 时左右，宾馆大门外终于驶进来两辆小车。一辆草绿色吉普车在前，一辆灰色伏尔加在后。等待的人们心中一喜："小平同志来啦！"

是的，来的正是邓小平夫妇！

汽车驶进一号楼前停下。车门打开，邓小平从车上下来。只见他头戴灰色鸭舌帽，身穿灰色中山装，脚穿黑色旧皮鞋，略带黝黑的脸庞被灯光一照微微闪着亮光，一看就知道他身体很健康。

神态端庄的卓琳，也从车上下来。

崔永明、李鑑琛等迎上前去，和邓小平夫妇热烈握手，连说："欢迎老首长到赣南来！"

寒暄之后，崔永明请邓小平夫妇在一号楼东套间住下。

稍作休息，邓小平夫妇便由地区领导陪同，去餐厅用晚餐。

晚餐后，地区领导请邓小平来到一号楼右边大会客室，一边喝茶休息，一边向他汇报工作。自然，汇报的内容限定在江西省委领导规定的范围。邓小平只是听，时而点点头，没有表态。

这一夜，邓小平夫妇休息得很好。

2. "了了心愿。我们终于来到了兴国"

赣州不是邓小平这次赣南之行的主要目的地，他没有在城内参观，也没过多地逗留。12月6日早餐后，他和卓琳就由他的老部下、赣州军分区副政委、中共赣州地委常委崔永明陪同，离开赣州前往兴国县。

苏区时就已闻名遐迩的兴国模范县，又是有名的"将军县"。全县在1966年以前授衔的中国人民解放军上将、中将和少将，总共多达57名。这些将军中的许多人，当年都是邓小平的老部下、老战友，邓小平都能叫出他们的名字。1931年7月13日，邓小平的老战友、红七军总指挥李明瑞和红七军军长张云逸，率领红七军从湘赣边苏区来到兴国城，受到兴国人民的热烈欢迎。红七军政治部在兴国创办的《火炉》杂志，至今还有4期在兴国县博物馆珍藏。邓小平在中央苏区工作期间，虽未曾在兴国县工作过，但他通过编辑《红星》报通讯员从兴国县的来稿，通过阅读《红色中华》等苏区报刊，特别是通过阅读毛泽东著名的《长冈乡调查》和毛泽东在第二次全苏大会作总结报告时关于表扬兴国县和长冈乡的讲话，对兴国县苏区干部模范的工作作风和显著的工作业绩，留有深刻印象。只是当年他没有机会，要不他一定会亲自前来兴国参观考察的。这次他能弥补这一缺憾，十分高兴。

早饭后，大约8时许，邓小平一行从赣州出发。负责警卫的黎新泉乘坐一辆"嘎斯69"在前头开路，邓小平夫妇和黄文华乘伏尔加走在中间，陪同参观的崔永明和省警卫李树林乘坐北京吉普断后。

天空仍阴沉沉的，没有风，也不下雨。从赣州到兴国82公里，3辆汽车扬起滚滚灰尘，仅用2个小时就到了兴国县第二招待所。

中共兴国县委副书记、县人武部部长郭启祯等县里的领导同志，早已在招待所门口迎接。

"老首长,一路辛苦了!"

看到从伏尔加车下来一位头戴鸭舌帽、个子不高的老同志,不用介绍,郭启祯就知道是邓小平。他赶紧上前问候。

邓小平握住郭启祯的手说:"了了心愿,了了心愿。我们终于来到了兴国!"

"了了心愿",这发自内心的简简单单的一句话,饱含着邓小平对老苏区人民多少深情厚谊啊!

邓小平夫妇被安排住在招待所的 2 号房。这幢平房建于 1959 年。据说,当年中共中央正在庐山召开"庐山会议",原通知说毛泽东会后要来兴国,县里便赶造了这幢房子。可是"庐山会议"后毛泽东并没有来。

兴国县革委会办公室主任谢恒恒挑着一担水进来,请邓小平夫妇洗脸。卓琳连忙笑眯眯地站起来说:"辛苦您了。打水洗脸还是我们自己来吧。"

谢恒恒又转身从外间端来一盘金黄的兴国甜橙,热情地说:"老首长,这是我们兴国的特产,当地人叫广柑,很甜,请你们尝尝。"说着,剥开一个递给邓小平和卓琳。

卓琳接过来尝了一瓣,连连点头称赞:"不错,很鲜甜,很好吃。"

邓小平也尝了一瓣,感到有点酸味,对谢恒恒说:"谢谢你们的好意,我的牙齿最怕酸,吃了酸东西就吃不下饭了。"说完他笑了,大家也都笑了。

放下广柑,邓小平伸手从口袋中掏出香烟和火柴。谢恒恒望见,赶紧从茶几上拿起事先准备好的中华烟递上去。邓小平摇摇手说:"我的烟瘾很大,准备了香烟出门,而且习惯抽自己的烟。你们不必为我摆烟了。你会抽吧,来一支!"

3. 由"四星望月"名菜引发的感慨

邓小平和卓琳在兴国县招待所稍事休息了一会儿,就已近中午 11 时了。

陪同的崔永明和郭启祯请邓小平参观"毛主席创建兴国模范县纪念馆"和文昌宫。邓小平和卓琳欣然前往。

"毛主席创建兴国模范县纪念馆"，是专为宣传毛泽东在兴国的革命活动而建的。展出的内容，只突出毛泽东一个人的功绩。这当然是个人崇拜的产物。邓小平参观时不要别人讲解，他从头到尾仔细地观看着展出的每一张照片、每一件文物、每一份图表和说明，有时在一张照片前停留好几分钟。整个参观过程，他没有说一句话，只是默默地观看，表情严肃而又平静。

从纪念馆出来，他们又前往"文昌宫"参观。

"文昌宫"是兴国名胜"潋江书院"内的一座建筑，位于兴国县城横街上。"潋江书院"始建于清康熙五十七年（1718年），由门庭、讲堂、拜亭、魁星阁、文昌宫、崇圣祠组成。"文昌宫"建于清乾隆三年（1737年），整个建筑雕梁画栋，飞檐翘角，建筑精巧，风格古朴。1929年4月中旬，毛泽东率领红四军第三纵队从于都县来到兴国，住在潋江书院内，帮助制定了《兴国县革命

毛泽东主办兴国县土地革命干部训练班旧址——兴国县城文昌宫

委员会政纲》；还制定和颁布了《兴国土地法》；在文昌宫主办了兴国县土地革命干部训练班，并亲自在训练班讲课。兴国的党员干部陈奇涵、萧华等48人参加了学习。毛泽东率领红军离开兴国后，从1930年起潋江书院又成为兴国县苏维埃政府机关驻地。令人遗憾的是，兴国解放后，潋江书院被废，改做县人民武装部办公用房，只有文昌宫尚保存原貌。

邓小平来到文昌宫，细细观瞻了一遍。文昌宫前，左右两侧各有一幢房子，写满了"武装起来"、"扩大红军"、"二期战争胜利促进全国革命高潮"等苏区标语。邓小平望着这些依稀可辨的苏区标语，沉思不语。

参观完文昌宫，已到中午12时。他们回到招待所用午餐。菜肴虽不名贵，却也丰盛，主人又热情殷勤，邓小平和卓琳备感高兴。席间气氛正浓时，邓小平突然问道："毛主席当年喜欢吃的那种'四星望月'，你们现在还做不做哇？"

郭启祯一听，惊喜地问道："老首长，您也知道'四星望月'？"

"四星望月"是兴国县的一道名菜，毛泽东不仅喜欢吃，连这道菜名也是他给起的哩。这里面有一个美好的传说。

那是1929年4月毛泽东第一次到兴国时，兴国县委领导陈奇涵等人，请他到家中做客，然后在县城的黄隆顺客栈吃饭。一张大圆桌的中央，摆放着一只小巧的蒸笼，蒸笼里盛满冒着热气的鱼片和芋头。蒸笼四周摆着4个盘子，分别是春笋炒肉片、红烧鸭块、豌豆肉丁和红烧豆腐。坐定后，陈奇涵请毛泽东提箸。毛泽东一边答谢，一边夹起一块粉蒸鱼片放进口里，一尝，又辣又香，连说："好吃！好吃！"

"这是我们兴国的传统菜，和你们湖南口味一样，又辣又香！"陈奇涵介绍说。

毛泽东问："这么好吃的菜，叫什么名字呀？"

陈奇涵答不上来，说："我们兴国老表就叫它粉蒸菜，没什么正经的名字。毛委员，你学问大，给取个名吧！"

毛泽东笑了："叫我取名？看来这菜不能白吃了。"说完，他举箸点点中间的蒸笼，"这个蒸笼圆圆的，放在中间，像是月亮；这四个盘子嘛，像是星星围着中间的月亮。对，就叫它'四星望月'吧！"

陈奇涵一听，高兴得将筷子一放，说："'四星望月'，这个名字又形象，又好听，太妙了！"

从此，兴国的粉蒸菜，就有了个又好听又文雅的名字，成了兴国老表接待贵客的名菜，连邻近几县也慢慢时兴起来。尽管蒸笼里的菜时常变换，相随相伴的也不一定是四碟八盘，但人们都管它叫"四星望月"。毛泽东对"四星望月"也留下了深刻印象。1961年中共中央在庐山召开工作会议时，兴国招待所一位人称"癫婆"的名厨被请上山，专为参加会议的同志做这道菜。一时间，兴国的"四星望月"更是盛名远扬。邓小平正是在庐山会议时吃上这道菜的。他是四川人，与毛泽东一样爱吃辣，对这道又辣又香的菜自然也留有深刻印象。这次到了兴国，席间提起这道名菜，那是很自然的。

遗憾的是今天的午餐没做这道菜。郭启祯连忙解释："老首长，很抱歉，今天中午来不及准备，晚上请你们品尝。"

邓小平微笑着说："客随主便嘛。我问这道菜，是想起了当年兴国人民招待红军的深情厚谊。"

的确，邓小平问起"四星望月"，并不是他特别想吃这道名菜。他好辣，就口味而言，这很容易做到，平时在家中他就常吃辣椒，今日午餐上的几道菜也带有辣味。他问起这道菜，如他自己所言，确实是想起了兴国人民当年招待红军的深情厚谊。他知道，兴国的同志用当地招待贵宾的传统菜招待毛泽东，是将毛泽东、将红军当成贵宾、当成救星来看待的。他曾听红七军的老战友们说过，1931年7月红七军和红二十军从湘赣边东渡赣江来到兴国县城时，也受到兴国人民的热烈欢迎。红七军政治部1931年7月在兴国县城创办了一份《火炉》杂志，第一期刊登了一则"本军消息"，说道：

> 本军于7月11日渡河到良口，12日上午到赣县属之白露两圩，群众千余开大会欢迎本军，欢呼口号及演说，热烈非常。13日到兴国城，

沿途经过各村多少群众拿着欢迎旗表示热烈兴奋的精神。在兴国城时开了一次欢迎大会二次游艺大会，群众更多更热烈，工农红军打成一片。总之，以上几个大会都是表示：（一）工农群众和红军的亲（密）团结；（二）共同努力一致来争取三次革命战争的胜利;（三）争取苏维埃的胜利。很多工农同志都说："七军可爱。"七军的战斗员都说："这就是真正的苏维埃……苏维埃万岁！"这几天来,常常有很多女同志到我军慰劳、洗衣、送草鞋等物品。我军各战斗员兴奋极了，勇气百倍多愿意要打先锋捉蒋介石，歼灭白匪为苏维埃政权而斗争。[①]

邓小平听到战友们谈起这些情况时，也是感动不已。若是当年他也与战友们一起到了兴国，看到兴国群众欢迎红军时如此热情，他也会像战友们那样从内心发出呼喊："这就是真正的苏维埃……苏维埃万岁！"

其实，岂止只是兴国的人民招待贵客似的招待红军，其他各苏区的人民，都像兴国人民那样将红军当成最亲的亲人。邓小平对此是深有感受的。就拿当年在百色来说吧，无论走到哪个村寨，他都能感受到广西各族人民对共产党、对红军、对苏维埃的真诚而又深厚的情意。有一次，他带着几名赤卫军战士，夜宿广西向都县（今属田东县）一位壮族山民家里。虽然没有说明身份，热情而又淳朴的主人还是估摸出来客必定是一位红军的大干部。他不声不响地抓起家里的一只老母鸡，要杀掉炖汤招待客人。主人的秘密让邓小平给发现了，还没等主人动手，他就告诉主人说，都是自家人，不用客气，煮点青菜就行了。他怕主人听不懂，又叫来一位战士作翻译。劝说了好一阵子，主人才同意不杀母鸡，转身从一个瓦罐里掏出一把黄豆，说："这是我们壮家的常菜，煮煮给你们吃，总可以吧！"邓小平知道，就是这些黄豆，也是主人不知藏在哪个角落里才保存下来的。因为这一带群众跟着韦拔群闹革命，反动派常来进攻，家家户户都遭到反动派翻箱倒柜搜查，什么值钱的东西、什

---

① 据兴国县博物馆保存件。

么好吃的全给反动派抢走了。现在主人说煮黄豆是壮家常菜，其实这些黄豆也许是主人好不容易保存下来的黄豆种啊！邓小平深谙这里的民情风俗，知道如果连黄豆也不让主人煮，那主人就会埋怨自己对壮家乡亲见外了。他只好不再拒绝。

还有一次，是百色起义前夕，起义部队决定先在平马镇解决阻碍起义的广西警备第三大队。为给部队准备一些敷伤口用的南瓜瓤，邓小平指示一位同志到平马镇各家各户找南瓜。镇上的老百姓听说红军需要南瓜，都争先恐后地将家中的南瓜拿了出来，送给部队。部队要算给他们钱，他们也不要。老百姓的举动，令邓小平和所有同志深受感动。

在赣南的崇义县，在他曾任过县委书记的瑞金县和会昌、寻乌、安远三县苏区，邓小平同样感受到人民群众支援红军的热情。

1931年2月中旬，当邓小平率红七军五十五团初到崇义县时，红军指战员们个个蓬头垢脸，衣衫褴褛，疲惫不堪。可是进入县城一住下，城里的老百姓得知来的是红军，便纷纷笑脸相迎，给红军送米送菜，送鱼送肉，使部队得到休息补充，恢复元气，100多名伤病员得到很好安置。全军部队与崇义人民一起欢欢喜喜过了个农历新年。这一年11月，在瑞金叶坪召开中华工农兵苏维埃第一次全国代表大会时，六七百名来自全国各个苏区的代表云集瑞金。为保证与会代表们吃好住好，叶坪及附近几个乡的老表们，纷纷腾出自己的住房，还将一头头活猪、一担担鸡鸭、蔬菜，源源不断地送到大会筹备处。大会代表们无不感谢瑞金人民的热情接待，也赞扬他这位县委书记工作做得好。他对代表们说：不是我工作做得好，是瑞金人民支援红军热情高啊！

1932年他任会昌中心县委书记时，这几个县的苏维埃政府为支援红军作战，组织起运输队、担架队、救护队、破坏队、向导队、慰劳队、洗衣队、交通队等七八种支前参战组织，苏区几乎所有的青壮年男女甚至五六十岁的老人，都加入到这些组织中。仅1933年3月，这三个县就给红军送去布鞋1万多双，食品200多担，还有大量的毛巾、雨具等日用品。为支援红军、支援革命战争，苏区人民献出了家中的最后一升米，最后一块布，真是倾其所有，赤诚无限。

邓小平席间问起"四星望月"这道名菜，想起自己亲身感受到的苏区人民对红军的深情厚谊，那是非常自然的。除了这些，也许他还想起了陕北人民支援红军的小米，想起了太行山人民从牙缝里挤出来支援八路军的地瓜，想起了淮海战场支前民工的滚滚车轮。淮海战役是他和刘伯承、陈毅等同志指挥的，他任总前委书记。当时，百万民众大支前，部队打到哪里，支前的手车就推到那里。陈毅元帅说，淮海战役的胜利是支前民工用小车推出来的。

邓小平问起"四星望月"，想起兴国人民对红军的深情厚谊时，也许更想起了当年毛泽东在瑞金所说的至理名言：

> 革命战争是群众的战争，只有动员群众才能进行战争，只有依靠群众才能进行战争……真正的铜墙铁壁是什么？是群众，是千百万真心实意地拥护革命的群众。这是真正的铜墙铁壁，什么力量也打不破的，完全打不破的。反革命打不破我们，我们却要打破反革命。在革命政府的周围团结起千百万群众来，发展我们的革命战争，我们就能消灭一切反革命，我们就能夺取全中国。①

毛泽东是 1934 年 1 月在瑞金召开的第二次全国工农兵代表大会上作结论报告时说这番话的。邓小平当时因受到"左"倾错误的打击，没有参加这次大会，没能亲耳聆听毛泽东的教诲。但他很快就从当时出版的《红色中华》大会特刊中读到了这段话，一下子就深深地印在了他的脑海中。结合自己亲身的革命经历，他认为毛泽东的这段话，说得太深刻、太精彩了。

是呀，中国革命要胜利，离开人民群众的参加和支持，简直不可想象。作为伟大的马克思主义者，邓小平与毛泽东一样，将"人民群众"四个字深

---

① 《毛泽东选集》第一卷，人民出版社 1991 年版，第 136—137 页。

深地镌刻在了自己的心中。纵观他一生，无论是作为一县黎民百姓的"父母官"，还是作为指挥千军万马、叱咤风云的统帅，或是作为日理万机、治国安邦的国之重臣，他无时无刻不把"人民群众"四个字放在心中。就是在被诬为"党内第二号走资派"遭"炮打""火烧"身处逆境这几年，他仍深信群众力量的伟大，在思考着今后一旦有机会重返工作岗位，该怎样去依靠和组织群众，建设富强的国家，怎样全心全意为人民谋利益。

深知群众力量伟大的邓小平，在这次到赣南考察后不久，就从江西回到北京。他无论是在协助周恩来总理主持国务院工作时顶住"四人帮"压力狠抓整顿的艰难岁月里，还是在粉碎"四人帮"以后拨乱反正、领导全党全国人民改革开放、开辟建设有中国特色社会主义道路的过程中，都时刻想着人民的利益……

来到兴国县的当天下午，邓小平还前往参观了毛泽东当年作"长冈乡调查"的旧址和苏区时著名的"上社消费合作社"旧址。他还参观了长冈水电站。这个水电站是 1964 年兴建的。他仔细听取了建站情况的介绍，询问了电站的库容量、发电量和灌溉、发电、养鱼、防洪等方面的效益情况。他还想前往离县城 50 多公里的画眉坳钨矿去看看，只是路程太远，没有去成。

回到招待所，郭启祯副书记将全县的工作向邓小平简要作了汇报。像在赣州听汇报时一样，他只是认真听，没有说更多的话。

晚餐时，果然上了"四星望月"。只是厨师们按照吩咐，少放了一些辣椒。"四川人怕不辣"，邓小平边吃边笑着对陪同的崔永明说："这道菜'偷工减料'了。"饭后回到房间休息时，大概是"四星望月"勾起了他的记忆，邓小平突然问郭启祯："苏区你们兴国的人口是 23 万。我记得你们县参军参战的人很多，出了很多将军哩。当年苏区，你们兴国人在各个县都有人当干部，是不是这样？"大家回答："是。"都称赞他记忆力很好。

12 月 7 日早餐后，邓小平要离开兴国前往于都县。兴国县在家的主要领导和招待所的同志都来送行。邓小平和卓琳与大家一一握手告别。邓小平连声说："了了心愿，了了心愿，我很满意。感谢你们的盛情招待。了了心愿！"

4. 旧情难忘

汽车离开兴国县城，朝于都县城方向驰去。按预定日程，中午在于都县参观并用午餐，下午赶到会昌县。

头天晚上，兴国方面就已通知于都县委：老首长经银坑到于都来。12月7日早饭后，于都县委派出两位同志驱车40公里，专程前来银坑迎接。县委领导同志则在县委招待所等候。

谁知前往银坑迎接的同志，等到中午10点半钟，也不见邓小平车队的影子。兴国至银坑只有46公里，按理说早该到了。迎接的同志估计发生了什么情况，赶紧调转车头赶回县城。待他们回到县招待所，果然看见崔永明乘坐的北京吉普车停在院子里。他们被告知：邓小平夫妇至今未到。大家的心禁不住悬了起来。

发生了什么事情？原来，从兴国到于都有两条路：一条经银坑到于都，全长86公里；另一条经赣县江口到于都，全长95公里。3辆车出了兴国县城后，前头引路的"嘎斯69"和中间的"伏尔加"车往江口方向去了，而崔永明乘坐的北京吉普车却往银坑方向而去。于都在银坑迎接的同志只注意"伏尔加"轿车，没有留心吉普车，以致没有和崔永明他们接上头。结果，崔永明他们到后，邓小平夫妇乘坐的汽车还不见影子。人们分析了情况，估计他们将从江口方向来。于是于都县委又立即派车赶往江口方向迎接。

直到中午12点左右，邓小平一行才赶到于都县城。

邓小平对于都并不陌生。当年，他的前妻金维映，曾在这个县担任县委书记近一年时间。那时他多次来于都看望妻子。1934年10月，他又随突围转移的军委第一野战纵队，从瑞金来到于都县城北面的古田村集结，10月18日晚在茫茫夜色中渡过于都河，踏上长征路。于都县给他留下过欢乐和甜蜜，也留下过疑虑和苦涩。

下车。握手。问候。一杯热茶刚喝两口，邓小平就提出："走，看看去吧！"

中共于都县委副书记李方、郑熹，县公安局长于学彦等，陪同邓小平夫妇先来到"毛主席在于都革命活动纪念馆"。这个纪念馆跟兴国的一样，展览内容突出宣传土地革命时期毛泽东先后9次来于都的史迹，当然还介绍了于都地方革命斗争历史。邓小平也是从头至尾细细观看。当看到一张图表介绍说苏区时于都有七八万人参军参战时，他问陪同的县委领导："这个数字确切不确切？"

站在身旁的卓琳，看了他一眼，提醒道："你不要多唠叨嘛！"

邓小平朝卓琳点头笑了笑。

在苏区中共于都县委机关旧址照片前，邓小平停下，转头对旁边陪同的县委领导和纪念馆的工作人员说："当时，你们这里的县委书记是个女的。"

纪念馆工作人员连忙回答："对，她叫阿金！"其实，在场的人都清楚，"阿金"就是金维映，就是邓小平当年的爱人。陪同参观的同志后来还回忆说，邓小平回到招待所休息时还说了一句："你们县委有一位书记是女的。"

参观完纪念馆，邓小平夫妇又在人们的陪同下，乘车绕着于都县城转了一圈，参观了当年红四军政治部旧址管屋和毛泽东长征前夕旧居何屋，还看了长征出发时毛泽东、朱德、周恩来等军委领导同志夜渡于都河的东门渡口。

于都县城东门长征渡口。邓小平当年就是从这里夜渡于都河出发长征

邓小平当年也是从这里夜渡于都河出发长征的。在去何屋途中，他朝车窗外指了指，问："这里原来有城墙，现在怎么没啦？"

县里的同志告诉他："这段城墙早拆除了。"

午餐已是下午 1 点钟了。席间，邓小平兴致勃勃地说："我记得你们于都弹棉被的师傅很多。当时我在于都买了一床棉被，4 斤重，陪我走过了长征。"

在座的听邓小平这么一说，很感兴趣，连忙告诉他："于都不仅弹棉师傅很多，打铁师傅、补锅师傅也很多。弹棉锤、打铁锤、补锅锤，合起来称'三锤'，在江南数省乃至台湾，都是出了名的。"

邓小平听了，不时点头赞许。几天后，他和卓琳到了瑞金县，想起当年在于都县购买的棉被，觉得很好，提出要再买两床回去。随行人员赶紧给于都县委打电话。于都县供销合作社找来两位经验丰富的弹棉师傅，费了 3 天时间，才将两床棉被弹好，派专人赶到广昌县交给邓小平夫妇。卓琳坚持按市价付了钱，才将棉被收下。这是后话。

在于都，连参观带吃饭和休息，只用了 3 个小时。下午 3 时许，邓小平怀着绵绵思恋，告别于都，赶往会昌县。

5. 赶"庙会"察民意

傍晚时分，汽车驶入会昌城。

会昌县留在邓小平脑海中的印象太深刻了。当年，他作为会寻安中心县委书记，为守卫好中央苏区南大门，在这片红土地上施展过治党理政和治军的才华，洒下过辛勤的汗水，留下过数不清的实实在在的脚印。他也在这里受到过王明"左"倾错误领导者们的"缺席审判"，戴着一顶"江西罗明路线创造者"的帽子离开这里。他"三落三起"，第一次"落马"被打倒的痛苦记忆，令他刻骨铭心，终生难忘。如今，他回到这片熟悉的故土。只不过他这次回来，头上既没有"党和国家领导人"的耀眼桂冠，也没有那种"大驾光临"

的轰轰烈烈。然而,他却感到非常踏实,心境坦然自在。他要看看这里的人民,这里的山山水水,看看40年来这里发生了什么变化。

像沿途各县一样,会昌县委早几天就得到了邓小平要来的通知。他们像接待贵宾一样欢迎邓小平的到来,作好了周密的准备。县委、县人武部在家的主要领导,都前来看望老书记。县里还特地请邓小平夫妇在招待所小会议室观看《英雄儿女》电影。

中共会昌县委副书记、县人武部政委纪清林和县委副书记韩道修,向邓小平简要汇报了全县情况。汇报中谈到会昌县已经发现一个大盐矿,就在周田,离县城46公里,已经开采。邓小平一个月前在清江县时,就已经参观过江西盐矿。现在听说会昌县也发现有个大盐矿,十分高兴地说:"好哇,明天去看看!"

邓小平在会昌当中心县委书记时,亲身体验过苏区人民缺盐的苦头。那时,国民党对苏区实行严密的经济封锁,在毗邻苏区的白区实行油盐专卖,计口售盐。苏区军民虽然想了很多办法,不惜流血牺牲,从白区购进一些食盐,但远远满足不了需要。大家只好将长硝的老墙土砸碎倒到水中溶解,所得液体澄清后再倒入锅中熬制硝盐。这种硝盐,又苦又涩,吃多了容易生病。邓小平当时也和大家一样,"有盐同咸,无盐同淡"。要是当年知道周田地下有个大盐矿,他说什么也会想办法把它开采出来。现在听说周田办起了盐矿,他当然想去看看。

第二天早饭后,邓小平和卓琳在县里领导陪同下,分乘4辆小车,前往周田参观。

前头引路的还是地区警卫黎新泉乘坐的"嘎斯69"。第二辆是"伏尔加",车上除邓小平夫妇和黄文华外,还多了一位女同志。她叫徐加贞,是会昌县妇联主任,专门陪同卓琳的。徐加贞原想乘坐后面的车,卓琳亲热地将她一把拉到了自己的车上。

汽车驶出招待所大门,车上的邓小平瞧见对面体育场人头攒动。他问徐加贞:"里面在干什么?"

　　徐加贞告诉他：“这几天正好我们县里开物资交易会。这是交易会会场。”

　　邓小平像发现了什么宝贝，欣喜地对卓琳说：“我们自进城后还没有逛过庙会，回来时去看一看。”他知道庙会是个热闹场所，四面八方的老百姓都汇集在一起，是了解民情的好地方。

　　车到周田。邓小平和卓琳由众人陪同，循着生产线看了一遍，还收下了盐矿赠送的一小袋细盐作纪念，没多停留，就急着回县城。

　　回到县里，县里的同志对他说：“我们先到老县委去看看吧！”

　　“老县委”就是苏区时中共会昌县委机关驻地，位于会昌城内的孔圣殿旁。邓小平任会昌临时县委书记时曾在这里居住和工作过。这时，老房子已拆除改建成会昌县人民法院，只剩下一株4人合抱、枝繁叶茂的百年古榕，依然屹立在那里。邓小平在县委领导陪同下来到这个地方一看，连说：“这里都变了样呀？这棵大榕树还在！我住在这里时，经常在榕树下看书看报。”

　　县委的同志告诉他：“旁边的孔圣殿还在。”

　　孔圣殿当时是会昌县苏维埃政府办公的地方。于是，他又到孔圣殿看了看，并在那儿休息了片刻。

会昌县苏维埃政府旧址——会昌县城大成殿（孔圣殿）

从孔圣殿出来，邓小平和大家一起来到县城体育场，参观交易会。

体育场有东、南、西、北4座大门。场内四周临时搭起数十个小棚子。说是交易会，其实是县城各商业部门和全县各基层供销社，各占一个棚子，摆上参加交易的商品。场内还有一些出售油条、馒头一类点心的小摊点。在那个商品短缺的年代，举办这样一个交易会，尽管参加交易的商品品种单调，仍然吸引着众多的顾客。

邓小平从体育场东门悄然进入场内。他顺着摊点，挨个地询问各类商品的价格，问了棉纺问五金，问了五金问文具，还问了一些中草药材的价格。

在一个由国营饮食服务公司摆设的摊点前，一位老表正在吃馄饨。邓小平微笑着上前与老表交谈，询问了价格。他又问一位吃粉干的老表："你一天的工分值多少钱？"那位老表没好气地回答："还不到两碗粉干钱！"邓小平听后点点头。

这样沿着摊点从东到西，大约走了半个多小时，整个交易会都看遍了。

快要走出西门离开交易会时，一位年轻眼尖的女售货员突然认出了邓小平，禁不住惊呼起来："邓小平！"话音未落，在场的人们又惊又喜，目光一下子都集中到邓小平身上。

听到人们的呼喊，邓小平回转身微笑着向人们挥手致意。

6. 触景生情，他感慨万千："毛主席当年也是受排挤的！"

上午的参观活动，邓小平了解到不少情况，心情很好，午餐时有说有笑。席中上有一盘啤酒生焖鸭。卓琳尝了一块，对邓小平说："这菜味道很好！"

邓小平夹了一块放进嘴里，朝卓琳点点头："唔，不错，可惜还没有你们家的好吃。"

卓琳笑笑对大家说："我们家原来是资本家。"

邓小平接话："是资本家，但不大，是中等资本家。"说完笑了起来。

卓琳原名叫浦琼英。她的老家在云南宣威县。她父亲浦在廷，原是云南著名的宣威"火腿大王"，曾追随孙中山先生革命，任旅粤滇军军需总局局长及烟酒公卖局局长。孙中山病逝后，他被陷入狱，革除军职；日寇侵华，民族工业受到沉重打击，所办实业一蹶不振，家道中落。浦在廷1950年病逝，终年80岁。卓琳共有7兄妹，她排行最小。1931年15岁时，卓琳说服家人同意，只身前往北平读书，1936年考入北京大学物理系。她的两个姐姐受她影响，也来到北平读书。她有满腔爱国热情，积极参加"一二·九"学生运动，1937年冬又和自己的两个姐姐一起，毅然奔赴延安，投入到抗日救亡的洪流中，加入了中国共产党，并于1939年9月与邓小平结婚。

按预定计划，8日下午邓小平一行先去会昌县城东北3公里处的文武坝参观，然后再去瑞金。

坐落在绵江东岸的文武坝，原叫文屋坝，是个大村庄。1933年9月中共粤赣省委和粤赣省苏维埃政府成立后，机关就设在这里。1934年4月下旬到7月下旬，当时担任苏维埃中央执行委员会主席的毛泽东，从瑞金来到粤赣省视察，就住在这里。文武坝这个村名，就是毛泽东给改过来的。1934年7月23日，天未亮，毛泽东由粤赣省委书记刘晓、粤赣军区司令员何长工等陪同，披着晨曦，渡过绵江，兴致勃勃地登上会昌城北的岚山岭，放眼远眺绵延南粤的莽莽群山，思绪万千。回到文武坝后，毛泽东挥笔写下了脍炙人口的《清平乐·会昌》词：

东方欲晓，莫道君行早。踏遍青山人未老，风景这边独好。

会昌城外高峰，颠连直接东溟。战士指看南粤，更加郁郁葱葱。

邓小平在会昌当县委书记时，曾多次到过文武坝，还在这里参加过劳动，对这里的情况很熟悉。不过毛泽东住在这里的情况，他就不太清楚了。他和卓琳来到文武坝，与众人一起在村子里转了转，看了看当年自己劳动过的地方和村前的鱼塘、村后的防空洞。随后，来到毛泽东当年住过的屋子里。

毛泽东在会昌县文武坝旧居

　　这是村子西头的一进偏舍。会昌县革命纪念馆工作人员引领邓小平来到毛泽东住的房间。细细看过去，只见房间里头搁放一张木板床，窗户开在南墙，窗前的四方桌上，放着一盏锈迹斑斑的"美最时"马灯和一副墨盒，一支狼毫笔。会昌县革命纪念馆工作人员指着桌上的笔墨对邓小平说："毛主席从岚山岭回来后，就是在这里填写《清平乐·会昌》词的。"

　　邓小平知道毛泽东的这首词。他点点头，若有所思地对陪同参观的同志说："毛主席当时也是受排挤的。"

　　触景生情，话语缓缓，看似平常，却如泰山一般沉重。

　　听了他这句话，在场陪同参观的人们联想到邓小平现在蒙冤受屈的处境，都默不作声。也许人们都在细细品味他这短短的一句话，包含着他心中想要表达的多少丰富的情感，多少深邃的哲理，多少坚韧的思想！

　　邓小平说得很对。毛泽东当年来会昌时，确实正受到王明"左"倾领导者的排挤。

　　向来以讲求实事求是著称于党内的毛泽东，自1927年党的八七会议以来，一直与党中央的"左"倾错误领导者们唱反调：当党内一些领导人热衷于城市斗争、城市起义的时候，他却带领湘赣边秋收起义部队上了井冈山，创建了井冈山革命根据地；当党内一些盲动主义思想严重的同志大肆鼓吹烧杀政策的时候，他却向工农革命军颁布了"三大纪律""六项注意"，并严格加以执行；当党中央一些领导人盲目照搬苏联做法，极力推行"左"倾土地政策，强制各苏区执行"地主不分田，富农分坏田"土地政策时，他却从中国农村实际出发，总结推广了闽西苏区创造的"抽多补少"、"抽肥补瘦"、以乡为单位按人口平均分配的分田政策；当"左"倾盲动错误严重的李立三不顾红军力量弱小，强令全国红军集中力量攻打武汉、长沙、南昌、广州等大城市的时候，他却始终坚持农村割据政策和游击战争战略战术，使农村根据地不断巩固扩大；当王明"左"倾教条主义者狂热鼓吹"进攻路线"、夺取中心城市的时候，他却一再坚持"诱敌深入"的反"围剿"战略战术……这一切，都使得"左"倾领导者们，特别是六届四中全会以后上台的王明"左"倾领导者们极为不满。他们施展浑身解数，对毛泽东进行了一次又一次或明或暗的批判斗争：

——1931 年 8 月 30 日，中共中央政治局致信中共苏区中央局和红一方面军总前委，不顾事实指责毛泽东领导的中央苏区，在巩固根据地和红军问题、分配土地问题、苏维埃政权建设问题、工人运动与反帝斗争问题，以及在党内和群众中开展思想斗争方面，都存在着"严重错误"。

——1931 年 10 月间，中共临时中央政治局又致电苏区中央局，再次指责毛泽东领导的中央苏区"最严重的错误是缺乏明确的阶级路线与充分的群众工作"，犯了"调和路线""富农路线"错误。

——1931 年 11 月 1 日至 11 月 5 日，也就是中华工农兵苏维埃第一次全国代表大会召开前夕，中共苏区中央局在瑞金叶坪召开中共苏区第一次代表大会（即"赣南会议"）。会上，毛泽东受到不点名批评，被戴上了"右倾""保守""富农路线""狭隘经验论"等一大堆帽子。

——1932 年 3 月，中央红军攻打赣州失败后召开的苏区中央局江口会议上,反对攻打赣州的毛泽东,反而被指责犯有严重的"右倾机会主义"错误,一再受到批判。

——1932 年 5 月 11 日，中共苏区中央局在福建省长汀县城召开会议，作出决议，再一次指责毛泽东犯了"极严重的一贯的右倾机会主义错误"，说他"主张向着偏僻区域发展,这简直是苏维埃运动中的机会主义路线"。毛泽东后来说这次会议对他"采的是缺席裁判办法，一审终结，不许上诉的"。

——1932 年 10 月上旬,中共苏区中央局在宁都县小源村召开全体会议，对毛泽东的批评指责达到了顶峰。会后，毛泽东被剥夺了对红军作战的指挥权，被迫回到后方赋闲养病。

——1933 年 2 月开始，博古等"左"倾领导者在中央苏区开展反对所谓"福建罗明路线"和"江西罗明路线"的斗争。这场斗争，用毛泽东的话说是"指鸡骂狗"，矛头是冲着他来的。

——1934 年 1 月中旬，在瑞金召开中共六届五中全会时，博古又将毛泽东所任的苏维埃中央人民委员会主席职务削去，让他当一个中央政府的空头主席，甚至要将他逐出苏区，弄到莫斯科去。

正是在这种情况下，在瑞金已"无事可做"的毛泽东，才被迫来到中央苏区南线的会昌县"考察"……

对于毛泽东所遭受的这一连串"厄运"，有些事邓小平不一定清楚；有些事他是亲眼所见、亲耳所闻，甚至亲历其中。他说"毛主席当年也是受排挤的"，一点也没有说错。

听得出来，邓小平在说"毛主席当年也是受排挤的"这句话时，还饱含着他对毛泽东当时遭遇的深深同情。他本人是尝够了在党内被自己同志"打倒""批臭"滋味的。

细细品味邓小平说"毛主席当年也是受排挤的"这句话，还可以看出他对我们党以往处理党内矛盾、对待党内斗争的做法，十分不满意。

世界上任何一个政党内部，都不可能没有矛盾和斗争。中国共产党也不例外。毛泽东就说过：党内无党，帝王思想；党内无派，千奇百怪。党内对一些问题产生不同意见，甚至产生矛盾和斗争，是正常的。解决了所出现的矛盾和斗争，党就成熟一步，前进一步。

问题是如何对待这些矛盾和斗争？中国共产党自成立以来的近20年中，由于缺少解决党内矛盾和斗争的经验，更由于受共产国际和联共（布）的影响，在解决党内矛盾和斗争时，不问具体情况，不作具体分析，不论错误与否，一律采用对待敌人的办法，对犯错误的同志给以"残酷斗争""无情打击"，甚至杀头坐牢，顺之者昌，逆之者亡。1927年9月，因毛泽东领导的秋收起义失败，在党中央主持工作的"左"倾盲动思想严重的同志，便决定"开除"毛泽东的中央委员资格，开了党内滥施处分的先河。1930年夏，李立三将不同意他那一套冒险主张的同志斥为"游击主义""农民意识"，加以批评斗争。中共六届四中全会前后，在共产国际远东局的干预下，中央在对待李立三等犯有"左"倾盲动错误的同志时，也是采用一棍子打死的办法。中共六届四中全会后由王明等人把持的党中央，更是把不同意他们那一套"左"倾教条主义主张的同志，不分青红皂白，统统打成"右倾机会主义"，动辄扣上"罗明路线""逃跑路线"、"取消主义"等一大堆吓人的帽子，制造党内恐怖。更为严重的是，将解决党内矛盾与开展肃反斗争搅在一块，在中央苏区和其他苏区大规模地长期地开展所谓打"AB团"、"社会民主党"，反"改组派"、"第三党"等斗争，不调查，不研究，不依据事实，只凭刑讯逼供得来的口供材料，甚至只凭主观臆想，乱捕滥杀，使大批党的优秀干部和革命骨干被无辜杀害，造成了无可挽回的损失。

教训是多么地惨重！无论是毛泽东、邓小平这样遭受过"无情打击"的伟人，还是其他挨过整的同志，对这种胡乱开展"党内斗争"给党的事业带来的严重危害，给挨整的同志造成的严重伤害，谁没有切肤之感！大家无不从内心呼喊：再不能这样解决党内矛盾了！

我们党有幸，中国革命有幸。王明"左"倾错误领导，终于在贵州遵义划上了句号。后来被确立为党的领袖的毛泽东，既没忘记错误的党内斗争给自己、给党留下的伤痛，也没"以血还血，以牙还牙"。他在领导全党批判纠正王明"左"倾错误时，创造了党内整风这种好形式，强调在整风学习中必须发扬理论联系实际的学风，在党内开展批评与自我批评，对犯错误的同志实行"惩前毖后，治病救人"的方针，达到既要弄清思想，又要团结同志的目的。要求通过整风学习，全党都要总结历史经验，提高用马克思主义指导和解决中国革命实际问题的能力。

深受错误的党内斗争之害的邓小平，对毛泽东的这些正确做法坚决支持和拥护，对我们党自延安整风以来相当长的一段时间里能实事求是开展党内斗争感到欣慰。"文化大革命"的劫难中，面对着全国一片混乱的局面，邓小平心里在一阵阵揪心地痛啊！他对自己的升降沉浮无所谓，他是在担心党和国家的前途命运啊！现在，他在毛泽东当年受压吟诗的四方桌前，想想毛泽东当年受排挤的处境，想想自己眼前的处境，想想全党全国所有被"炮打""火烧"、遭批判受迫害同志的处境，他对胡乱开展党内斗争的错误做法，更加深恶痛绝。现在，面对毛泽东当年受排挤时用过的四方桌和小马灯，他脱口而出说"毛泽东当年也是受排挤的"，那是很自然的。

四方桌无语……

小马灯无语……

房中的一切均沉默无语……

邓小平无论是担任党的县委书记，还是担任党的总书记；无论是在台上，还是在台下；无论是身处顺境还是身处逆境，他都主张对待党内斗争必须实事求是，是什么性质、什么问题，就是什么性质、什么问题，不夸大，也不缩小；不无限上纲上线，也不放弃原则；不抓辫子整人，也不放纵错误放纵坏人。他说："每个党，每个国家都有自己的历史，只有采取客观的实事求是的态度来分析和总结，才有好处。"①

---

① 《邓小平文选》第三卷，第272页。

他还说："评价人物和历史，都要提倡全面的科学的观点，防止片面性和感情用事，这才符合马克思主义，也才符合全国人民的利益和愿望。"①

他强调："总结历史，不要着眼于个人功过，而是为了开辟未来。过去的成功是我们的财富，过去的错误也是我们的财富。"② 他还强调："解决历史遗留问题……是为了团结一致向前看。不能在旧账上纠缠，要把大家的思想和目光引到搞四个现代化上面来。如果不能得到团结一致向前看的结果，就说明我们的工作有缺陷。所以我们总是说，重大历史问题的解决宜粗不宜细。"③

最令人信服、令人感动、令人钦佩的，是"四人帮"倒台后，他在评价毛泽东、解决党内历史遗留问题、领导作出《关于建国以来党内若干历史问题的决议》时，坚持实事求是对待党内斗争的那种伟人风范，那种大度胸怀。在这个问题上，他为全党全国人民作出了光辉榜样。

"文化大革命"使邓小平和家人受到了那么多的冤屈和磨难，党内那么多的同志受到迫害，全国多少干部群众遭受摧残，党和国家遭受那么严重的损失。在全党和全国上下都在对毛泽东议论纷纷之时，如果稍一感情冲动，失去理智，就一定会举起刀子朝毛泽东这面旗帜一刀砍去，全盘否定。邓小平在处理这个问题时，头脑十分清醒，一再强调必须正确评价毛泽东的功过是非。1978 年 11 月 27 日，他在同华国锋、叶剑英、李先念、汪东兴听取中央工作会议各组召集人的汇报时，就明确指出："毛主席的伟大功勋是不可磨灭的。没有毛主席，就没有新中国。毛主席的伟大，怎么说也不过分，不是拿语言可以形容得出来的……外国人问我，对毛主席的评价，可不可以像对斯大林评价那样三七开？我肯定地回答，不能这样讲。党中央、中国

---

① 《邓小平文选》第二卷，第 244 页。
② 《邓小平文选》第三卷，第 272 页。
③ 《邓小平文选》第二卷，第 277 页。

人民永远不会干赫鲁晓夫那样的事。"①

1978 年 12 月 13 日，他在中央工作会议闭幕会上做《解放思想，实事求是，团结一致向前看》重要讲话时，又说："最近国际国内都很关心我们对毛泽东同志和"文化大革命"的评价问题。毛泽东同志在长期革命斗争中立下的伟大功勋是永远不可磨灭的。回想在一九二七年革命失败以后，如果没有毛泽东同志的卓越领导，中国革命有极大的可能到现在还没有胜利，那样，中国各族人民就还处在帝国主义、封建主义、官僚资本主义的反动统治之下，我们党就还在黑暗中苦斗。所以说没有毛主席就没有新中国，这丝毫不是什么夸张。毛泽东思想培育了我们整整一代人。我们在座的同志，可以说都是毛泽东思想教导出来的。没有毛泽东思想，就没有今天的中国共产党，这也丝毫不是什么夸张。毛泽东思想永远是我们全党、全军、全国各族人民的最宝贵的精神财富。我们要准确地理解和掌握毛泽东思想的科学原理，并在新的历史条件下加以发展……我们要领导和教育全体党员、全军指战员、全国各族人民科学地历史地认识毛泽东同志的伟大功绩。"②

邓小平强调要正确评价毛泽东，充分肯定毛泽东的历史功绩，并不回避毛泽东晚年所犯的错误。他说："毛主席不是没有缺点错误的，我们不能要求伟大领袖、伟大人物、思想家没有缺点错误，那样要求就不是马克思主义者。毛主席讲马克思、列宁写文章，就经常自己修改嘛。对毛主席的缺点错误，这个问题是不能回避的，在党内还是讲一讲好。"③

他进一步指出，毛泽东"在一生的后期，特别在'文化大革命'中是犯了错误的，而且错误不小，给我们党、国家和人民带来许多不幸……在他晚年有些不健康的因素、不健康的思想逐渐露头，主要是一些'左'的

---

① 中央文献研究室编《邓小平思想年谱》，中央文献出版社 1998 年第 1 版，第 95 页。
② 《邓小平文选》第二卷，第 148—149 页。
③ 《邓小平思想年谱》，第 95 页。

思想。有相当部分违背了他原来的思想，违背了他原来十分好的正确主张，包括他的工作作风。这时，他接触实际少了。他在生前没有把过去良好的作风，比如说民主集中制、群众路线，很好地贯彻下去，没有制定也没有形成良好的制度"。①

在批评毛泽东晚年错误的时候，邓小平强调对毛泽东的错误要实事求是地加以分析，一定要实事求是分析各种不同的情况，不能把所有的问题都归结到个人品质上；强调对于毛泽东的错误不能写过头，不能给毛泽东抹黑，给我们党我们国家抹黑。更令人敬佩的是，邓小平反复指出，毛泽东晚年犯的错误，责任不能完全推在毛泽东一人身上。他说，讲错误，不能只讲毛泽东同志，中央许多负责同志都有错误。包括他自己都有错误。不要造成一种印象，别的人都正确，只有一个人犯错误。这不符合事实。中央犯错误，不是一个人负责，是集体负责。他在与意大利记者奥琳埃娜·法拉奇谈话时，特别嘱咐法拉奇："你一定要记下我的话，我是犯了不少错误的，包括毛泽东同志犯的有些错误，我也有份，只是可以说，也是好心犯错误。不犯错误的人没有。不能把过去的错误都算成是毛主席一个人的。"②

在正确对待党内斗争方面，邓小平不主张动不动就把党内产生的矛盾和分歧、党内发生的斗争说成是"路线斗争"。在邓小平主持下作出、由中共十一届六中全会通过的《关于建国以来党的若干历史问题决议》，成为我们党继中共六届七中全会通过的《关于若干历史问题的决议》之后，实事求是正确对待党内斗争的又一典范。这是我们党的又一大进步。它表明中国共产党在邓小平为核心的党中央领导下，比以往任何时候都更加成熟了。

1966 年 6 月，正是毛泽东发动"文化大革命"、欲将刘少奇、邓小平打

---

① 《邓小平文选》第二卷，第 345 页。
② 《邓小平文选》第二卷，第 353 页。

倒之时。毛泽东离京南巡，途中曾写下《七律·有所思》一首：

> 正是神都有事时，又来南国踏芳枝。
> 青松怒向苍天发，败叶纷随碧水驰。
> 一阵风雷惊世界，满街红绿走旌旗。
> 凭阑静听潇潇雨，故国人民有所思。

确如诗中所言，对祖国大地翻卷的"史无前例"的激荡风雷，"故国人民有所思"。只是人们百思而不得其解。只有被这场"风雷"击倒的邓小平，在6年痛苦的磨难中不停地思索，才思悟出真谛。他在会昌县参观毛泽东旧居时说"毛泽东当年也是受排挤的"这句话，所表达的意思，也许就是他"有所思"得到的真谛之一吧。

邓小平和卓琳参观完会昌县文武坝毛泽东旧居，当日下午便离开会昌，前往瑞金县。会昌的同志像当年送别红军那样，依依相送至会昌与瑞金交界处的五里排。

7. 三寻故地话《红星》

"您是我们瑞金的老县委书记。欢迎您回来！"

邓小平一到瑞金，瑞金县委领导同志见到他时，第一句话就这样说。

听到这句话，邓小平感动不已，紧握着瑞金县委领导的手，久久不放。

瑞金宾馆也有幢"一号楼"，也是专门为毛泽东回瑞金而准备的。邓小平夫妇也被安排下榻这幢楼。

考虑到苏区时邓小平在瑞金工作时间最长，这次安排在瑞金停留时间也最长。

12月9日上午参观沙洲坝。邓小平和卓琳由瑞金县人武部部长潘学义等陪同，先看了毛泽东的旧居元太屋和红井，接着看了临时中央政府大礼堂。

邓小平 1972 年 12 月重返瑞金时下榻的瑞金宾馆一号楼

然后，来到设在沙洲坝的江西省九〇九地质大队，听取了大队工作情况汇报，还十分内行地参观了地质标本室、化验室，与技术人员交谈了一会儿。

按原定计划，参观完九〇九地质大队，就返回宾馆休息。

汽车往回开了一段路，邓小平不太满足似地问坐在车上的潘学义："红军总政治部好像在这什么地方？"

"就在这附近的乌石垄。"潘学义告诉他。

汽车停下。去乌石垄不能通车，邓小平说："走路去吧！"

翻过一座小山岗，到了乌石垄的"杨氏私祠"。这是一幢土木结构的两层楼房。门前一棵千年古樟树，枝繁叶茂，盘根错节；屋后一片青松，苍翠挺拔。邓小平站在房前看了看，连连摇头："不是这个地方！"

原来这是当年中央革命军事委员会办公旧址，总参谋部、军委一局、作战室、机要室、秘书室等单位设在这里，周恩来、朱德、刘伯承、叶剑英等同志也住在这里，总政治部并不设在此处。

陪同的同志又带领邓小平走了一里多路，来到古樟掩映的下霄村一幢房子前。他看了看，还是摇摇头："这是中央政治局办公地点。还不是这个地方。"

总政治部旧址在哪里？那时，无论是革命斗争史的宣传，还是革命旧居旧址的宣传，都只突出毛泽东一个人，与此无关的往往忽略掉，连瑞金革命纪念馆有些工作人员，也搞不清楚红军总政治部到底设在什么地方。

邓小平朝四周环视一遍，略略沉思片刻，问："白屋子在哪里？"

陪同的人们答不上来。好在有几位下霄村的老人在场。老人们告诉大家：下霄村西边约一华里有幢白房子，那就是。

邓小平来了劲头，丢掉手中的烟头，说："走，看看去！"

从下霄村到白屋子，要经过一片田垅。田中东倒西歪的甘蔗挡住了小路。瑞金纪念馆负责人刘礼青和另一位同志，只好一边拨开挡路的甘蔗，一边在小路两侧护着邓小平行走。邓小平连连示意不要扶他，踩着田塍小路健步朝前走去。

小路尽头，果见一幢外墙粉白气势恢宏的民居兀立田垅之中。邓小平快步上前，连说："对！对！就在这里！"他转身问县里的同志："这个地方好像还有一座小庙，怎么不见了？"

一位当地老表证实："不错，是有一座。1958 年'大跃进'时拆掉了。"

"白屋子"建于 1851 年，因房子外墙粉得雪白而得名。它是赣南典型的客家民居。中间的大厅分上下两厅，大厅左右正房旁各有 5 间侧房。现共住有 8 户杨姓居民。

邓小平迈进大厅右侧小门，稍稍打量一番，指着左侧第一个房间说："这是总政治部秘书处办公的地方。"

他又推开第二间房门，说："我就住在这里。《红星》报也是在这个房间里编辑的。"

瑞金纪念馆的同志感到惊讶："过去我们怎不知道这些情况呀？"

邓小平继续往前走，就像一位导游，一一告诉大家："这

邓小平在瑞金白屋子红军总政治部的办公室兼卧室

一间是总政组织部办公室；那间是武装动员部办公室；王稼祥主任住这一间；杨尚昆主任住另外一间……"

瑞金纪念馆后来经过多方调查，果然证实：红军总政治部于1933年5月从前线迁驻此地。总政治部所辖的组织部、宣传部、武装动员部、敌工部、青年部、秘书处和《红星》报编辑部，都设在此。王稼祥、贺昌、袁国平、杨尚昆、邓小平也住在这里，直到1934年7月才移驻云石山。大家对邓小平惊人的记忆力十分钦佩。

邓小平从白屋子左小门穿过中间大厅，再到右侧的各个房间看了看，然后来到大厅门外。正是红薯收获季节，有几位老表在忙着晾晒红薯粉。邓小平随手拉过一张靠背椅坐下，从口袋中摸出一盒中华香烟，对那几个老表说："来，歇一歇，抽支烟！"说完，将烟一一散发给他们，自己也点燃一支，和蔼地问："你们这里一共有几口人？今年收成怎么样？"

老表们已经认出是邓小平，兴奋地赶紧将分得的中华烟塞进口袋，舍不得抽。大家抢着回答了他的问话。邓小平与他们交谈了大约十几分钟，祝福老表们年年丰收，家庭幸福，并与大家握手告别。

离开白屋子时，瑞金纪念馆的刘礼青请教邓小平："老首长，当时《红星》报有多少人？"

邓小平手一挥："少着呢。我手下就一个通讯员，我就是编辑。"

大家一路说笑，直到中午12点才回到宾馆。

下午，邓小平和卓琳又前往叶坪和云石山参观。

8. 由建议搞一条生产流水线说开去

12月10日整天都是参观瑞金的县办工业。

上午，先看了县机床厂，接着是参观瑞金县电线厂。

瑞金县电线厂当时是这个县"工业学大庆"先进单位，始建于1966年，1969年建成投产。当年生产9个品种。1970年后开始生产军工产品。邓小平来参观时，正在生产航空导线。

大约上午 9 时左右，邓小平和卓琳一行从机床厂来到电线厂。全厂共 4 个车间，邓小平一个车间一个车间仔细地观看，一边看一边问。当他们来到设在楼上的航空导线车间时，邓小平问："这些电线是给哪里生产的呀？"

陪同参观的电线厂厂长董金城回答："军工。"

邓小平说："好呀，你们这个厂很有前途。"

他们又到了机器轰鸣的拉丝车间。邓小平仔细地向工人们询问生产流程。工人师傅告诉他，生产电线要经过四道工序，拉丝车间出来的产品连半成品也不是，还要经过几道工序。邓小平看到工人们正在将半成品搬运到下道工序的机器上加工，累得满头大汗，关切地问："你们能不能搞个流水线，这边进原料，那边出产品？"

工人们听后，高兴地说："要是能那样就好了，既省时又省力，还能提高工效！"

实行流水线作业，是现代工业的必然要求。在工业发达国家，稍微大些的工厂，都建立了生产流水线，实行自动化生产。可是，在我们国家，尤其是县办小工厂，从工人到厂长，直到县里的领导，都还没有这个现代化意识。许多人连"流水线"这个名词还没有听过。像瑞金电线厂这种只有机械化、没有自动化的落后生产方式，我们国家还有多少？邓小平对这一点是十分清楚的。他这几年劳动所在的新建县拖拉机修配厂，甚至连机械化也还没完全实现。他自己就在那里干了三年手工劳动——手握锉刀锉工件。这哪是什么机械化哟，这是工业化国家一个世纪前的生产方式！至于我国的农业，几乎全是靠手工工具弄饭吃，更谈不上什么机械化、现代化了。

知识渊博的邓小平，对流水线这些现代化的东西见得多，了解得多，思考得也多。他在车间里看到工人们劳动强度很大，工作效率却不高，对工人们既同情，又痛心。

透过这种大量存在的落后生产方式，邓小平看到了我们国家生产力水平的低下，看到了我国发展生产力、实现现代化的紧迫。他建议瑞金电线厂建一条生产流水线，实现自动化生产，就是要他们提高和发展生产力水平，尽快实现现代化。上个月在吉安参观泰和县手扶拖拉机厂时，他也对陪同参观的同志说："农业机械化是个方向，你们还要研究。"

邓小平对瑞金电线厂、泰和县手扶拖拉机厂的要求和期望，其实也是他对全国的期望。眼下，他的"劳动改造"生涯虽然还没有结束，他还是位"平民百姓"，但他知道自己很快就会有重新工作的机会。事实上，他已在着手考虑党和国家面对的现实和今后的出路。他知道，生产力是社会发展的最终决定力量。我们国家由于长期受外国列强的欺凌和本国封建主义和官僚资本主义反动统治，生产力遭受严重破坏，长期落后。新中国成立后，党领导人民进行了不懈的努力，大力发展经济建设，使社会生产力有了长足发展。1964年12月召开的第三届全国人大一次会议上，周恩来总理庄严宣布：我国的国民经济已基本完成调整任务，将要进入一个新的发展时期，就是要把我国建设成为一个具有现代农业、现代工业、现代国防和现代科学技术的社会主义强国。毫无疑问，作为中共中央总书记、国务院副总理的邓小平，对这一宏伟目标的制定和提出，不仅从内心坚决支持和拥护，而且为之付出了大量的心血。然而，由于党在指导思想上长期以阶级斗争为纲，不顾我国生产力仍然十分落后的客观事实，超越现阶段生产力发展的水平，强行调整生产关系，违背科学规律，搞"大跃进""穷过渡"，结果使好不容易发展起来的生产力又遭到人为的破坏。特别是眼下还在进行的"文化大革命"，使全国一片混乱，生产力的发展受到空前严重的阻碍和破坏，致使全国大部分地区仍处于贫穷落后状态，人民群众物质文化生活水平得不到提高。这怎不让邓小平痛心和心焦呢？他心中十分明白：不早日实现四个现代化，人民就永远受穷，国家就永远落后，就永远没有出路！

他是这样想，这样说，也是这样做的。4个月后他回到北京，在协助周恩来主持国务院工作期间，顶着"四人帮"干扰破坏，批极"左"，抓整顿，目的就是制止混乱，稳定全国，为发展生产力、实现四个现代化创造条件。

1975年1月，第四届全国人大第一次会议在北京举行。协助周恩来总理领导筹备这次会议的邓小平，亲自主持起草周恩来总理在大会上作的《政府工作报告》。他坚决顶住"四人帮"的压力，坚持在《政府工作报告》中重申三届人大提出的"在本世纪内，全面实现农业、工业、国防和科学技术的现代化，使我国国民经济走在世界前列"的宏伟目标，得到毛泽东主席、周恩来总理的坚决支持和全国人民的拥护。四届全国人大一次会议结束不久，他在中央召开的中共省、市、自治区

1975 年 1 月，邓小平在四届全国人大一次会议上

委分管工业的书记会议上发表讲话，严肃地向全党指出："现在有一个大局，全党要多讲。大局是什么？三届人大一次会议和四届人大一次会议的政府工作报告，都讲了发展我国国民经济的两步设想：第一步到一九八○年，建成一个独立的比较完整的工业体系和国民经济体系；第二步到二十世纪末，也就是说，从现在算起还有二十五年的时间，把我国建设成为具有现代农业、现代工业、现代国防和科学技术的社会主义强国。全党全国都要为实现这个伟大目标而奋斗。这就是大局。"①

　　可是，我国的社会主义现代化建设再次受到"四人帮"的阻挠和破坏。"四人帮"别有用心地大批特批所谓的"唯生产力论"，胡说什么"四个现代化实现之日，就是资本主义复辟之时"，"宁要社会主义的草，不要资本主义的苗"，宁要穷的社会主义，不要富的资本主义。他们企图让我们国家永远处于落后状态，永远实现不了现代化。1976 年 4 月，积极领导全国人民为建设社会主义四个现代化而斗争的邓小平，终于第二次被打倒，国家的四个现代化建设步伐再一次被迫停顿下来。

　　好在历史前进的车轮是任何人也阻挡不了的。"四人帮"被粉碎后，在

---

① 《邓小平文选》第二卷，第 4 页。

党的十一大和五届全国人大一次会议上，实现我国的四个现代化被重新提上全党全国人民的议事日程。在 1978 年 3 月 18 日召开的全国科学大会上，邓小平再次向全党全国人民吹响了向四个现代化进军的号角。他说："在二十世纪内，全面实现农业、工业、国防和科学技术的现代化，把我们的国家建设成为社会主义的现代化强国，是我国人民肩负的伟大历史使命。"[①]

此后，邓小平进一步指出，实现四个现代化是一场深刻的革命，是摆在全党全国人民面前的最大的政治，因为代表着全国人民的最大利益，最根本的利益。

由实现机械化到建立生产流水线，到实现现代化，让国家富强起来，让人民富裕起来，这是中国人民多少年来梦寐以求的追求。回想起来，"戊戌七君子"百日维新强国梦，被冥顽不化的慈禧"老佛爷"砸得粉碎；中国革命先行者孙中山先生"建国方略"中描绘的中国现代化蓝图，也因蒋介石的倒行逆施化为泡影；英明领袖毛泽东领导中国人民站了起来；历史巨人邓小平，让中国的社会主义四个现代化逐步由理想变成现实……这一切，瑞金电线厂的工人们不会忘记，革命老区人民不会忘记，全中国人民不会忘记！

9. "为什么有近路不走，偏要走远路？"

从瑞金电线厂出来，邓小平和卓琳一行驱车来到离电线厂不远的红都糖厂，继续参观。

红都糖厂是瑞金县最大的县办工厂，主要产品是用当地的甘蔗生产白砂糖，副产品是酒精和糖果。

糖厂领导事先安排厂生产科长黄达明具体负责介绍厂里的生产情况。

看到邓小平下车，黄达明赶紧上前问候："首长好！"

"你姓什么？"邓小平一边握手一边问。

---

① 《邓小平文选》第二卷，第 85—86 页。

"我姓黄。"

"噢，小黄！"邓小平亲切地说。黄达明和厂领导领着邓小平一行先来到厂办公楼会议室休息。会议室的茶几上摆好蜜橘和糖厂自产的糖果，还泡好了加有白糖的茶水。

邓小平拿起茶几上的糖果问："这是你们厂自己生产的吗？"

黄达明连忙回答："是！"说完，剥开一颗递过去："首长尝一尝。"

邓小平尝了一颗。称赞道："唔，蛮甜！"随后，又喝了一口糖茶水。

黄达明剥了一个蜜橘递过去："首长再尝尝这个。"

邓小平接过看了看，说："喝了糖茶，再吃橘子，嘴巴是苦的，外国人吃橘子，都用纸一个个包装好，那样才卫生。中国人穷惯了！"说完，他摇了摇头，将橘子放回茶几上。随后，他问这个厂是什么时候建的？厂里有多少工人？每个工人劳动生产率多少？都生产些什么产品？黄达明一一作了回答。

大约坐了20分钟，邓小平从沙发上站起来，说："小黄，走，到车间去看看。"

从厂办公楼到车间有一条平坦的大路。陪同参观的黄达明告诉他这条路

邓小平参观过的瑞金红都制糖厂

较远。邓小平问："有没有什么近路？"

黄达明回答："有条小路，坑坑洼洼的，不好走。"

邓小平笑笑："不要紧，为什么有近路不走，偏要走远路？中国革命的道路是曲折的，不是笔直的。走。"

邓小平不愧是位伟大的哲人。他说这句话，听似平淡，细细品味，个中又富含多么深邃的哲理！

是呀，勇敢的人、坚毅的人、讲求时间效率的人，一般都喜欢走近路，哪怕坑坑洼洼。邓小平就是这种人。

他自从 16 岁离开四川广安老家，踏上外出求学、投身革命的道路那一天起，就开始了在崎岖坎坷道路上的跋涉攀登。

回国后，1929 年党中央派他到广西领导革命。当时也有两条路：一条是附和俞作柏，依靠广西地方实力派，慢慢地做工作。这条路好走，风险小，但革命难以成功。另一条路，就是努力发展党组织，深入发动群众，团结左派，组织工农，举行武装起义，建立革命武装和革命根据地。这条路困难重重，却是夺取中国革命胜利的必由之路。他也是毫不犹豫地选择了这条道路，领导举行了百色起义，创建了广西左右江革命根据地。

到瑞金后，当党组织要他去处理瑞金县委书记李添富乱肃"社会民主党"问题时，他也有两条路可选择：一条路是推说要去找红军总部，坐以等待，无可非议；另一条路是服从安排，挑起组织交给的重担，但这要冒极大的风险。他还是毫不犹豫地选择了后一条路。

在担任瑞金县委书记和会寻安中心县委书记时，他同样面临两条路：一条是见风使舵，跟着王明"左"倾教条主义者走，说不定他很快就可能得到提拔重用；另一条是实事求是，坚决支持毛泽东等人的正确领导，与王明"左"倾教条主义作斗争，使苏区工作免遭大的损失，但这要冒犯"左"倾领导者们，说不定要挨批挨斗，甚至杀头坐牢。他还是毫不犹豫地选择了后一条路。

…………

这就是革命家的本色。无论是革命战争年代，还是社会主义建设时期，邓小平的这一革命本色始终没有改变。

现在，他即将结束下放劳动生涯，就要回到北京，重新工作。等待他的也将是两条路：一条是鹦鹉学舌，随声附和，跟着"左"的错误走，甚至推波助澜，这将平平安安；另一条是力挽狂澜，制止和纠正"左"的错误，使党和国家少受损失，但这将激怒"四人帮"，可能招致难以想象的后果。

历史已经证明，他选择的仍然是后一条路。他同"四人帮"进行了针锋相对的斗争，对"文化大革命"以来所造成的严重混乱局面进行了大刀阔斧地整顿。他强调安定团结，努力把国民经济搞上去。他以铁路交通作为经济整顿的突破口，对那些搞打砸抢、冲击和破坏经济建设的首要分子严肃处理，对有利于恢复经济秩序、有利于发展生产的规章制度坚决予以恢复并要求严格执行。他指示有关部门先后起草了《关于加快工业发展的若干问题》、《关于科技工作的几个问题》（汇报提纲）、《论全党全国工作的总纲》等文件。在很短的时间内，军队、工业、农业、交通、科技、文艺等各方面整顿，收到显著成效，得到全国人民的衷心拥护。然而这一切果然引起毛泽东的不满，更引起"四人帮"的仇视。他很快就在"文化大革命"中被第二次"打倒"。

"四人帮"被扫进了历史的垃圾堆。邓小平第三次重新出来工作。他又是面临着两种抉择：做官和做事。做官，稳稳当当；做事，操心劳累。他选择了"做事"。做事，也有两种做法：一种是唱老调，走老路，所谓"按既定方针办"，这将带领我们国家走进死胡同；一种是甘冒风险，大胆改革创新，走出一条符合中国国情的有中国特色的建设社会主义的道路来。邓小平坚定勇敢地选择了后一种做法。他一出来工作，就以战略家的远见卓识，在千头万绪中首先抓住具有决定意义的环节，推动思想路线的拨乱反正，领导和支持开展真理标准问题的讨论，推倒"两个凡是"，打破思想禁锢，重新确立党的解放思想、实事求是思想路线。继而果断地停止使用"以阶级斗争为纲"的错误口号，把党和国家的工作重点转移到社会主义现代化建设上来，作出实行改革开放的战略决策，带领全党全国人民披荆斩棘，踏上了改革开放、建设中国特色的社会主义的艰难的探索之路。

在开拓创新的进程中，他敏锐把握时代发展的脉搏和契机，既继承前人又突破陈规，既借鉴世界经验又不照搬别国模式，总是从中国的现实和当代世界发展的特点出发去总结新经验，创造新办法，创立建设有中国特色的社会主义理论和在这个理论指导下制定的党在社会主义初级阶段的基本路线。这一伟大理论，科学地把握社会主义的本质，第一次比较系统地初步回答了中国这样的经济文化比较落后的国家如何建设社会主义，如何巩固和发展社会主义的一系列基本问题。它是马克思列宁主义基本原理与当代中国实际和时代特征相结合的产物，是毛泽东思想的继承和发展，是当代中国的马克思主义，是我们党和我国人民最可宝贵的财富。

他尊重群众，尊重实践，总是鼓励全党全国人民在改革开放的汹涌大潮中大胆地试，大胆地闯。他说："没有一点闯的精神，没有一点'冒'的精神，没有一股气呀，劲呀，就走不出一条好路，走不出一条新路，就干不出新的事业。不冒点风险，办什么事情都有百分之百的把握，万无一失，谁敢说这样的话？一开始就自以为是，认为百分之百正确，没那么回事，我就从来没有那么认为。"①

这是多么勇敢的精神、多么宽广的胸怀、多么伟大的气魄啊！

踏平坎坷是坦途。中国人民是多么地幸运！在改革开放总设计师邓小平的指引和带领下，坚冰早已打破，建设中国特色的社会主义的道路已经开通。中国改革开放40年，取得了令世界震惊的巨大成就，华夏大地发生了翻天覆地的变化，现在已经进入了中国特色社会主义新时代！

正是邓小平那种不畏艰险、勇闯新路的革命精神，才带领中国人民闯出了这么一条无限光明的大道！

---

① 《邓小平文选》第三卷，第372页。

第十二章

重返赣南情悠悠（下）

10. 参观糖厂论人才

邓小平和卓琳在糖厂生产科长黄达明引领下，沿着坑坑洼洼的小路，先来到糖厂澄清工段参观。邓小平一边看，一边问每个岗位的职责是什么。黄达明作了详细介绍。随后，又来到酒精车间。邓小平问："你们的酒精多少度？"

"95度。"黄达明回答。

"多少？"邓小平没听清，又问。

卓琳凑近他耳边："我都听清了，你还听不到？耳朵又背了？"

邓小平辩解："不是耳朵背嘛，是噪声太大。噢，是95度。"

他又问："这种酒精做甚么用呀？"

黄达明告诉他："主要是医用和做溶剂。"

"还有一种用途你没说到，酒精还可以开汽车。"

"我没听说过。"黄达明坦率地回答。

"我在延安时坐的汽车，都是用酒精开的。我们不能忘记过去噢!"邓小平说这话时,神情很深沉。

他们又来到糖果车间。车间内,有些工人用手工包糖果,有些工人在用机器包糖果。邓小平问:"手工包糖每天包多少?"

"80来斤吧。"陪同参观的糖厂生产科长黄达明回答。

"机器包糖呢?"邓小平又问。

黄达明:"400来斤。"

"为什么不用机器包?"

"中国人多嘛。"黄达明半开玩笑半认真地回答。

邓小平摇摇手:"不能那样讲。人多,可以安排一部分人生产,再送一部分人去学习。"他停下脚步,认真地对黄达明,也是对糖厂的领导说:"小黄,你们的问题就在这里!"

黄达明连连点头:"对!对!"

看得出来,黄达明连连说"对",明显是出于应酬。他回答邓小平说"中国人多",倒是实话。这种想法在当时岂止黄达明有,糖厂领导也有。可以肯定,全国全党绝大多数人当时都是这么认为的。要不,"人多好办事"这句中国流传多少年的俗话,怎么很少有人提出怀疑呢?连毛泽东也说过"人多议论多,热气高,干劲大"嘛。糖厂安排工人用手工而不用机器包糖,也许上级还会表扬他们是充分挖掘了人力资源呢。

邓小平却不这么认为。在他看来,一个人操纵一台机器干一天活的产量,相等于5个人用手工干一天的产量,明显地用机器包糖成本低、效率高,这么有划算的事为什么不干?是不是因为人多就只好这样安排呢?他更不同意这种想法。用手工包糖果,这是最简单的劳动技能,连文盲也干得了。那么,为什么不采用机器生产,将裁减下来的人员送去学习培训,帮助工人们提高文化素质和技能水平,以便更好地发挥他们的作用呢?

这就涉及一个深层次的观念问题:我们应该有什么样的人才观?是使用大量缺乏文化科技知识的廉价劳动力好呢?还是设法培养造就更多有文化有知识的高素质的人才好呢?

邓小平明确指出糖厂的"问题就在这里"，就是批评糖厂领导缺乏正确的人才观。这真是一语中的，一针见血！

邓小平向来是十分重视使用和培养人才的。他知道，人类社会发展到现代化生产时代，在科学技术的发展速度一日千里突飞猛进的时代，无论哪个方面的竞争，归根到底是人才的竞争。他对那种忽视科学技术、忽视人才的观念和做法，深恶痛绝，尤其痛恨林彪、"四人帮"对科学技术的亵渎和对人才的糟蹋。他回到北京重新出来工作后，1975 年 8 月 3 日在国防工业重点企业会议发表讲话时，就针对林彪、"四人帮"反革命集团将知识分子诬蔑为"臭老九"的做法，针锋相对地指出："要发挥科技人员的积极性，要搞三结合，科技人员不要灰溜溜的。不是把科技人员叫'老九'吗？毛主席说，'老九不能走'。这就是说，科技人员应当受到重视。他们有缺点，要帮助他们，鼓励他们。要给他们创造比较好的条件，使他们能够专心致志地研究一些东西。这对于我们事业的发展将会是很有意义的。"①

一个月后，即 1975 年 9 月 26 日，他在听取中国科学院负责同志汇报《关于科技工作的几个问题》时插话说："现在科研队伍大大削弱了，接不上了。搞科研要靠老人，也要年轻人，年轻人脑子灵活，记忆力强。大学毕业二十多岁，经过十年三十多岁，应该是出成果的年龄。这一段时间一些科研人员打派仗，不务正业，少务正业，搞科研的很少。少数人秘密搞，像犯罪一样。陈景润就是秘密搞的。这些人还有点成绩，这究竟是红专还是白专？像这样一些世界上公认有水平的人，中国有一千个就了不得。说什么'白专'，只要对中华人民共和国有好处，比闹派性、拉后腿的人好得多。现在连红专也不敢讲，实际上是不敢讲'专'字。"②

邓小平在插话中指出，要给有培养前途的科技人员创造条件，关心他们，支持他们，包括一些有怪脾气的人。首先要解决这些人的房子问题，家庭有

①《邓小平文选》第二卷，第 26—27 页。
②《邓小平文选》第二卷，第 32—34 页。

困难的要帮助解决。他说：

"要后继有人，这是对教育部门提出的问题。大学究竟起什么作用？培养什么人？有些大学只是中等技术学校水平，何必办成大学？科学院要把科技大学办好，选数理化好的高中毕业生入学，不照顾干部子弟。这样做要是犯错误，我首先检讨。这不是复旧！一点外语知识、数理化知识也没有，还攀什么高峰？中峰也不行，低峰还有问题。我们有个危机，可能发生在教育部门，把整个现代化水平拖住了。比如我们提高工厂自动化水平，要增加科技人员，这就要靠教育。提高自动化水平，减少体力劳动，世界上发达国家不管是什么社会制度都是走这个道路。科技人员是不是劳动者？科学技术叫生产力，科技人员就是劳动者！"①

只是由于"四人帮"横行破坏，邓小平关于重视科技、重视人才的指示根本无法得到贯彻执行。他自己也第二次被打倒。风云突变,但他对科技、对人才的看法始终没有改变。

粉碎"四人帮"后，他还没有正式出来工作，就表示出对科技、对人才的格外关心。1977年5月12日，他在同中国科学院两位负责人谈话时，针对教育战线的落后状况和存在的问题，强调要抓科学和教育。他指出："抓科研要注意选接班人。关键是人……科学研究方面的东西是人类劳动的成果，为什么不接受？接受这些东西有什么可耻？要抓重点，要抓重点学校、重点科研院所、重点人才、重点项目。"②

他再次为科技人员受歧视的遭遇鸣不平，说："一个时期，说科技人员是'臭老九'，连发明权都没有。科学研究是不是劳动？科研人员是不是劳动者？三大革命运动有科学实验嘛。科研人员搞点体力劳动是需要的，但他本身是脑力劳动者。自动化技术是以脑力劳动为主的。整个国家赶超世

---

① 《邓小平文选》第二卷，第33—34页。
② 引自中央文献研究室编《邓小平思想年谱》,中央文献出版社1998年11月第1版，第26—27页。

界先进水平，科学研究是先行官。"①

　　这次谈话后刚过了十几天，他在同中央两位负责人谈话时，又谈到科技和教育问题，强调要尊重知识，尊重人才。他说："我们要实现现代化，关键是科学技术要能上去。发展科学技术，不抓科学技术，不抓教育不行。靠空讲不能实现现代化，必须有知识，有人才。没有知识，没有人才，怎么上得去？科学技术这么落后怎么行……现在看来，同发达国家相比，我们的科学技术和教育整整落后了二十年。科研人员美国有一百二十万，苏联九十万，我们只有二十多万，还包括老弱病残，真正顶用的不很多。"②

　　邓小平正式出来工作后，办的第一件事，就是自告奋勇抓教育，抓科技。"拼却老红一万点，换得新绿百千重。""文化大革命"耽误了 10 年教育人才的大好时光，他要将它夺回来！林彪、"四人帮"将原本生机勃勃的教育界和科技界摧残得百孔千疮，他要以最快的速度将它恢复过来！在他复出后最初几个月的工作日程表上，安排得最多的就是与教育和科技相关的行程。

　　1978 年 3 月 18 日，全国科学大会在北京召开。邓小平出席大会，并在会上发表重要讲话。他庄严宣布："王洪文、张春桥、江青、姚文元'四人帮'肆意践踏科学事业、迫害知识分子的那种情景，一去不复返了。"他强调："四个现代化，关键是科学技术的现代化。没有现代科学技术，就不可能建设现代农业、现代工业、现代国防。没有科学技术的高速度发展，也就不可能有国民经济的高速度发展。"他明确而又坚定地阐述了科学技术是生产力的观点，指出："科学技术作为生产力，越来越显示出巨大的作用。"③

　　"春风又绿江南岸"，万紫千红满园春。科学的春天来了，教育的春天

---

① 引自中央文献研究室编《邓小平思想年谱》，中央文献出版社 1998 年 11 月第 1 版，第 26—27 页。
② 《邓小平文选》第二卷，第 40—41 页。
③ 《邓小平文选》第二卷，第 85—98 页。

邓小平 1978 年在全国科学大会上与数学家陈景润亲切握手

也来了。邓小平关于人才、关于教育和科技的思想，就是这春天里和煦的春风！

此后，邓小平继续不断地强调科技、教育、人才的重要。继当年在全国科学大会上指出"科学技术是生产力"之后，1988 年 9 月，他进一步指出："科学技术是第一生产力。"[1] 这一论断，是对科学技术重要作用的新的理论概括，是马克思主义理论宝库的新发展。1992 年春天在南方谈话中，邓小平再一次语重心长地说："经济发展得快一点，必须依靠科技和教育。我说科学技术是第一生产力。近一二十年来，世界科学技术发展多快啊！高科技领域的一个突破，带动一个产业的发展。我们自己这几年，离开科学技术能增长得这么快吗？要提倡科学，靠科学才有希望。近十几年来我国科技进步不小，希望在九十年代，进步得更快。每一行都树立一个明确的战略目标，一定要打赢。

---

[1] 《邓小平文选》第三卷，第 274 页。

高科技领域，中国也要在世界占有一席之地。"①

对于人才，邓小平更像慈父般地予以关爱。1985 年 3 月 2 日至 7 日，全国科学技术工作会议在北京召开。他在会上讲话时，对科技工作者、对知识分子在社会主义现代化建设中发挥的重大作用，给予了充分肯定和赞扬。他说："改革经济体制，最重要的、我最关心的，是人才。改革科技体制，我最关心的，还是人才。人才问题，别的不说了，今天就讲两点。第一，能不能每年给知识分子解决一点问题，要切切实实解决，要真见效。第二，要创造一种环境，使拔尖人才能够脱颖而出。改革就是要创造这种环境。人才是有的。不要因为他们不是全才，不是党员，没有学历，没有资历，就把人家埋没了。善于发现人才，团结人才，使用人才，是领导者成熟的主要标志之一。"②

有哪一位知识分子、哪一位科技人员听了邓小平的这番讲话，不感到温暖，不热血涌动？尽管国家有难处，知识分子、科技人员在工作、学习、生活中遇到的困难不可能都得到解决，可"一枝一叶总关情"啊。有邓小平这些话，有党和国家的关怀体贴，困难再大，又焉能移易知识分子、科技人员拳拳报国之心？！

1992 年，已届 88 岁高龄的邓小平，仍在关心教育、科技和人才。他在南方谈话中满怀深情地说："我说过，知识分子是工人阶级的一部分。老科学家、中年科学家很重要，青年科学家也很重要。希望所有出国学习的人回来……希望大家通力合作，为加快发展我国科技和教育事业多做实事。搞科技，越高越好，越新越好。越高越新，我们也就越高兴。不只我们高兴，人民高兴，国家高兴。"③

这是这位世纪老人对中国知识分子、科技人员的深厚期望和殷殷嘱托啊！带着这样的期望和嘱托，5 年后的 1997 年 2 月 19 日老人离我们而去。

---

① 《邓小平文选》第三卷，第 377—378 页。
② 《邓小平文选》第三卷，第 108—109 页。
③ 《邓小平文选》第三卷，第 378 页。

可以令老人十分欣慰的是，中国知识分子、中国科技人员没有辜负老人的期望。他们在祖国四化建设的各条战线、各个领域，都发挥着巨大作用，为祖国的强盛贡献出自己全部的聪明才智。

11. 参观路上起"风波"

邓小平参观完瑞金红都糖厂糖果车间，意犹未尽，问陪同参观的厂生产科长黄达明："小黄，还有哪个车间没有看？"

"还有发电房。"

邓小平还想去看看。这时，工人们听说邓小平来厂里参观，都想看看这位瑞金的老书记、老首长，道路两旁挤满了人。警卫人员怕出事，劝住了。

糖厂参观用去 1 小时 20 分钟。临走时，坐在车上的邓小平摇下车窗玻璃，抬手将黄达明叫到车前，亲切地说："小黄，到北京来我家玩！"

黄达明连声谢道："谢谢老首长！谢谢老首长！"

邓小平握了握黄达明的手，挥手与大家告别。

12 月 10 日上午参观完糖厂后，邓小平和卓琳返回瑞金宾馆午餐、休息。下午，他们在参观瑞金县塑料厂和县工艺美术厂过程中，出了一点小"风波"。

瑞金县塑料厂设在县城云龙桥的廖屋坪旁边。廖屋坪有条小街，是县城的农贸市场。这天正好是星期天，虽已到下午，街上卖菜的、摆摊的，还有不少人。

邓小平从塑料厂参观出来，本该上车前往县工艺美术厂继续参观，但他发现路旁是个大集贸市场，便径自兴致勃勃地朝那儿走去。他这儿瞧瞧，那儿看看。在一个卖草鞋、草饭袋子的小摊前，他停下伸手提起一个草饭袋子端详了一会儿，对身旁陪同的人说："当年，我们在瑞金就是用这个煮饭吃的。好香嘞！"

苏区时，在瑞金的中央各机关工作人员，都用这种席草编织的小袋子煮饭吃。每人将自己的定量大米放进袋子里，用绳子将袋口一扎，丢进大铁锅里煮。每个袋子系上一块小竹牌，牌子上写上各自的姓名，以免拿乱错。这种草袋子饭香是香，可当时大米定量少，还要节约粮食支援前方，大家都吃不饱肚子。不过，红军都是钢铁汉，肚子吃不饱照样干革命。邓小平更是个乐天派，所以说起当年的草袋子饭，也其乐融融。

街旁有家卖米酒的小店，一位老大爷倚着柜台正在喝酒。邓小平走上前去，操着四川腔与老人攀谈："您老喝酒呀？"

老人惊愕地点点头。

"这酒是哪里产的？"

"本地产的。"

"您喝酒不要菜呀？"

老人又是点点头。

这样走走看看，大约走了一百来米远。这当儿，有人认出了他。"邓小平回来啦！"消息不胫而走，街上的人们闻讯，都朝邓小平拥来。

警卫人员和县里陪同的领导，赶忙护卫着邓小平徒步前往设在县城八一路旁的县工艺美术厂，在那里参观了约40分钟。

待他从厂里出来时，街上已经聚集很多人。大家争相一睹瑞金老县委书记的风采，几乎将整个八一路都挤满了。邓小平满脸笑容，在返回宾馆的路上，不停地向人们挥手致意。

12. "和西方国家比起来，我们最少落后40年。我们还需要努力"

12月11日上午，为了让他们能好好地休息一下，县里没有再安排邓小平和卓琳参观。利用这个机会，邓小平请瑞金县的领导同志和瑞金纪念馆的同志开了个座谈会。

瑞金县革委会副主任常美江向邓小平详细汇报了全县工农业生产情况。邓小平坐在沙发上，一边吸烟，一边静静地听着。

汇报自然是说好话多，工业大发展，农业大丰收，形势大好，一片光明。

汇报完了，邓小平欠了欠身子，深深地吸了口烟，缓缓地说："瑞金的县办工业还可以，办起了一些厂子。农业还不太行。"

顿了顿，他接着说："应该说，现在比过去好了很多，解放后大家做了许多工作，取得了很大成就。但和西方国家比起来，我们最少落后40年，还需要努力。"

在座的同志没有想到自己的老书记会说出这样的话，不觉大吃一惊。多少年来，他们听到的都是"资本主义一天天烂下去，社会主义一天天好起来"、"东风压倒西风"、"赶英超美"、"形势大好"一类的话语。谁也不知道是西方国家"腐朽"，还是我们落后，更不敢想象什么"和西方国家比起来，我们最少落后40年"之类的事。在全国上下仍在大批特批资本主义道路、大斗特斗"走资派"的时候，竟然听到邓小平说出"和西方国家比起来，我们最少落后40年"的话来，他们不仅吃惊，还有些为老书记担心呢。这可是个十分严肃、十分敏感、开不得玩笑的政治问题啊！

邓小平说这话时，神态却是那么的平静，而话语又是那么的坚定。看得出也听得出，他这话是经过深思熟虑后才说出来的。他知道这话意味着什么，也完全知道这话的分量。在这次考察期间，沿途他都没有说过这样的话，今天在瑞金是第一次说出来。他相信瑞金的干部和人民。

其实，邓小平说的这句话，完全是大实话。和西方国家相比，我们的的确确已经落后40年了。这无论是在国民生产总值、人均国民收入方面，还是在钢铁、能源、电子、机械等主要产品产量和质量方面，或是在科学技术、教育发展程度等方面，我们无不落后于西方发达国家。这些情况，由于长期的闭关锁国，生活在消息闭塞、与世隔绝的环境里的一般国人来说，自然是了解不到的。可像邓小平这些长期在中央高层工作和生活的人们来说，当然不会不知道，只不过大家都心照不宣，不敢说也不想说而已。这些年来，邓小平虽然被打倒、被遣送来江西过了三年几近隔离软禁的生活，听不到外界的声音，了解不到西方国家的具体情况，但他知道我们国家近几年混乱到什么程度，国民经济破坏到什么程度。西方发达国家这些年是在发展，是在前进；而我们国家是在遭受破坏，是在倒退，是在与西方国家不断地拉大差距。所以他敢于作出"和西方国家比起来，我们最少落后40年"的判断。更为可贵的是，他敢于"直面人生"，将真话说出来，敢于将真实的情况告诉人民。

敢于讲真话，这是邓小平一贯的品质和作风。在瑞金时是这样，后来回到北京重新出来工作后，他还是这样；在国内人民面前是这样，在外国朋友面前他还是这样。1975年4月1日，邓小平在接见美国客人时就说：我们的人口多，有8亿人，人均国民收入还是很低的。钢要达到你们和欧洲、日本的水平，至少要50年的时间，而到那时候，你们又发展了①。同年9月15日，他在全国农业学大寨会议上讲话时，又说：25年来，在农业方面，我们由过去旧中国的半饥饿状态做到了粮食刚够吃，这件事不可小视，这是一个伟大的成绩。在工业方面，我们也打下了一个初步的基础。但是，我们应该有清醒的头脑，尽管有了这个基础，但我们还很穷、很落后，不管是工业、农业，要赶上世界先进水平还要几十年的时间。②

粉碎"四人帮"后，邓小平对这个问题讲得更多。1978年3月18日，他在全国科学大会上讲话中指出："新中国成立以来，我们的科学技术事业有了很大的发展，在经济建设和国防建设中发挥了重大作用。这在旧中国简直是无法想象的。这个伟大成就是谁也不能否定，谁也无法否定的。但是，必须清醒地看到，我们的科学技术水平同世界先进水平的差距还很大，科学技术力量还很薄弱，远不能适应现代化建设的需要。特别林彪、'四人帮'的破坏，耽误了我们很多时间。""我们现在的生产技术水平是什么状况？几亿人口搞饭吃，粮食问题还没有真正过关。我们钢铁工业的劳动生产率只有国外先进水平的几十分之一。新兴工业的差距就更大了。在这方面不用说落后一二十

---

①　中央文献研究室编《邓小平思想年谱》，中央文献出版社1998年11月第1版，第5页。

②　中央文献研究室编《邓小平思想年谱》，中央文献出版社1998年11月第1版，第17页。

年，即使落后八年十年，甚至三年五年，都是很大的差距。"①

1978 年 10 月 10 日，他在会见德意志联邦共和国新闻代表团发表谈话时，也说："由于受林彪、'四人帮'的干扰，我们国家的发展耽误了十年。六十年代前我们同国际上科学技术水平有差距，但不很大，而这十几年来，世界有了突飞猛进的发展，差距就拉得很大了。同发达国家相比较，经济上的差距不止是十年了，可能是二十年、三十年，有的方面可能是五十年。"②

邓小平反复讲我们比西方国家落后，不是在长西方国家志气，更不是给中国人民泼冷水。而是在告诫人们：我们不能看到自己有一点成绩就沾沾自喜，而是"还需要努力"。1977 年 9 月 29 日，邓小平在会见来北京参加国庆活动的华侨、华裔、港澳台同胞旅行团正副团长时，说："我们要承认落后，不要怕丑。最近我跟外国人谈话都是讲这些话，有些外国朋友觉得惊奇，这有什么惊奇？承认落后就有希望，道理很简单，起码有个好的愿望，就是要干，想出好方针、政策和办法来干。"③

1978 年 3 月 18 日，邓小平在全国科学大会上讲话时，他进一步解释说："如实地指明这种落后状况，会不会使人们失去信心呢？这种人也可能有。这种人是连半点马克思主义气味也没有的。对于我们无产阶级革命者来说，实事求是地说明情况，认真地去分析造成这种情况的历史和现实的原因，才能正确制订我们的战略规划，部署我们的力量；才能够激励我们奋发图强，尽快改变这种情况；也才能动员人们虚心学习，迅速掌握世界最新的科学技术。"④ 邓小平的意思归纳起来就是一句话："认识落后，才能去改变落后。"⑤

这才是真正的辩证唯物主义，真正的马克思主义者！

邓小平反复强调，承认落后，就要找到落后的原因，然后对症下药，开

① 《邓小平文选》第二卷，第 90 页。
② 《邓小平文选》第二卷，第 132 页。
③ 《邓小平思想年谱》，第 45 页。
④ 《邓小平文选》第二卷，第 90—91 页。
⑤ 《邓小平文选》第二卷，第 91 页。

出克服落后的药方。导致我们落后的原因是什么？邓小平用了四个字："闭关自守。"他说："现在的世界是开放的世界。中国在西方国家产业革命以后变得落后了，一个重要原因就是闭关自守。建国以后，人家封锁我们，在某种程度上我们也还是闭关自守，这给我们带来了一些困难。三十几年的经验教训告诉我们，关起门来搞建设是不行的，发展不起来。"①

他还说："现在任何国家要发达起来，闭关自守都不可能。我们吃过这个苦头，我们的老祖宗吃过这个苦头。恐怕明朝明成祖时候，郑和下西洋还算是开放的。明成祖死后，明朝逐渐衰落。以后清朝康乾时代，不能说是开放。如果从明朝中叶算起，到鸦片战争，有三百多年的闭关自守，如果从康熙算起，也有近二百年。长期闭关自守，把中国搞得贫穷落后，愚昧无知。中华人民共和国建立以后，第一个五年计划时期是对外开放的，不过那时只能对苏联东欧开放。以后关起门来，成就也有一些，总的说来没有多大发展。当然这有内外许多因素，包括我们的错误。"②

邓小平总结的这些历史经验，是多么的深刻！是呀，回顾我们的历史，可以惊奇地发现，我们中国人并不笨。中国的四大发明传到西方国家，西方人是多么地震惊，多么地羡慕。盛唐时期是个开放的社会，那时的长安完全是个开放的国际大都会，全国也是开放的。盛极一时的"丝绸之路"，把东方中国的文明成果源源不断地传到西方国家，也将西方国家的文明成果带回到国内。开放的政策使唐朝中叶成为盛极一时的东方帝国。如同邓小平所说，明朝郑和下西洋，也是开放的，只不过我们向西方国家学习的少了些，我们与西方国家开始拉开了差距。明朝中叶以后，中国开始闭关锁国，特别是清朝中叶开始，更是把自己封闭起来，结果越封闭越落后，越落后越遭西方列强的侵略，越是挨打。晚清时期，清朝统治者中的一些人，开始意识到闭关锁国的害处，开始试图向西方学习。李鸿章、曾国藩、张之洞等人，办起了

① 《邓小平文选》第三卷，第64页。
② 《邓小平文选》第三卷，第90页。

洋务运动。可是，他们办洋务，只是学习西方一些表面的东西。他们不愿丝毫改变腐朽落后的社会制度。这样，即使学习了西方的一些科学技术，买回了一些洋枪洋炮，又怎么能强国富民呢？倒是当时具有资产阶级改良思想的康有为、梁启超、严复等人，鼓动光绪皇帝维新变法，企图首先从政治上向西方国家学习，进行资产阶级改良，同时学习西方的科学技术，以达强国富民的目的。但是，短命的"百日维新"很快就被顽固保守的慈禧太后给扼杀了。在这期间，中国的国门是打开了，不过是被帝国主义的大炮轰开的，闯进国门的不是西方先进的科技文化，而是侵略强盗。几乎与中国的"洋务运动"同时开展的日本"明治维新"，他们打开国门，将政治的改良和学习西方的科学技术结合起来，结果很快强盛起来。这鲜明的对比，十分清楚地说明闭关锁国只能导致落后挨打。

新中国成立后，国家的命运完全掌握在中国人民的手里，掌握在中国共产党自己的手里，完全有条件实行开放政策。可是长期的闭关锁国把人们的思想搞僵化了。特别是"四人帮"把什么都说成是"崇洋媚外""卖国主义"，把我国与世界隔绝了，使我们国家与西方国家的差距越拉越大。邓小平对"四人帮"的这种愚民政策给予了严厉痛斥。

找出了病因，把准了脉搏，邓小平开出了一剂良药。这个药方，就是改革开放、打开国门。粉碎"四人帮"后，邓小平的开放思想越来越呈现出耀眼的光芒。他尚未正式出来工作，就大声疾呼要打破闭关自守，积极引进和学习外国先进科学技术。他说：科学研究方面的东西是人类劳动的成果，为什么不接受？接受这些东西有什么可耻的？他指示教育部门的同志在编写教材时，一定要吸收世界先进的东西，洋为中用，特别是自然科学方面。他认为我们中国人是聪明的，加上不搞关门主义，不搞闭关自守，把世界上最先进的科研成果作为我们的起点，洋为中用，学会外国的好东西，先学会它们，再在这个基础上创新，那么，我们就是有希望的。如果不拿现在世界上最新的科研成果作为我们的起点，创造条件，努力奋斗，恐怕就没有希望。他还积极主张吸收世界先进的工业管理方法，搞科研，搞自动化。

邓小平还积极主张要充分利用外国资金，加快国内建设，多次在不同的时间、不同的地点、不同的场合，反复强调要把国门敞开，加大对外开放力度，大力引进外国资金和先进科学技术、先进管理经验。根据邓小平的对外开放思想，1979 年 6 月 18 日至 7 月 1 日召开的五届全国人大二次会议上，通过并颁布了《中华人民共和国中外合资经营企业法》，为外国人在中国投资办厂提供法律保障。同年 11 月 6 日，新疆乌鲁木齐毛纺织厂与香港、日本的合资公司，正式签订合资经营新疆天山毛纺织品有限公司的合同，成为《中华人民共和国中外合资经营企业法》公布后第一批被批准的中外合资企业，为引进外资提供了样板。随后，外国投资者纷至沓来，中国大地迅速出现一个创办中外合资企业的热潮……

闭关锁国的时间太长了，我们与发达国家拉开的差距太大了，需要多长时间才能缩短我们与发达国家的差距啊！邓小平希望我国的改革开放步伐迈得快些再快些。他还将改革开放政策确定为我们党和我们国家的长期不变的基本国策，指出在任何情况下都不能动摇。

是啊，鲁迅先生说过：“世界上本没有路，走的人多了，也便成了路。”回顾我国冲破闭关锁国、实行改革开放的艰难历程，这条具有中国特色的改革开放之路，这条充满希望的光明之路，不就是邓小平带领全党全国人民“大胆地试”、“大胆地闯”走出来的吗？全党全国人民甚至全世界的友好人们都称颂邓小平是我国改革开放的“总设计师”。这个赞誉，邓小平是当之无愧的。

可不可以说，邓小平改革开放的思想，我国改革开放之路的源头，是萌生于邓小平在瑞金宾馆说“和西方国家比起来，我们最少落后 40 年。我们还需要努力”这句话之时呢？

13. “宣传毛泽东的活动……应该从井冈山斗争宣传到遵义会议。整个这段历史都应该宣传”

在瑞金宾馆召开的座谈会上，邓小平说完“和西方国家比起来，我们最少落后 40 年，还需要努力"这句话后，大家都觉得这句话的分量很重，沉默思索了一会儿。

"首长，您看了毛主席在瑞金的旧居，对我们宣传毛泽东思想还有什么指示？"在座的瑞金纪念馆负责人刘礼青打破沉默，对邓小平说。

瑞金纪念馆是 1953 年根据国务院文化部指示建立的，承担着中央革命根据地的革命遗址、纪念建筑物和文物资料的征集、整理、收藏、保护、管理、陈列、宣传和科学研究等方面的工作。建馆以后，搞了一个中央革命根据地历史文物陈列展览，从 1958 年 1 月开始接待中外观众。"文化大革命"开始后，个人崇拜、个人迷信发展到顶点，瑞金纪念馆的陈列宣传活动，也只突出毛泽东一个人。邓小平和卓琳这次到瑞金参观考察，所看到的革命旧址，绝大部分只与毛泽东的活动有关。正是在这种情况下，刘礼青才请求邓小平对纪念馆如何宣传毛泽东思想作点指示。

这可是个事关重大的话题。邓小平示意坐在自己身边的瑞金县革委会副主任常美江让开，抬手招呼刘礼青坐到自己身旁，亲切而又严肃地说："宣传毛泽东的活动，光看几个旧址，还不能反映出当时的历史情况。应该有个纪念馆。纪念馆宣传的内容，应该从井冈山斗争宣传到遵义会议。整个这段历史都应该宣传。"

刘礼青将邓小平的话一字不漏地记在自己的本子上。

邓小平说得很有道理。我们党成立之后，由于缺乏经验，在与国民党第一次合作过程中，没有掌握革命的领导权，更没有将夺取政权这一革命的重要议题列入议事日程，结果遭到大革命运动失败。后来，我们党虽然总结了革命失败的教训，领导举行了八一南昌起义，走上了武装反抗国民党反动统治的斗争道路，但仍照搬照套俄国革命的经验，将革命斗争的重点放在城市。在这关键时刻，毛泽东从中国革命的实际情况出发，积极主张"上山"，将革命斗争的重点由城市转向农村。1927 年 9 月湘赣边秋收起义失败后，他毅然率领起义部队停止攻打长沙的冒险行动，转头南下，引兵井冈，与当地农民革命力量结合，开辟和创建了井冈山革命根据地，建立了湘赣边界红色政权，开展了没收地主豪绅土地分配给农民的斗争。在建立和保卫井冈山根据地的斗争中，毛泽东总结了井冈山斗争经验，分析了在半封建半殖民地的落后的中国能够实行武装割据的理由和条件，第一次提出了具有中国特色的红色政权理论，还颁布了我党历史上第一部土地法。1929 年 1 月后，毛泽东和朱德、陈毅等同志一起，率红四军到赣南闽西游击，开辟和创建了以瑞金为中心的中央革命根据地，成立了中华苏维埃共和国临时中央政府。在开辟、创建和保卫中央革命根据地

纪念中央革命根据地创建二十周年

邓小平

一九九一年九月

邓小平为纪念中央革命根据地创建 60 周年题字

的斗争中，初步形成了毛泽东的建党思想、政权思想、军事思想、经济思想，提出和初步形成了我们党的实事求是的思想路线、党的群众观点和群众路线。创建和保卫中央革命根据地的斗争，受到李立三、王明"左"倾错误的干扰和破坏。毛泽东领导根据地党和红军同党内"左"倾错误进行了坚决斗争，直到 1935 年 1 月召开遵义会议，彻底结束王明"左"倾错误在全党的统治。所有这些，都是应该很好宣传的。如果只看几个毛泽东的旧居，支离破碎，当然不能反映出毛泽东思想的全貌。

邓小平历来主张应该完整、准确地理解和宣传毛泽东思想。他刚才说的这一段话，很好地体现了他的这个一贯思想。早在"文化大革命"前，他就主张要正确地宣传毛泽东思想，反对把毛泽东思想庸俗化。1960 年他在中共中央天津会议上讲话时说："现在的主要问题是把毛泽东思想用得庸俗了，什么东西都说成是毛泽东思想。例如，一个商店的营业额多一点就说是毛泽东思想发展了，打乒乓球也说是应用了毛泽东思想。第二，马克思列宁主义很

少讲了。这种情况不少报纸都不同程度地存在。为什么要提出这个问题呢？因为按照我们对毛泽东思想的正确理解，一个是要坚持马克思列宁主义，保卫马克思列宁主义；一个是要发展马克思列宁主义。毛泽东思想同马克思列宁主义是一回事。毛泽东思想坚持了马克思列宁主义的普遍真理，并且在马克思列宁主义的宝库里面增添了很多新的内容。所以，不要把毛泽东思想同马克思列宁主义割裂开来，好像它是另外一个东西。"①

邓小平和罗荣桓同林彪一伙恣意割裂、肢解毛泽东思想的错误行为进行了坚决斗争。1975 年 9 月 27 日，他在农村工作座谈上指出："我总觉得现在有一个很大的问题，就是怎样宣传毛泽东思想。林彪把毛泽东思想庸俗化的那套做法，罗荣桓同志首先表示不同意，说学习毛主席著作要学习精神实质。当时书记处讨论，赞成罗荣桓同志的这个意见。林彪主张就学'老三篇'（后来加成'老五篇'），是割裂毛泽东思想。毛泽东思想有丰富的内容，是完整的一套，怎么能够只把'老三篇'、'老五篇'叫做毛泽东思想，而把毛泽东同志的其他著作都抛开呢？怎么能够抓住一两句话，一两个观点，就片面地进行宣传呢？割裂毛泽东思想的问题，现在实际上并没有解决。比如文艺方针，毛泽东同志说，要古为今用，洋为中用，百花齐放，推陈出新。这是很完整的。可是，现在百花齐放不提了，没有了，这就是割裂。现在相当多的学校学生不读书，这也不符合毛泽东思想。毛泽东同志反对的是教育脱离实际、脱离群众、脱离劳动，并不是不要读书，而是要读得更好……还有，毛泽东同志讲了四个现代化，还讲过阶级斗争、生产斗争、科学实验是三项基本社会实践，现在却把科学实验割裂出来了，而且讲都怕讲，讲了就有罪，这怎么能行呢？……毛泽东思想紧密联系着各个领域的实践，紧密联系着各个方面工作的方针、政策和方法，我们一定要全面地学习、宣传和实行，不能听到风就是雨。"②

①《邓小平文选》第一卷，第 283 页。
②《邓小平文选》第二卷，第 36—37 页。

在那样的年月讲这样的话，需要多大的勇气！邓小平不仅是那样讲的，他还是那样做的。在望城岗有一天，管理秘书黄文华让邓小平学习毛主席语录。邓小平斩钉截铁地说："语录字小，我学习毛主席著作。"

邓小平不愧是伟大的马克思主义者！他以"语录字小"为理由，坚决拒绝只学习毛主席的片言只语，就是要坚持全面、完整、系统地学习和应用毛泽东思想体系。"四人帮"倒台后，针对"两个凡是"的错误做法，他又毫不迟疑地站出来表示反对。邓小平正式出来工作后，在党的十届三中全会上指出："我说要用准确的完整的毛泽东思想作指导的意思是，要对毛泽东思想有一个完整的准确的认识，要善于学习、掌握和运用毛泽东思想的体系来指导我们各项工作。只有这样，才不至于割裂、歪曲毛泽东思想，损害毛泽东思想。""我们不能够只从个别词句来理解毛泽东思想，而必须从毛泽东思想的整个体系去获得正确的理解。'四人帮'，特别是所谓理论家张春桥，歪曲、篡改毛泽东思想。他们引用毛泽东同志的某些片言只语来骗人、吓唬人。我们要真正地领会毛泽东思想。""毛泽东思想不是在个别的方面，而是在许多领域发展了马克思列宁主义。毛泽东思想是个体系，是发展了的马克思主义。所以我建议，除了做好毛泽东著作的整理出版工作之外，做理论工作的同志，要花相当多的功夫，从各个领域阐明毛泽东思想的体系。要用毛泽东思想的体系来教育我们的党，来引导我们前进。"[①]

我们党的历史经验证明，只有像邓小平这样，才是真正地高举毛泽东思想伟大旗帜，才是真正地捍卫毛泽东思想。他坚定地站出来反对"两个凡是"，号召全党全国人民打破禁区，冲破思想僵化，解放思想，实事求是，用实践的标准去检验真理，去衡量我们的工作正确与否，从实际出发去制定路线、方针、政策。这就把我们全党全国人民的思想搞活了，也真正地继承了毛主席的遗志，真正地高举毛泽东思想伟大旗帜。另一方面，邓小平对那些别有用心的人打着"解放思想"的旗号，肆意攻击毛泽东思想、妄图砍倒毛泽东

---

① 《邓小平文选》第二卷，第42—44页。

思想这面伟大旗帜的恶毒用心，也保持着高度的警惕。这些思潮一露头，就受到他的严厉批判。他首先提出坚持四项基本原则，就是针对着这些错误思潮的。

什么是完整、准确地理解和宣传毛泽东思想？邓小平为我们作出了光辉的榜样。当我们党和国家终于出现了毛泽东当年希望出现的那种有集中又有民主、有纪律又有自由、有统一意志又有个人心情舒畅、生动活泼的政治局面的时候，当党和人民一波又一波的思想解放浪潮推动着改革开放、"四化"建设汹涌向前的时候，当具有中国特色的社会主义道路以无限光明的前途展现在世界人民面前的时候，我们决不能忘记是邓小平教导我们要完整、准确地理解和宣传毛泽东思想，是他老人家真正高举毛泽东思想伟大旗帜，带领我们走上了今天这条无限光明的康庄大道！

当然，邓小平在瑞金宾馆说"宣传毛泽东的活动，光看几个旧址，还不能反映出当时的历史情况"这些话时，瑞金县在座的同志当时还不能真正理解邓小平说的意思。瑞金纪念馆后来只是根据邓小平的这一指示，多次向上级有关部门写报告，要求拨款修建新馆。江西省文化厅也陆续拨出 20 余万元，对瑞金纪念馆进行扩建，并根据邓小平的意见，充实了展览内容。在当时那种情况下，他们也只能做到这种程度。

14. 为了同志的嘱托

瑞金县有一些原来在邓小平手下工作过的老同志，听说邓小平来了瑞金，也想见一见自己的老领导。

1972 年 12 月 10 日晚饭后，一位面容憔悴的老妇来到瑞金宾馆。她叫罗志才，1931 年曾任瑞金县苏维埃政府妇女工作委员会主任。当年原瑞金县委书记李添富乱肃"社会民主党"时，把她也给抓起来了，差点被杀头。邓小平和金维映将她从监狱里放了出来，让她官复原职，继续从事妇女工作。

在邓小平的帮助教育下，罗志才迅速成长起来。红军主力长征后，罗志才被编入县游击队，担任游击队连长。在残酷的斗争中，游击队被打散，她也与组织失去了联系，只好隐蔽下来。1949年瑞金解放后，她回到组织怀抱，继续参加革命工作，担任了县保育院院长，一干就是十几年。不料"文化大革命"内乱爆发，她被诬为"叛徒"，遭到迫害。这次听说邓小平回来了，她想起邓小平和金维映当年的救命之恩，立即来瑞金宾馆看望，希望老领导能再救她一次。

正在宾馆门口值班的宾馆钟副经理看见罗志才，忙问："志才，你找谁呀？"

罗志才说明来由，钟副经理十分同情地说："志才，首长正在休息，警卫一定不让你见他。你最好写个条子，由我交给他的随行人员，看看能不能见着。"

钟副经理说得在理。在当时那种环境下，警卫人员是绝对不会让罗志才去见邓小平的。

罗志才听了钟副经理的话，找来纸笔，写道（大意）："欣闻小平同志来瑞，我感到万分高兴。想当初我是在李添富的屠刀下由阿金挽救我出来的。现我要求见你一面，叙谈叙谈，感到荣幸。此致敬礼。罗志才。"她能写这样的字条，还是因为当年在邓小平帮助下学的文化呢。

钟副经理接过字条，进到室内找到随行的同志，将字条交给了他们。果不出钟副经理所料，他被告知："这次小平同志主要是下来看看，没有工作任务。下次小平同志回到北京，有机会可以写信去。"

也许是随行人员挡驾，也许是邓小平觉得不便接见，罗志才只好怀着遗憾的心情离开宾馆。但是，要罗志才待小平同志回到北京后再写信去找他，可以肯定这是小平同志交代的。否则，随行人员不敢随便这样说。这说明邓小平知道罗志才的难处，又苦于眼下尚无能力为这位受苦的老人解决什么问题，只好等他回北京正式恢复工作后再想办法。

果然，1973年春，邓小平回北京不久，罗志才就收到邓小平的来信，要她到北京去。罗志才捧着来信，激动得眼泪哗哗直往下流，口中喃喃地说："这就好了，这就好了！"后来，她去北京住了一个多月。从北京回来后，强加在她身上的诬蔑不实之词也就不攻自破了。罗志才逢人就说："好在邓小平同志救了我！"

其实，这只是邓小平一生当中的一个小插曲。关于他关心同志、爱护同志、帮助同志的故事，真像葡萄园中的葡萄，一嘟噜一嘟噜的，数也数不清。

早在广西左右江根据地的时候，一次邓小平从龙州到东兰，红八军派出一个排沿途护送。从龙州出发时，红八军给邓小平配备了一匹杂毛壮马让他代替脚力。可行军六天，风风雨雨的，邓小平从未骑过，一路上都将马腾出来为战士们驮行李。一天出发时，警卫员小张见首长脚都走肿了，一瘸一拐的，便恳求首长骑马走一段。邓小平却嘱咐小张："我能走，将马让给小黄骑吧！"

小黄是随军护送的红八军战士，路上因遭受风雨着了凉，又发高烧，又拉肚子。邓小平再三嘱咐护送部队的叶排长，要照顾好小黄。现在，他又给小黄让马。小黄感动得直掉泪。

在中央苏区，他关心群众、关心干部的故事更是广为流传。

瑞金县城的一位红军家属杨老汉，两个儿子都参加了红军，家中的用水全靠工会干部帮助挑。时间长了，杨老汉过意不去，执意要自己挑水吃。一天清早，杨老汉挑着水桶刚到井边，就被县委书记邓小平看见了。邓小平感到蹊跷，上前问明情况，二话没说，抢下杨老汉的扁担，打满一担水，送到了杨老汉家中。事后在一次干部会上，邓小平说：我们共产党的干部，时时刻刻都要关心群众生活，帮助群众解决困难。

瑞金县苏维埃政府有位干部，老母常年生病，卧床不起，妻子体弱多病，两个孩子幼小，家中微薄的一点经济收入，都用来给老母、妻子买药了，生活非常困难，常挖野菜充饥，却从来没有向组织叫过苦。一次，这位干部从野外挖野菜回家，恰巧遇上了邓小平。在邓小平追问下，他才说出家中的实情。邓小平听后，深深地为这位干部的崇高品质感动。他回到县委，将自己结存的两块现洋和十来斤大米，让通讯员送到这位干部家中。

会昌县筠门岭小吉村的红军战士刘泮林在一次战斗中牺牲了。夏收夏种时，他家七口人的田地无人帮助耕种。他的妻子急得团团转。这事让邓小平给知道了。他当即决定组织区乡干部帮助刘泮林家耕种。第二天天刚蒙蒙亮，他便派出几名干部，赶上牛，扛上犁耙，帮刘家翻耕土地。中午，他又亲自带领干部和一些红军战士来到刘家田头，帮助栽种晚稻秧苗。一连干了三天，才把刘家的土地全部耕种好。从这件事中，邓小平发现全县优待红军家属的工作做得不好。于是，他专门召开会议，对改善全县的优红工作提出了明确要求。

像这样的故事，在延安，在晋冀鲁豫抗日战场，在大别山区，在大西南，到处都有流传……

"文化大革命"动乱中，邓小平看到那么多党的干部、那么多知识分子和知名人士，乃至普通老百姓挨批挨斗，甚至像国家主席、自己的老战友刘少奇受迫害致死，他连消息也不知道，心中真如刀绞。可他自己也被打倒了，哪有力量去保护别人？他连自己的儿女都无法保护！他只能将悲痛激愤之情埋藏在心中。

1973年春从江西一回到北京，他便利用自己的影响，尽力帮助解救仍处困境的同志和战友。1975年他主持国务院工作，顶住"四人帮"压力，尽最大的可能为遭受冤屈的人落实政策，强调特别注意为老工人、技术骨干和老劳模落实政策，指出他们中有些该回领导岗位的要调回来，摆到适当的位置上，把这一部分人的积极性调动起来。

苍天震怒，"四人帮"终于倒台。邓小平重新出来工作后，许许多多惨遭"四人帮"迫害的同志或他们的亲属，像当年瑞金的罗志才一样，找到邓小平，要求平反冤假错案，落实政策。望着那一双双求助的眼睛，看着那一封封申诉的信件，邓小平的心情实在难以平静。不单是因为自己受过迫害，也不仅仅是"同病相怜，同忧相救"，而是出于共产党人的崇高责任，邓小平对所有要求平反冤假错案、落实政策的要求，都是"有求必应"。他说："我们的原则是'有错必纠'。凡是过去搞错了的东西，统统应该改正。有些问题不能够一下子解决，要放到会后去继续解决。但是要尽快实事求是地解决，干脆利落地解决，不要拖泥带水。对过去遗留的问题，应当解决好。不解决不好，犯错误的同志不做自我批评不好，对他们不作适当的处理不好。但是，不可能也不应该要求解决得十分完满。要大处着眼，可以粗一点，每个细节都弄清不可能，也不必要。"①

在邓小平的督促和陈云等其他老一辈革命家倡议下，党的十一届三中全会召开前夕，中共中央终于宣布要解决"文化大革命"遗留的和历史遗留的问题，平反一批重大冤假错案。

所谓的"天安门事件"和"反击右倾翻案风"错案平反了！

在"文化大革命"中被迫害致死的彭德怀、陶铸恢复名誉了！

所谓的"六十一人叛徒集团"大错案也平反了！

康生、"四人帮"强加给中联部和外交部头上的所谓"三和一少"、"三降一灭"修正主义罪名给推翻了；强加于王稼祥等同志身上的一切诬蔑不实之词给推倒了！

所谓的"总政阎王殿"冤案也平反了；所谓"彭罗陆杨事件"和"杨余傅事件"等等，都平反了！

1980年2月29日，在中共十一届五中全会上，千古奇冤——被林彪、"四人帮"诬为"叛徒、内奸、工贼"而迫害致死的国家主席刘少奇冤案也公开平反了！

所有在"文化大革命"中和历史上发生的一个个冤假错案，都先后平反了；戴在地、富、反、坏、右分子头上的帽子也给摘掉了！

…………

1979年12月31日，中共中央批转了最高人民法院党组一个关于平反冤假错案的报告。这个报告中说，仅从1978年12月至1979年12月，在短短一年的时间内，全国就复查了自1967年至1976年10月的案件24.1万余件，

① 《邓小平文选》第二卷，第147—148页。

约占案件总数的 83%，从中纠正了冤、假、错案 13.13 万余件，约占复查的 54%。因反对林彪、"四人帮"和为邓小平受诬鸣不平而被判刑的案件，已全部复查，做了纠正；同时复查了普通刑事案件 50.7 万余件，纠正冤、假、错案 3.58 万余件，占已复查总数的 7%。此外，各地法院在办理申诉案件中，还纠正了许多"文化大革命"前判处的冤、假、错案。

这是多么得民心、顺民意的事啊。党的阳光雨露，使一个个绝望的生命得见曙光，一个个破碎的家庭重新充满欢乐，使整个中华民族重新充满希望！

15. "我还可以干二十年"

邓小平刚到江西时，就曾对专案组人员说过，他还要为党工作 10 年。这次在瑞金参观，他又满怀信心地说："我还可以干 20 年。"

事情发生在参观红都糖厂的澄清工段。当时要登上一段楼梯。陪同参观的糖厂生产科长黄达明生怕邓小平吃不消，上前要去扶他。邓小平摆摆手，朗声说："不要扶，我还可以干 20 年呢！"

跟在身后的卓琳听了，嗔怪道："又吹牛皮。还没吹够呀！"

邓小平信心十足地回答："这不是吹牛皮，干 20 年，没问题！"

两个月后，他和卓琳去景德镇雕塑瓷厂参观考察。陪同参观的同志准备扶邓小平走下台阶，卓琳有了在瑞金的经验，说："不要扶，他能走。"

1973 年 2 月 19 日，邓小平离开江西，返回北京。当晚，他们一家暂宿鹰潭镇委招待所。晚上 10 点多钟，邓小平下楼散步。负责警卫工作的上饶地区公安处警卫科长刘树兴见他下楼，快步上前，准备搀扶。邓小平也像在瑞金参观时那样，摇摇头说："我看得清路，不要扶。"

在瑞金参观考察时，邓小平已 68 岁。离开江西回北京时是 69 岁。回北京前的几个月中他多次表示："我还可以干 20 年！"

"我还可以干 20 年"，这话传达出一个信息：邓小平身体健康状况很好。卓琳嗔怪邓小平说这话是"吹牛皮"，邓小平很认真地说"这不是吹牛皮"。

这是真的。你看这时的邓小平:脸庞黝黑发亮,眼睛炯炯有神,走路步履稳健,说话声音洪亮,思维特别敏捷,哪像快 70 岁的人! 他的这一好身体,是他长期坚持锻炼的结果,也是他心胸开阔、豁达乐观的结果。

"我还可以干 20 年",这是邓小平坚定不移的共产主义信念的充分体现。自从参加革命那一天起,他就坚信马克思、恩格斯设想的共产主义理想社会一定能够建立。1984 年 3 月 25 日他在会见日本客人时曾说:"我自从十八岁加入革命队伍,就是想把革命干成功,没有任何别的考虑,经历也是艰难的就是了。"① 是的,"把革命干成功",就是他的信念,他的追求。有了这个信念和追求,不管革命斗争多么艰难,他都毫不犹豫地在这条道路上坚定不移地走下去。有了这个信念和追求,他 29 岁时在党内第一次被打倒后,没有悲伤,没有颓废,没有动摇。无论是被发配到农村"劳动改造",还是在红军总政治部编辑《红星》报,他都认认真真地苦干实干,力争为党为苏维埃做更多的工作。有了这个信念和追求,在"文化大革命"中第二次被"打倒"后,他仍然是没有悲伤,没有颓废,没有动摇。在新建县"劳动改造"的三年期间,他认真地劳动,认真地读书,认真地思考,力求为中国的社会主义革命和建设寻找到一条摆脱"左"的困境的光明大道来。现在中央有意让他重新出来工作,他对自己能为实现共产主义崇高理想和追求继续奋斗而高兴,所以他说"我还可以干 20 年"、"干 20 年,没什么问题",兴奋之情溢于言表。

"我还可以干 20 年",这更体现了邓小平"老骥伏枥,志在千里"、为党为人民"鞠躬尽瘁,死而后已"的壮烈情怀。邓小平 1981 年 2 月 14 日在为英国培格曼出版公司编辑出版的《邓小平副主席文集》作序时深情地说:"我很荣幸地以中华民族一员的资格,而成为世界的公民。我是中国人民的儿子。

---

① 《邓小平文选》第三卷,第 54 页。

我深情地爱着我的祖国和人民。"①我们的小平同志，以能成为中华民族的一员而自豪，时时刻刻都在想着为祖国为人民服务，为祖国为人民多做工作，多作奉献。"文化大革命"开始7年来，他被剥夺了为党、为祖国、为人民工作的权利和机会，感到无限痛苦。眼看就要获得重新工作、报效祖国和人民的权利了，他是何等地高兴啊！"欲为圣明除弊事，肯将衰朽惜残年。"他十分珍惜这个权利，毫不迟疑地表示还要再干20年。真是"壮心未与年俱老"，他要将自己的一切全部奉献给自己深爱着的祖国和人民！

党有幸，人民有幸，中华民族有幸。68岁的邓小平立下"我还可以干20年"雄心壮志，后来真的再干了20年。1992年1月18日至2月21日，早已退休的他，不顾88岁高龄，毅然南下，前往武昌、深圳、珠海、上海等地视察。老人家一路走，一路看，一路谈。他一路所谈的，全是中国在改革开放、建设中国特色社会主义过程中遇到而又迫切需要回答的重大理论问题。这些谈话内容对马克思主义传统理论作出的重大突破和显示出的巨大威力，实在难以估量；它鼓舞中国人民加快改革开放、建设中国特色社会主义的步伐所发挥的巨大作用，也实在难以估量！

从1972年到1992年，从68岁到88岁，这20年是邓小平70年革命生涯中最重要、最辉煌的20年。这20年，也是中国由"大乱"走向"大治"、由封闭落后走向改革开放、由积贫积弱逐渐走向经济繁荣、社会发展、人民富裕、国力昌盛的20年。这20年中邓小平为祖国为人民立下的不朽功绩，如高山大海，如日月经天，永不磨灭！

16. 凭吊昔日红军战场，眼前仿佛腾起弥漫硝烟

邓小平在瑞金参观时，一改此前在各地参观时那种沉默寡言，说了很多

---

① 中央文献研究室编《邓小平思想年谱》，中央文献出版社1998年11月第1版，第182页。

邓小平为瑞金第一中学题写校名

话。随行的同志都很纳闷。大家猜测：大概是他与瑞金有特殊感情吧？

这种猜测不是没有根据。到了 1986 年 11 月，他还十分关心瑞金的教育事业，特意为瑞金第一中学题写了校名。1991 年 9 月，江西省委、赣州地委和瑞金县委隆重纪念中央革命根据地创建暨中华苏维埃共和国临时中央政府成立 60 周年。谁也没有想到，他欣然命笔题词："纪念中央革命根据地创建六十周年"。中共中央办公厅的同志根据邓小平嘱托，当面将这幅题词转交给瑞金县委的同志。

1972 年 12 月 11 日下午，邓小平与卓琳离开瑞金前往宁都，途中顺便参观了毛泽东、朱德指挥的红四军大柏地战斗战场遗址。

宁都县公安局的警卫人员在宁瑞交界处的葛藤坳迎接邓小平一行。下午5 时左右，他们到了宁都县委招待所。宁都县在家的领导王福生、萧修竹等已等候多时。

按说，苏区时宁都留给邓小平的印象也许并不美好。他不仅在这里挨过批斗，还在这里的农村"劳动改造"过。他的心灵深处，曾留下过深深的伤痕。然而，这些事对于这位伟大的革命家来说，毕竟是过眼云烟。他知道，自己受批斗也好，"劳动改造"也好，都不是党的过错，更不是宁都人民的过错，而是"左"倾错误造成的。宁都人民同所有的苏区人民一样，为中国革命作出了巨大的贡献和牺牲，宁都全县有 16000 余名革命烈士，在中国革命史上写下了光辉灿烂的篇章。不论是苏区还是现在，邓小平对宁都人民都怀有崇高的敬意和深深的眷恋之情。

12 日早饭后，县里的同志安排邓小平夫妇前往黄陂参观调查。

黄陂是宁都县闹革命最早的地方，也是苏区时红军反"围剿"的重要战场。

红军第一次反"围剿"时期，毛泽东、朱德按照红军总前委新余罗坊会议确定的"诱敌深入"战略方针，选择黄陂作为红一方面军战略退却的终点。毛泽东在这里主持召开总前委会议，批判了李立三"左"倾冒险错误；和朱德等一起制定了红军反"围剿"战略反攻计划；领导红军开展了广泛深入的战前动员；在黄陂以北16公里的小布召开苏区军民歼敌誓师动员大会时，毛泽东亲笔拟写了"敌进我退，敌驻我扰，敌疲我打，敌退我追，游击战里操胜券；大步进退，诱敌深入，集中兵力，各个击破，运动战中歼敌人"的著名对联。1930年12月28日，毛泽东、朱德在这里发布歼灭进犯龙冈之敌的命令。12月30日，红军获得龙冈大捷，歼敌9000余人，活捉国民党军师长张辉瓒。4天后，在黄陂东北的东韶，红军又歼灭敌谭道源师过半。

　　第一次反"围剿"胜利后，红军总部移驻黄陂以北的小布村，接着在小布成立了中共苏区中央局和中华苏维埃中央革命军事委员会。1931年2月下旬，毛泽东、朱德、项英等率领红军总部和苏区中央局等机关，从小布再次进驻黄陂山堂村，领导苏区军民做好第二次反"围剿"斗争准备，直到3月

宁都县黄陂观音排村的红一方面军总前委旧址暨毛泽东旧居

26 日才离开这里。可以说，宁都北部地区是中央苏区前期政治、军事领导指挥中心。

第三次反"围剿"期间，红一方面军如神兵天降，向驻守黄陂的敌毛炳文第八师发起突然猛攻，仅一个半小时就歼敌 4 个团，毙伤俘敌军 5000 余人，缴枪 3000 多支。

黄陂充满着神奇的色彩。邓小平当年虽然没有亲自参加红一方面军第一、二、三次反"围剿"战斗，但他对毛泽东在黄陂期间运筹帷幄用兵如神所创下的战争奇迹，早已神往。这次重返宁都，即使县里的同志不安排，他也会提出到那儿去看看。

汽车卷着黄尘疾驰，不到上午 9 点半就到了黄陂圩。邓小平和卓琳由县委和黄陂公社一位负责同志带领，乘车前往观音排村和山堂村，参观了毛泽东的旧居；又乘车到丁家排村，参观了朱德总司令旧居和红军总部旧址。邓小平伫立在毛泽东旧居前，举目远眺黄陂周围那绵延起伏莽莽苍苍的层峦叠嶂，仿佛眼前腾起了弥漫的硝烟，耳边响起了红军战士与敌人厮杀的呐喊……

17. "这种桔子好漂亮，好看又好吃，买点回去给小孩尝尝吧！"

参观完毕，返回设在黄陂圩的公社会议室休息。邓小平要县、社的同志谈谈情况。

看到县、社的同志要掏出事先准备好的汇报材料照念，邓小平连忙制止，接着提出了一连串具体问题，如：宁都现管辖多少公社？黄陂有多少户、多少人？多少土地？亩产多少？机耕面积多少？有几台拖拉机？标准台有几多？电力照明多少度？农民人均纯收入多少元？他一边问，县、社的同志一边回答。问到拖拉机有多少标准台时，公社的同志搞不清什么叫"标准台"，也不懂如何折算。邓小平耐心地作了解释。座谈中，他没有作更多的评论，只是将那些令他失望的数字，默默地记在心中。

公社从小布买回些金桔，还搞来些芝麻片、花生糖、兰花根、鲜红薯丝团等当地特产糕点，请邓小平夫妇品尝。

邓小平拿起一块芝麻片，尝了尝，说："这个东西做工精细，又薄又脆又甜。卓琳，你可以吃点。"卓琳尝了一片，赞许说："确实很好吃。买点回去给我们小孩尝尝。"

小布的金桔，鸽卵般大小，金黄金黄的。邓小平尝了一颗，连说："这个桔子好漂亮，好看又好吃，也买点回去给小孩尝尝吧。"

爱子之心，人皆有之。邓小平是位慈父，卓琳更是位慈母。

黄陂的油炸鲜红薯丝团，别有一番风味。邓小平拿起一团瞧瞧，不知为何物，问："这是鳙鱼头吧？"人们告诉他：这是用鲜红薯切成丝拌淀粉油炸而成的。邓小平咬了一口："啊，好吃！"

临走时，黄陂公社果然送给他们20斤小布金桔和两小包芝麻片。邓小平让卓琳付钱。公社的同志说什么也不肯收，但最后还是拗不过卓琳，只好将钱收下。

返回县城的路上，他们还顺路到七里村江西省委旧址和县农机厂看了看。邓小平问县里的同志："你们这里是不是有个斜面寨？苏区时，红军攻了好久才攻下。"

县里的同志回答："是有一个，离县城10华里。""斜面寨"又叫"翠微峰"，奇峰壁立，耸入云天，十分险要，是宁都的一个旅游景点。

"能不能去看看？"

县里的同志说不能通车。邓小平不无遗憾地说："好，好，不去看了。"

他还想去看看宁都县城的集贸市场。但随行人员怕再出瑞金城里那种"风波"，于是他心愿未遂。

午饭后，稍作休息，就前往参观宁都县"毛泽东实践活动纪念馆"，约半小时。

广昌县前来迎接的县革委会副主任邓大德已到宁都城。邓小平夫妇只好按原计划，离开宁都，前往广昌。

18. 服从中央安排，不多住了，"还要赶路呢！"

广昌县，土地革命战争时期是中央苏区的北大门。

1930 年 2 月，毛泽东率红四军从福建西进赣西，曾途经此地，豪情满怀填写《减字木兰花·广昌路上》词一首：

> 漫天皆白，雪里行军情更迫。头上高山，风卷红旗过大关。此行何去？
> 赣江风雪迷漫处。命令昨颁，十万工农下吉安。

第五次反"围剿"期间，从 1934 年 4 月 11 日至 28 日，红军在这里进行了著名的"广昌保卫战"。这场恶战由博古、李德直接指挥，是"堡垒对堡垒""节节抵御"、"短促突击"错误战法的典型。毛泽东称之为"乞丐与龙王比宝"。恶战的结果，红军伤亡 5000 余人，损失惨重，广昌县城丢失，苏区北大门洞开。

邓小平以前没来过广昌。这次到广昌，在下榻的县招待所，他对前来迎接的县人武部部长孟保民和县革委会副主任邓大德说："过去保卫广昌，却没有到过广昌。现在到了广昌，了了这个心愿。"

喝茶休息时，他问邓大德："那个万年亭还在不在？"

万年亭，是广昌县高虎脑南大岭夹山坳公路旁的一座古凉亭。1934 年 8 月 5 日至 7 日，彭德怀指挥红三军团在高虎脑顽强抗击国民党军 6 个师数十次轮番进攻，毙伤敌 4000 余人。战斗中，彭德怀的前线指挥部就设在这座古亭。邓小平当时对高虎脑战斗十分关注，曾连续编发 3 篇专稿，在《红星》报发表，高度赞扬高虎脑战斗中红军英勇顽强的斗争精神，介绍了红三军团在高虎脑战斗中开展政治工作的经验。

邓大德告诉邓小平：万年亭已在战斗中遭到炮火毁坏，至今未修复。邓小平点点头，不无遗憾。

他们还谈到广昌保卫战的一些情况。邓小平很想到实地感受当年博古、李德是怎样瞎指挥、红军战士又是怎样浴血苦战的。邓大德告诉他，明天看看广昌革命纪念馆，再到沙子岭一带看看，就更清楚了。沙子岭即今长生桥，往抚州方向，距广昌县城 7 公里。

聊到这里，邓小平问邓大德："你姓什么？"

邓大德答："我姓邓。"

邓小平诙谐地说："啊，是老华，老华。"（"老华"即同姓的意思——作者注）接着又问："叫什么名字？"

"叫大德。大小的大，道德的德。"

邓小平笑了起来："你'大德'，我'小平'。"

邓大德连忙说："您是老前辈，老首长。"他请邓小平夫妇在广昌多住几天。

卓琳解释："我们要服从中央的安排，不多住了，明天就走。"

当晚，广昌县委领导请邓小平夫妇在招待所小餐厅看电影《小保管上任》。这是一出由广昌县采茶剧团创作演出的反映集体化后农民生活的独幕采茶戏，诙谐风趣，乡土气息浓郁。上海电影制片厂将它拍成了电影。"文化大革命"爆发后，这个戏被诬为"大毒草"，影片也被封存。广昌的同志冒着风险，将这部电影拿出来放映。

似沉闷的夏夜吹来一丝凉风，这部影片给邓小平带来欢乐。电影放映完后，邓大德请他提意见。他非常满意地说："县里能拍出这个戏，很好。"

这件事，在后来开展的"批邓反击右倾翻案风"运动中，果然成了邓大德的一个"罪名"。造反派指责他"将封存的影片也拿出来给党内第二号走资派看"。邓大德对此不屑一顾。

广昌是邓小平赣南之行最后一站。按原定计划，12 月 13 日早饭后参观完纪念馆和沙子岭战场遗址，就离开广昌，前往抚州。

邓大德再次挽留邓小平多坐会儿。邓小平笑着回答："不再坐了，还要赶路呢！"

邓小平夫妇离开广昌，当天中午赶到抚州。

赣州军分区副政委崔永明和负责警卫的黎新泉，与广昌县的邓大德一起，一直护送邓小平夫妇到南丰县城。

邓小平与卓琳与送行的同志一一握手道别。卓琳热情地对侍卫一路的黎新泉说："小黎子，感谢你！以后来北京，请到我们家来玩！"

他们在抚州住了两晚，参观了几家工厂。临川县的青莲山有口温泉，邓小平去那儿痛痛快快地洗了个温泉澡。

1972年12月15日，邓小平夫妇回到南昌新建县望城岗寓所。

邓小平这次赣南之行，历时9天，参观访问了7个县、市。用他自己的话说，既"了了心愿"，又接触了社会，调查了解到一些真实情况。

只是当时虽然毛泽东有意让他回京工作，毕竟他还处于那样的环境，仍是"前途未卜"，因而沿途他不得不格外小心谨慎。这位中国人民的伟大儿子，尽管自己仍身处逆境，始终没有忘记人民。赣南的许多地方，他都想去看看，特别是想多和普通百姓们聊聊。他希望多多了解百姓的疾苦，多听听百姓的呼声。可惜他这次赣南之行，没能完全如愿。由于省里事先有规定，他此行甚至连照片也没留下一张。

邓小平来赣南时，天空阴沉沉的。他离开赣南时，天空仍灰蒙蒙的一片，不过天际有了些许亮光。太阳终究是会出来的。

赣南人民在焦急地等待。

全国人民在翘首以盼。

第十三章

告别望城岗，巨帆高张待远航

1973年来到了。新年刚过，喜讯传来：中央通知邓小平于近期之内返回北京！

在喜悦的氛围中，邓小平一家在望城岗热热闹闹地欢度1973年的春节。

春节过后，农历正月初六，也就是1973年2月8日，兴致很高的邓小平在回北京之前偕夫人卓琳和二妹夫张仲仁，在江西省委安排下前往世界闻名的瓷都景德镇参观考察。邓小平对接待他的景德镇市委负责同志说："景德镇很有名气，我小学念书时就知道，这回要好好看看。"卓琳说：邓小平是第一次来景德镇，想看看规模较大、生产恢复快一点的工厂，了解一下生产情况。

根据邓小平的要求，景德镇市委领导同志安排了几家各具特色，且规模较大的瓷厂让邓小平参观考察。他们是：以生产青花玲珑瓷为主的光明瓷厂、以传统雕瓷为主的雕塑瓷厂、以粉彩瓷为主的艺术瓷厂、以高白釉日用瓷为主的为民瓷厂、以釉下彩瓷为主的红旗瓷厂、以青花瓷为主的人民瓷厂、以高温颜色釉瓷为主的建国瓷厂、以新彩日用瓷为主机械化程度较高的宇宙瓷厂，以及综合反映中国制瓷历史的景德镇陶瓷馆。邓小平在参观时说："中国的瓷器还是景德镇的名气大。""景德镇很好，特别是瓷器很漂亮。"参观陶瓷馆的"三阳开泰"颜色釉窑变花瓶时，称赞："这窑变是国宝。"

在雕塑瓷厂参观时，厂领导向邓小平介绍说，雕塑瓷厂是景德镇四大集体所有制企业之一，产品远销东南亚及世界各地。"文化大革命"中破"四旧"、批判封资修，许多陶瓷珍品被打碎，连生产模具也被砸掉了，陶瓷生产遭到严重破坏。邓小平听了心情很沉重，许久没有说话。

当他在成型车间看到"浮水鸭"坯时便问："这东西有人要吗？"

陪同参观的厂领导回答："是外国人订的货。"

"它能浮起来吗？"

"烧成了瓷器可以浮起来。"

邓小平"啊"了一声，脸上露出了满意的笑容。

在彩绘车间看到成批生产的"帝王将相"、"才子佳人"，以及观音、罗汉等瓷器产品，邓小平问："这个又可以搞了？"

厂领导随即汇报了周总理的指示：不能把我们的观点强加给外国人，只要外国人需要，我们可以适当生产一些；并向他说明，恢复一部分传统产品是经中央文化部审查批准的。

邓小平听后，用肯定的语气说："是可以嘛。"

可见，邓小平与周恩来对中国的发展前途和发展道路，都有相同的思考和相同的看法。

在光明瓷厂参观过程中，邓小平不仅考察了生产情况，还详细询问一线生产工人和干部、技术人员每月工资多少？十分关心工人生活。参观完即将离厂时，厂内工人闻讯从四面八方涌来，几百人挤满了通道，汽车无法往前开。邓小平见状，风趣地说："群众不知刘邓路线人物长什么样子，让他们看看吧。"他走下汽车，兴奋地向大家招手致意。工人们热烈鼓掌，主动让出一条通道让车通过，场面热烈感人。

2月11日离开景德镇时，邓小平对送行的市领导们说："景德镇不仅是

邓小平夫妇与王瑞林（左）在南昌望城岗将军楼前合影

瓷都，而且世界有名。景德镇的工人是有创造性的，劳动能创造世界。"

　　返回南昌的路上，邓小平特意来到中央办公厅设在进贤县的五七干校，通过干校副校长、原中央警卫局副局长李树槐，找到了正在田间劳动的他的老秘书王瑞林。他见王瑞林，事先已报经中央批准获得同意。邓小平同王瑞林很有感情，他将王瑞林带回望城岗在家中住了两天。

　　邓小平在江西的三次外出参观考察，对他来说十分重要。毛毛在《我的父亲邓小平："文革"岁月》中写道："'文革'以来，他一直被禁锢，脱离社会。对外面的情况，虽然可以从家人那里得知一二，但总是间接的。这三次外出，使他有机会用自己的眼睛亲自去看，用自己的耳朵亲自去听，使他对局势的现状和发展，有了一个直观的印象，并由此可以作出更为清晰明确的判断。'文革'到此六年多了，诸多风云，诸多不测，世间的人和事物，都发生了巨大的变化。这些变化，听在耳里，看在眼里，是好是坏，一目了然。父亲是一个成熟的政治家，他的心中，已有许多的忧虑。他的头脑里，已有许多的思考。一些原本零散的思路，已经理清，形成了明确的概念。在江西南昌步校的院子里，围绕着那栋灰色的小楼，父亲仍旧一圈一圈地散步。他的步伐很稳，而且很快。他虽仍旧是那样地不言不语，但你可以清楚地感到，他的心中，充满了思索，充满了信念，充满了渴望。六年的政治磨难，三年的劳动锻炼，为他积蓄了充足的精神和体力，使他做好了充分的思想准备，好像一艘已经高张起巨帆的航船，一旦风起，便可启程，全速远航。"①

邓小平一家要离开江西回北京了。临行前，邓小平让卓琳代表他和全家人去看望新建县拖拉机修配厂的工人们。卓琳买了些糖果和点心，分别去到陶端缙、程红杏、缪发香等工人家，看望和道别。陶端缙当时不在家，第二天一早，他带着几个工人赶到将军楼，对邓小平说："老邓，听说你要走了，我们几个工人来为你送行。"邓小平充满感情地说："谢谢你们。我们在厂里三年多了，麻烦了大家。现在要回北京去，我叫卓琳昨天下午去看望大家，

1992 年 1 月 30 日，邓小平结束南方视察返京途经江西鹰潭时，接见江西省委书记毛致用、江西省省长吴官正

① 毛毛：《我的父亲邓小平："文革"岁月》，中央文献出版社 2000 年第 2 版，第265—266 页。

表示我的意思。"陶端缙和工人们说："老邓、老卓，你们回北京后，有机会来江西，一定要来厂里看看啊！"邓小平、卓琳连连地说："会的，会的。厂里的工人、干部都很好，我们会想念你们的。"

2月19日，邓小平、卓琳率领全家人，告别了工人们，告别了望城岗，告别了步校的小楼，乘汽车抵达鹰潭，在鹰潭市招待所住宿一晚。

2月20日，北去的列车载着邓小平一家直驰北京。

3月10日，中共中央向全党发出《关于恢复邓小平同志的党的组织生活和国务院副总理的职务的决定》。

3月29日，毛泽东在主持召开中央政治局会议前夕，由周恩来陪同在自己的书房中会见邓小平。会见后，邓小平参加了这次政治局会议。

1973年4月12日，新华社播发一条令人振奋的消息：周恩来总理在人民大会堂宴会厅举行盛大宴会，欢迎西哈努克亲王。出席宴会的人员中，有国务院副总理邓小平！

历史，从此翻开了新的一页！

参考文献

引子

采访黎新泉、崔永明等同志记录。

上 篇

第一章

1. 邓小平：《我的自述》，中发〔1973〕14 号文件《中共中央关于恢复邓小平同志党的组织生活和国务院副总理职务的决定》附件（二）。

2. 毛毛：《我的父亲邓小平》，中央文献出版社 1993 年版（下同）。

3. 中共百色地委党史办公室编：《邓小平与百色起义》，1994年 12 月内部版。

4. 崇义县委党史办提供的资料。

5. 赣州地委党史办提供的资料。

第二章

1. 邓小平：《我的自述》。

2. 杨世珠回忆录：《瑞金纠正肃反错误和查田运动》（未刊稿）。

3. 罗志才等同志回忆资料（未刊稿）。

4. 邹书春：《苏区时期瑞金肃反始末》，《瑞金文史资料》第二辑。

5. 毛毛：《我的父亲邓小平》。

6. 蒋伯英：《闽西革命根据地史》，福建人民出版社 1988 年版。

7. 霍步青：《三次战争形势及瑞金党的状况》，1931 年 8 月 8 日。

第三章

1. 邓小平：《我的自述》。

2. 杨世珠、罗志才等同志回忆资料。

3. 朱开铨：《六十六年之革命生涯》，江西人民出版社 1993 年版。

4.《红军第一方面军入闽命令第一号》，1931 年 9 月 23 日。

5. 苏区中央局致中央电：《第三次战争反"围剿"的经过》，1931 年 10 月 3 日至 24 日。

6. 杨志宏：《对中央苏区的片段回忆》，《回忆中央苏区》，江西人民出版社 1981 年版。

7. 邹书春：《邓小平在瑞金》，载《江西党史研究》1989 年第 1 期。

8. 刘良：《"破一点没关系！"》，载《伟人风范》，广东人民出版社出版。

9.《红色中华》第 5 期第 4 版、第 16 期第 5 版。

10.《瑞金红旗》第 7 期。

第四章

1. 邓小平：《我的自述》。

2. 中共会昌县委党史办：《中共会昌中心县委的建立及其活动》(未刊稿)。

3. 中共会昌县委党史办：《江西军区第三分区专题资料》。

4.《会昌县委七、八、九三个月工作报告》，1932 年 10 月。

5.《会昌县委十、十一月的工作报告》，1932 年 12 月 3 日。

6.《会昌县委两个月冲锋工作报告》，1932 年 12 月 21 日。

7.《寻乌县委七、八、九三个月工作总结报告》，1932 年 10 月 4 日。

8.《安远县委工作报告》，1932 年 10 月 7 日。

9.《安远县委两个月冲锋工作报告》，1932 年 12 月 28 日。

10.《红色中华》第 53 期、第 66 期。

11.《明察秋毫》、《暗访儿童团》、《书记带头搞优抚》等，载《会昌县革命传统教育资料》。

12. 钟亚庆：《跟随邓小平同志在会昌工作的时候》，杨国宇等编：《二十八年间：从师政委到总书记》，上海文艺出版社 1989 年版。

13. 毛毛：《我的父亲邓小平》。

第五章

1.《罗明回忆录》，福建人民出版社 1991 年版。

2. 龙岩地委党史室：《福建反"罗明路线"事件始末》。

3. 任弼时：《什么是进攻路线？》，《斗争》第 3 期，1933 年 2 月 22 日。

4. 寻乌县委党史办严修余：《邓小平与"寻乌事件"》。

5.《安远县委两个月冲锋工作报告》，1932 年 12 月 28 日。

6.《中少共江西省委关于公布对永公泰工作决议和给会寻安县委指示信的决议》，1933 年 3 月 12 日。

7. 洛甫：《罗明路线在江西》，载《斗争》第 8 期，1933 年 4 月 15 日。

8.《会寻安三县党积极分子会议决议》（1933 年 3 月 31 日），载《斗争》第 12 期，1933 年 5 月 20 日。

9. 罗迈：《试看邓小平同志的自我批评》，载《斗争》第 8 期。

10. 李富春：《江西党三个月工作总结会议的总结》，载《斗争》第 12 期，1933 年 5 月 20 日。

11. 罗迈：《为党的路线而斗争》，载《斗争》第 12 期。

12.《江西省委对邓小平毛泽覃谢唯俊古柏四同志二次申明书的决议》（1933 年 5 月 5 日），载《斗争》第 12 期。

13.《工农红军学校党团员活动分子会议关于江西罗明路线的决议》（1933 年 5 月 4 日），载《斗争》第 12 期。

14. 李维汉：《回忆与研究》（上），中共党史资料出版社 1986 年版。

15.《毛泽东文集》第二卷，人民出版社 1993 年 12 月版。

16. 毛泽东：《人没有压力是不会进步的》（1960 年 12 月 25 日），载《党的文献》1993 年第 4 期。

17.《女英自述》，江西人民出版社 1988 年版。

18. 中共乐安县委党史办提供的资料。

19. 邓小平：《我的自述》。

20. 毛毛：《我的父亲邓小平》。

第六章

1.《回忆王稼祥》，人民出版社 1985 年版。

2. 毛毛：《我的父亲邓小平》。

3. 邓小平：《我的自述》。

4.《红星》第 4 期至第 66 期影印件。

中　篇

第七、八、九章

1. 毛毛：《我的父亲邓小平："文革"岁月》，中央文献出版社 2000 年第 2 版。

2. 程桂芳、凌步机等：《邓小平小道》，中央文献出版社 2002 年版。

3. 中共江西省委党史资料征集委员会：《邓小平在江西》，中共党史出版社 1994 年版。

下　篇

第十章

1. 毛毛：《我的父亲邓小平："文革"岁月》，中央文献出版社 2000 年第 2 版。

2. 程桂芳、凌步机等：《邓小平小道》，中央文献出版社 2002 年版。

3. 中共江西省委党史资料征集委员会：《邓小平在江西》，中共党史出版社 1994 年版。

第十一、十二章

1. 采访黎新泉、李方、杜俊峰、张德美、黄文生、胡见芙、杨衍芬、闵志成、曾志平、谢才连、董金诚、刘礼青、黄达明、钟书棋、萧修竹、凌立桃、邓东初等同志记录。

2. 兴国、会昌、宁都、广昌等县委党史办和江西省委党史研究室二处史爱国、高继民等同志提供的资料。

第十三章

1.《邓小平文选》，人民出版社1994年10月版。

2. 毛毛:《我的父亲邓小平:"文革"岁月》,中央文献出版社2000年第2版。

附录：邓小平在江西大事纪略

1931 年

2 月

12 日　与李明瑞等率红七军五十五团由湖南汝城县进入崇义县文英。

14 日　率部进占崇义县城，住城内城隍庙。

17 日　与崇义县城居民一起欢度春节。

中旬至月底　领导部队在崇义休整，开展群众工作。与崇犹边地方革命武装"上崇南游击大队"和中共赣南特委取得联系，商讨巩固发展崇犹苏区的行动计划。将中共红七军前委改组为中共红五十五团团委，任团委书记。

3 月

上旬　指示红七军政治部主任许卓等开办干部训练班，帮助崇犹苏区培训干部，并亲自前往授课。

旬末　与中共赣南特委书记陈致中一起商定红七军行动方案。经红五十五团团委讨论同意，决定前往上海向中央报告工作。

10 日　与许卓一起前往崇义杰坝看望红七军伤病员。同日黄昏返回崇义县城途中，得悉敌军分两路进攻县城，断定红五十五团已转移阵地，征得许卓同意，连夜化装成商人前往上海。

11 日　经崇义关田等地到达大余县城。

12 日至月底　离大余经韶关、广州、香港，抵达上海，与党中央取得联系。

4月

29日　在上海向临时党中央提交亲笔作的《七军工作报告》。

7月

中旬　与金维映一起离开上海，前往中央苏区工作。

8月

上旬　经广东汕头、大埔、闽西永定、上杭、长汀，抵达瑞金县城，与中共赣东特委书记谢唯俊等取得联系。

中旬　因瑞金县现任中共县委书记李添富在全县乱肃"社会民主党"，大肆捕杀干部群众，造成全县局势动荡，中共赣东特委任命邓小平担任中共瑞金县委书记，负责制止和纠正这一错误。

本月　带领金维映、余泽鸿等深入瑞金各区、乡，调查了解原瑞金县委书记李添富在全县乱肃"社会民主党"错误事实。

9月

本月　继续调查了解李添富乱肃"社党"错误事实。在调查研究基础上，先后召开瑞金全县党员活动分子会议和县、区、乡三级主要干部会议，采取果断措施，拘捕并处决李添富，宣布全部释放被关押的300余名"社党分子"，迅速制止了全县乱肃"社党"错误的蔓延。

28日　在瑞金叶坪村向率红一方面军途经此地的毛泽东、朱德等汇报瑞金工作。

月底至10月初　领导召开瑞金全县第三次工农兵代表大会，撤换了在"肃反"中犯有严重错误的县苏维埃政府主席谢在权，选举黄正任县苏维埃政府主席。

10月

月初　在瑞金县城分四五个会场组织召开5万人大会，热烈庆祝红军第三次反"围剿"胜利，请毛泽东到会讲话。

本月　举办瑞金县干部训练班，亲自动员学员参加学习并在训练班讲课。

本月　采取措施整顿健全县、区、乡党政领导机构，深入开展土地革命，帮助农民发展生产，迅速稳定全县局势，巩固发展了瑞金苏区。

本月　创办瑞金县委机关报《瑞金红旗》。

本月　动员全县人民做好工作，迎接"一苏大会"在瑞金叶坪胜利召开。

11 月

1 日至 5 日　参加在叶坪召开的中国共产党苏区第一次代表大会（即"赣南会议"）。会议期间，与毛泽覃、谢唯俊、古柏等一起发言，支持毛泽东的正确主张，批评中共临时中央不察实情却对中央苏区的工作乱找岔子的错误。

7 日至 20 日　出席在叶坪召开的中华工农兵苏维埃第一次全国代表大会。大会正式宣告中华苏维埃共和国临时中央政府成立，选举毛泽东为临时中央政府主席。大会确定瑞金为中华苏维埃共和国首都所在地，改县名为"瑞京"。邓小平出任第一任红都"京官"。

27 日　在《瑞金红旗》第 7 期发表文章，题为《惊人的好消息——红三军团攻下会昌》，号召全县工农群众乘胜前进，争取更大胜利。

秋

与已调任中共于都县委书记的金维映结婚。

1932 年

5 月

本月　从瑞金县调会昌县工作，任中共会昌临时县委书记。住会昌县城孔圣殿。

6 月

本月　任中共会寻安中心县委（又称中共会昌中心县委）书记。先后住会昌县筠门岭坝笃下朱屋和芙蓉寨枧书坰。

夏

兼任江西军区第三作战分区政治委员。

8 月

本月　领导组建第三作战分区直属游击大队；在筠门岭设立军分区红军

学校，并相继建立第三分区兵工厂和红军医院。

秋

帮助三分区指挥（司令员）钟亚庆筹划，先后获得武平太阳桥和东留战斗胜利，巩固和保卫了会昌苏区。

11 月

下旬　国民党粤军向会寻安苏区发动进攻。寻乌县城为敌所占，是为"寻乌事件"。

12 月

本月　在筠门岭主持召开会、寻、安三县县委书记、县苏维埃政府主席和军事部长联席会议，部署广泛开展游击战争，保卫苏区。

本月　赴寻乌、安远两县检查指导工作。

1933 年

1 月

本月　中共临时中央领导人博古、张闻天等从上海到达瑞金，与原在中央苏区的苏区中央局成员会合，成立新的中共中央局，直接领导中央苏区斗争。

2 月

中旬　博古等决定在福建苏区开展反"罗明路线"斗争。

23 日　中共中央局机关刊物《斗争》发表题为《什么是进攻路线？》署名文章，指责"会寻安长期陷在纯粹防御的泥坑中"，认为"寻乌事件"的发生是"纯粹防御"的结果。

28 日　中共江西省委给会、寻、安三县县委发出指示信，严厉批评会寻安中心县委和会、寻、安三县县委犯了"纯粹防御路线"错误。

3 月

中旬　离开中共会寻安中心县委，调任中共江西省委宣传部部长。

12 日　中共江西省委和少共江西省委联合作出决议，向全省党、团组织公布了致会、寻、安县委指示信内容。与此同时，由毛泽覃任书记的中共公略中心县委和由胡嘉宾任书记的中共乐（安）宜（黄）崇（仁）中心县委，也被指责犯了"纯粹防御路线"错误，受到江西省委严厉批评。

中旬　受中共江西省委书记李富春委派，代表省委前往万泰、公略、永丰等县苏区检查指导工作。

下旬初　从万、公、永苏区返回宁都县七里村江西省委机关，向省委汇报万、公、永苏区工作情况，得到省委肯定。

下旬中　应召到瑞金参加中共中央局会议，向博古、张闻天等全面报告会、寻、安三县工作情况，受到"左"倾领导者严厉批评。会后，被迫向中共中央局递交题为《会寻安工作的检查》书面检讨。

下旬末　中共中央局撇开江西省委，直接在会昌县筠门岭倒水湾召开会寻安三县党的积极分子会议，对邓小平的所谓"错误"进行揭发批判。张闻天主持会议并代表中共中央局作政治报告和结论。会上改组了会寻安中心县委，罗屏汉接任中心县委书记。会、寻、安三县中共县委常委会也进行了改组。

31 日　根据张闻天的报告和结论，作出《会寻安三县党积极分子会议决议》，宣布以邓小平为首的会寻安中心县委执行的是"会寻安的罗明路线"。

4 月

4 日　刚刚进入苏区的罗迈撰写《试看邓小平同志的自我批评》一文，在《斗争》第 8 期发表。文章认为邓小平所写的《会寻安工作的检查》很不深刻。

15 日　本日出版的《斗争》第 8 期，刊登张闻天撰写的《罗明路线在江西》一文。文章将邓小平说成是"罗明路线"在江西的主要代表人物，要求在江西全省立即开展反"罗明路线"斗争。

中旬初　博古和罗迈到宁都县七里村江西省委机关，与江西省委书记李富春谈话，说毛泽覃、谢唯俊、邓小平、古柏等经常与毛泽东通信，是"派别活动"。

16 日至 22 日　在宁都县七里村召开"江西党三个月工作总结会议"。参加会议的江西全省各级党的领导人共 200 余人。罗迈代表中共中央局出席会议并作政治报告。邓小平与毛泽覃、谢唯俊、古柏在会上受到残酷斗争、反复批判，被诬为是"江西罗明路线的创造者"、"反党的派别和小组织的领袖"，下掉了他们身上的佩枪，撤销了他们所任的职务。

下旬　与毛、谢、古一起被责令向中共中央局和江西省委写出第二次书面检讨。他们在检讨书中拒不承认自己犯有"反党"和"小组织"错误，据理与"左"倾错误抗争。

5 月

4 日　博古等"左"倾领导者授意工农红军学校召开党团员活动分子会议，批判"江西罗明路线"。会上作出《工农红军学校党团员活动分子会议关于江西罗明路线的决议》，声称邓、毛、谢、古"如果再不彻底纠正其错误，我们建议中央局把他们洗刷出布尔什维克的队伍"。

5 日　经中共中央局批准，江西省委作出《江西省委对邓小平、毛泽覃、谢唯俊、古柏四同志二次申明书的决议》，认为他们的第二次书面检讨很不彻底，责令写出第三次书面检讨。

6 日　罗迈撰写题为《为党的路线而斗争——要肃清在江西的罗明路线，粉碎反党的派别和小组织》长篇文章，在《斗争》第 12 期发表。

本月　邓、毛、谢、古被责令到农村"劳动改造"。邓小平步行 300 余里到乐安县南村区当巡视员 10 余天。

6 月

本月　因"左"倾领导者对邓小平留在乐安边区不放心，被责令返回宁都县，先在赖村区石街乡"蹲点"，不久又被调回宁都县城附近的一个乡劳动"改造"。

夏

因受到"左"倾错误领导者压力，妻子金维映提出离婚。邓小平毅然签字同意。

夏秋间

得到贺昌和王稼祥相助，被调到红军总政治部任代理秘书长。

7 月

本月　开始担任《红星》报主编，直至 1934 年 12 月。期间，先后编辑、出版《红星》报七十多期。

1934 年

10 月

10 日　被编入中革军委第二野战纵队，随红军野战军突围转移。傍晚，离开瑞金，向于都县集结。

13 日　随部队到达于都县古田村集结休整。

18 日　傍晚，随军委野战纵队渡过于都河，迈上二万五千里长征路。

1969 年

10 月

18 日　周恩来电话通知江西省革委会办公室，根据总参谋部下达的《关于加强战备，防止敌人突然袭击的紧急指示》（即所谓"林副主席第一号令"），邓小平要到江西劳动锻炼，要求妥善作好安排，后又指示不能将邓小平安排到赣州，而应安排在南昌附近劳动、居住。

22 日　与夫人卓琳按照中央安排被迫离开居住了 15 年的中南海含秀轩，由"邓小平专案组"2 人护送，乘飞机前往江西，当天抵达江西省委第一招待所（滨江招待所）。

24 日　护送邓小平来江西的专案组成员经两天堪址考察，选定南昌近郊望城岗的新建县拖拉机修配厂为邓小平的劳动地点，望城岗的福州军区南昌步校"将军楼"为邓小平一家居住地。

26 日　下午 4 时许，一家三人乘坐汽车前往居住地——原福州军区南昌陆军步兵学校。一同前往的还有江西省军区选派的管理秘书兼警卫黄文华。

11 月

9 日　与卓琳一起第一次来到劳动地点新建县拖拉机修配厂，被安排在修理车间修理班清洗零件，后改做钳工活。卓琳被安排在电工班拆卸电器电线。此后二人一直从事这些工作。他们在劳动期间，得到工厂和车间领导及工人们热情关照和精心保护。

26日　到江西后第一次给中办主任汪东兴写信，报告到江西后情况，并希望能将留在北京的一些衣物和书籍帮助运至南昌。

12月

上旬　在陕西富县插队劳动的小女儿邓榕（毛毛）获准前来南昌探视父母，月底抵望城岗家中。

冬

新建县拖拉机修配厂工人为方便邓小平夫妇上下班行走，在步校"将军楼"与拖拉机修配厂之间开辟出一条小道，并铺上煤渣。后来人们将之称为"小平小道"。

1970 年

1月

月初　在山西忻县插队的小儿子邓质方（飞飞）来到望城岗探望父母。

本月　工资被停发，改发生活费，邓、卓二人每月共205元，全家人日常生活开支顿现困难。

2月

9日　第二次给汪东兴写信，告知因改发生活费而在生活上面临的困难，表示"新的生活总会习惯的"。

3月

本月　受小儿飞飞离家返回山西继续插队刺激等因素影响，低血糖病突发，晕倒在车间工作台旁，喝下工人程红杏从家中送来的糖开水后方苏醒。车间主任陶端缙开拖拉机小心翼翼地将他送回家中休息。

春

带领家人在"将军楼"院内空地开荒种菜、养鸡，改善生活。

夏

在河北宣化工厂劳动锻炼的大女儿邓林，获准前来南昌望城岗探望父母。

9月

13日　写信给汪东兴，表示拥护中共九届二中全会对林彪、陈伯达等人的批评处置，并请汪将此信转呈毛泽东。信中希望汪东兴对大女儿分配工作一事给予关照。

10月

17日　获悉北京大学要将仍下半身瘫痪卧床不起、翻身困难的大儿子邓朴方送来南昌父母亲处，给汪东兴写信陈述困难，请求让邓朴方继续留在三〇一医院治疗。此信发出后久未获回音。

1971 年

1月

21日　春节将至，在北京三〇一医院治疗的邓朴方，突然被北京大学一伙人强行从医院赶出，送至北京市清河社会救济院，不仅中断治疗，也无人护理。邓朴方生存陷于困境。

2月

3日　从二妹来信中得知大儿子邓朴方被强行转送至北京清河社会救济院情况后，全家人极为难过和担心。当日致信汪东兴，告知决心克服困难要将朴方接来南昌家中，并请求准许雇请一名阿姨来家中协助照料。

本月　在湖北宁强县插队劳动的二女儿邓楠到望城岗探望父母。

5月

本月　邓朴方手摇轮椅从清河社会救济院前往中南海上访，遭粗暴对待。

6月

本月　邓朴方获准被送至南昌望城岗家中。邓、卓等每天帮助朴方翻身、擦澡、换衣、端屎、倒尿。经家人精心照料，朴方病情有所好转，能借助工具自主翻身，并能手摇轮椅出到室外活动。

秋

为让懂得电气知识的邓朴方有事可做以解烦闷，询问拖拉机修配厂工人家中有无破旧电器送给朴方帮助修修。但因工人家庭普遍收入低下生活困难，无钱购买电器，令邓小平颇感失望。

9 月

13 日　林彪、叶群等因反革命阴谋败露仓皇出逃，因飞机失事摔死在蒙古国温都尔汗。

10 月

6 日　中共中央发出关于林彪叛国出逃的通知。

24 日　中央决定将林彪叛国出逃的通知传达到全国基层群众。

11 月

5 日　与卓琳接到通知在拖拉机修配厂听中央关于林彪叛国出逃的文件传达，期间一言未发。车间主任陶端缙建议将中央文件交他带回家中阅读。回家后，面对异常兴奋的家人，只说了一句话："林彪不亡，天理不容！"

8 日　给毛泽东写信，表明对林彪叛国出逃的震惊和愤慨态度，如实报告在江西劳动情况，提出"希望有一天还能为党做点工作，当然是做一点技术性质的工作"。毛泽东收到此信后，批示印发政治局传阅。

本月　毛泽东开始纠正"文化大革命"中一些极"左"过激做法，着手逐步解放"文化大革命"中被打倒的大批干部。

1972 年

1 月

6 日　陈毅元帅不幸逝世。

10 日　毛泽东突然乘车来到陈毅追悼会会场，向陈毅遗像郑重三鞠躬，并对陈毅的夫人张茜说："陈毅同志是一个好人，是一个好同志。"谈话中毛泽东提到邓小平，说邓小平的问题是人民内部矛盾。周恩来听后，当即暗示陈毅的亲属将毛泽东对邓小平的评价传出去，为邓小平的复出制造舆论。

下旬　周恩来在人民大会堂接见外地一个代表团时，当着江青、姚文元等人，明确提到邓小平的问题，说林彪这伙人就是要把邓小平搞成敌我矛盾，这是不符合毛主席意思的。

2 月

本月　中央决定恢复邓小平参加党组织生活。新上任的中共江西省委领导白栋材、黄知真，前来步校当面向邓小平传达中央的这个决定。

4 月

本月　根据中央指示，江西省革委会安排邓榕（毛毛）入江西医科大学学习，安排邓质方（飞飞）入江西理工科大学学习。

22 日　致信汪东兴，报告邓榕、邓质方已分别安排在江西两所大学学习，希望组织上能安排邓朴方再入医院治疗。对于个人工作问题，表示将静候主席指示，并希望回北京工作。

6 月

本月　经周恩来批示同意，恢复发放邓小平、卓琳工资。

8 月

3 日　和新建县拖拉机修配厂全体职工第四次听关于林彪反党集团阴谋叛乱罪行的报告。当日，再次给毛泽东写信，表示坚决拥护中央对林彪集团的揭露和批判，对自己的"错误"简要地作了实事求是的检查和应有的承担，在信的最后明确提出了工作的要求。

14 日　毛泽东阅看邓小平来信后作出重要批示，肯定了邓小平的历史功绩，并强调："这些事我过去讲过多次，现在再说一遍。"当日，周恩来将毛泽东的批示印发给中央政治局全体成员。

9 月

本月　向江西省委提出请示中央能否批准出去到井冈山、赣州老区走一走，看一看。月底，中央同意了这一请求。江西省革委会作出去井冈山地区的具体安排：出去时按省级干部对待，凡是要去的地方，均可由省里先打招呼，以便接待。

10 月

月初　中办同意将邓朴方接回北京入三〇一医院继续治疗。

11 月

12 日　偕夫人卓琳从南昌新建县望城岗住所出发，前往井冈山地区（后改吉安地区）参观考察。上午 10 时抵清江县（今樟树市）参观江西盐矿。午餐后前往吉安。当晚在地区交际处与井冈山地区领导交谈，当听到林彪一伙企图篡改井冈山斗争历史时，说："历史还是历史，历史不能篡改。那是'左'的路线。"

13 日　从吉安出发抵永新县三湾参观。嘱咐当地领导要好好保护革命旧址，说这是"历史的见证"。下午 2 时后前往参观宁冈县茅坪革命旧址，说：当年干革命真辛苦，井冈山精神是宝贵的，应当好好发扬，传统丢不得。并说："我们的党是好的，是有希望的。我们的人民是好的，是有希望的。我们的国家是好的，是有希望的。"当晚下榻茨坪井冈山宾馆。

14 日　上午和下午参观黄洋界、双马石等革命遗址。晚饭后观看现代京剧电影《红灯记》，当看到由浩亮扮演的李玉和出场时，说："这个浩亮姓钱。'文化大革命'了，钱也不要了，就叫浩亮。"还说："没钱能干什么，国家穷，人穷，不就没有钱嘛！"

15 日至 16 日　继续在井冈山参观考察。

17 日　前往泰和县手扶拖拉机厂参观考察，对县领导说："农业机械化是个方向，你们还要研究农业机械化。"

18 日　下午，在泰和县招待所会见老红军池龙，亲切交谈两个小时。谈到林彪一伙罪行时，说："这帮人整人是不择手段的。'文化大革命'是'左'了，被坏人钻了空子。"谈到主席和周总理时，说："毛主席是个伟人。总理吃了很多苦。很多老干部，包括军队的老同志，都是总理保护的。"对于林彪，说："林彪这个人不能说没本事，但是个伪君子。利用毛主席的威望发布一号命令，贬低毛主席，抬高自己。"接着又说："林彪垮台了，我们党的日子会好点。就是有那么几个书生在胡闹。"

19 日　上午前往吉安市禾埠公社军民大队参观考察，了解农业发展情况。午后返回南昌，傍晚抵达南昌解放军九四医院看望生孩子的二女儿邓楠，得知邓楠母女平安已出院回家，于晚 8 时左右心情愉快地返回望城岗家中。

12 月

5 日　偕夫人卓琳从南昌新建县望城岗住所出发，前往赣南参观考察，下午 7 时许到达赣州，下榻赣南宾馆一号楼，受到赣州地区在家党政军领导热烈欢迎。

6 日　由中共赣州地委常委、赣州军分区副政委崔永明等陪同，从赣州出发到达兴国县，下榻县委第二招待所平房。当日参观了"毛主席创建兴国模范县纪念馆"、"文昌宫"、上社消费合作社、毛泽东长冈乡调查旧址和长冈电站等处，连说"了了心愿"。

7 日　早饭后离开兴国，中午 12 时抵于都县委平房招待所。由县委领导陪同参观了县革命纪念馆、毛泽东长征前夕旧居何屋、于都河红军长征渡口等处。午后 3 时离开于都县，傍晚抵会昌县招待所，受到县委领导热烈欢迎。当晚在招待所看电影《英雄儿女》。

8 日　上午先参观周田"九二盐矿"，返回县城后参观苏区时中共会昌县委机关旧址和县物资交流大会。下午，前往文武坝参观中共粤赣省委机关旧址和毛泽东旧居，感慨万千地说："毛主席当年也是受排挤的！"参观后离开会昌县前往瑞金县，约下午 5 时抵瑞金宾馆一号楼。

9 日　上午参观瑞金沙洲坝九〇九地质大队，寻访红军总政治部旧址"白屋子"。下午参观叶坪和云石山。

10 日　参观瑞金县办工业。上午先参观县机床厂、电线厂和红都糖厂。在糖厂参观时曾表壮心："我还可以再干 20 年！"下午参观县塑料厂和工艺美术厂。

11 日　上午在瑞金宾馆听取瑞金县委领导汇报，说："和西方国家比起来，我们至少落后 40 年，还需要努力。"又说："宣传毛泽东的活动，光看几个旧址，还不能反映出当时的历史情况。应该有个纪念馆。纪念馆宣传的内容，应该从井冈山斗争宣传到遵义会议。整个这段历史都应该宣传。"下午离开瑞金前往宁都县，途中参观红四军大柏地战斗遗址。当晚下榻宁都县招待所。

12 日　上午前往黄陂参观。返回县城途中，还参观了七里村江西省委机关旧址、县农机厂等处。下午参观宁都县"毛泽东实践活动纪念馆"。随后到达广昌县，下榻县招待所。当晚，高兴地观看广昌采茶戏电影《小保管上任》。

13 日　早饭后离开广昌县前往抚州，途中参观了沙子岭红军战场遗址。赣州军分区副政委崔永明和广昌县委领导护送到南丰县城。当日宿抚州。

14 日　在抚州参观考察。

15 日　返回新建县望城岗寓所。

1973 年

1 月

本月　中共江西省委书记黄知真前来望城岗看望邓小平，转告中央已通知邓小平于近期内返回北京。

2 月

3 日　全家人在南昌望城岗欢度 1973 年春节。

8 日　携夫人卓琳及二妹夫张仲仁前往景德镇参观考察。

9 日至 10 日　继续在景德镇参观考察陶瓷生产情况。

11 日　离开景德镇返回南昌，途中前往进贤县中办"五七干校"探望老部下王瑞林，并将王带回南昌望城岗家中住了两天。

18 日　下午，委托卓琳代表他和全家人看望并感谢陶端缙、程红杏、缪发香等工人三年来的热情关照。

19 日　偕全家乘车离开南昌望城岗，启程返京。陶端缙率几位工人前来送行，热情盼望邓小平全家有机会再回江西。当晚抵鹰潭市，下榻鹰潭市招待所。

20 日　上午 11 时许，乘坐福州开往北京的 46 次特快列车，22 日回到北京。

3 月

10 日　中共中央下发"中发〔1973〕14 号"文件，决定恢复邓小平党的组织生活和国务院副总理职务。

29 日　毛泽东在主持召开中央政治局会议前夕，由周恩来陪同在中南海自己的书房中会见邓小平。会见后，邓小平参加了这次政治局会议。

4 月

12 日　隔了 6 年之后第一次公开露面，以国务院副总理身份出席周恩来总理在人民大会堂宴会厅为西哈努克亲王举行的宴会，受到全世界关注。

1986 年

11 月

本月　为瑞金第一中学题写校名。

1991 年

9 月

本月　为纪念中央革命根据地创建暨中华苏维埃共和国临时中央政府成立 60 周年题词："纪念中央革命根据地创建六十周年"。

后 记

2018 年，是中国改革开放 40 周年。"40 年众志成城，40 年砥砺奋进，40 年春风化雨，中国人民用双手书写了国家和民族发展的壮丽史诗。"习近平在博鳌亚洲论坛 2018 年年会发表演讲，对中国改革开放 40 年的历程作了精辟概括，对取得的辉煌成就高度赞许。

在隆重纪念中国改革开放 40 周年之际，全国人民深切缅怀我国改革开放的总设计师邓小平。邓小平一生革命生涯中曾在江西历经 7 年艰难岁月，"文化大革命"时蒙难江西，在困境中仍心系人民，不改初心，对中国社会主义建设道路和发展前景进行过深沉思考。他后来关于实行改革开放、建设有中国特色社会主义的光辉思想，有许多是在"文化大革命"蒙难江西时面对严酷现实而擦出的思想火花。为纪念邓小平带领中国共产党和中国人民开启改革开放伟大道路 40 周年，江西人民出版社总编辑游道勤先生，热情约请我将邓小平在江西的革命实践活动和"文化大革命"中蒙难江西的情况，写成书奉献给读者。我怀着对邓小平无限爱戴和崇敬之情，欣然应允了这一邀约。

1994 年，我曾写作《邓小平在赣南》一书，由中央文献出版社在 1995 年 7 月出版。1996 年，该书获评江西省第七次社会科学优秀著作一等奖。但是，我对邓小平在新建县拖拉机修配厂劳动和在南昌望城岗居住的情况，并没有收集掌握第一手资料。这使我在写作中遇到困难。幸好,我曾于2001年与中共中央宣传部《党建》杂志社程桂芳主任等共同撰写过《邓小平小道》一书。该书上、中篇,为程桂芳主任所撰,主要介绍邓小平在新建县拖拉机修配厂劳动和在望城岗步校生活、学习情况;下篇中的几篇文章,分别为皮端森、吴志昆、刘茂秋、凌至葆所撰,主要介绍邓小平1972年11月和1973年2月前往井冈山、景德镇参观考察的情况。这弥补了我的不足。于是,我便以这些文章为基础,改写形成了本书第七、八、九、十、十三章;写作中还参考了毛毛著《我的父亲邓小平:"文革"岁月》、中共江西省委党史资料征集委员会1994年编辑出版的《邓小平在江西》等书。这些章节的内容,许多是上述同志的成果。由于时间紧迫等原因,我事先未与他们取得联系,征求他们的意见。在此,特向这些同志表示真诚的歉意和衷心地感谢!

江西人民出版社总编辑游道勤先生对本书出版给予了大力支持。在此表示衷心感谢!

作 者

2018年4月